Baltische Metropolen

Vilnius · Riga · Tallinn

Christiane Bauermeister und Eva Gerberding

MERIAN-TopTen

Höhepunkte, die Sie unbedingt sehen sollten

1. **Aušros-Tor (Vilnius)**
Viel besuchtes Wallfahrtsziel im »Tor der Morgenröte«: die mild lächelnde Schwarze Madonna (→ S. 28).

2. **Gotisches Ensemble (Vilnius)**
Zwei gotische Kirchen, die eine so zierlich und fein, dass Napoleon sie auf Händen nach Paris tragen wollte (→ S. 31).

3. **Universität (Vilnius)**
Ein sehenswertes Architekturensemble aus Renaissance, Barock und Klassizismus (→ S. 33).

4. **Alberta iela (Riga)**
Rigas Jugendstilensemble ist mit seinen üppigen Fassadendekorationen einzigartig in Europa (→ S. 58, 65).

5. **Dom (Riga)**
Der größte Sakralbau des Baltikums, berühmt und geschätzt auch für die Konzerte auf der großen Domorgel (→ S. 59, 77).

6. **Schwarzhäupterhaus (Riga)**
Glanzstück am Rathausplatz: das wieder aufgebaute Haus der Schwarzhäuptergilde (→ S. 63).

7. **Jūrmala (Riga)**
Der feine Sandstrand an der Rigaer Bucht lockte schon im 19. Jh. ein elegantes Publikum nach Jūrmala (→ S. 84).

8. **Nikolaikirche (Tallinn)**
Die gotische Kirche birgt wertvolle sakrale Kunstwerke aus der Hansezeit (→ S. 97).

9. **Rathaus (Tallinn)**
Im gotischen Rathaus zeugen die prachtvollen Innenräume von Sitten und Gebräuchen einer reichen Hansestadt (→ S. 99).

10. **KUMU (Tallinn)**
Estlands neuestes Kunstmuseum – ein modernes Quartier für alte und zeitgenössische Kunst (→ S. 101).

MERIAN-Tipps ···>
finden Sie auf Seite 160

Inhalt

Erläuterung der Symbole

Für Familien mit Kindern besonders geeignet

Diese Unterkünfte haben behindertengerechte Zimmer

In diesen Unterkünften sind Hunde erlaubt

CREDIT *Alle Kreditkarten werden akzeptiert*

Keine Kreditkarten werden akzeptiert

Preise für ein Doppelzimmer:
●●●● *ab 200 €* ●● *80–150 €*
●●● *ab 150 €* ● *bis 80 €*

Preise für ein Hauptgericht (ohne Getränke):
●●● *ab 10 €* ● *bis 4 €*
●● *4–10 €*

Karten und Pläne

Die Buchstaben-Zahlen-Kombinationen im Text verweisen auf die Planquadrate der Karten, z. B.

→ S. 150, B 3 Kartenatlas
→ S. 92, b 2 Detailkarte innen
→ Umschlagkarte vorne, C 5

Das Trio im Norden stellt sich vor

In Riga, Lettlands Metropole an der Daugava, treffen sich Tradition und Moderne. Die malerische Altstadt beherrscht der Dom, die größte Kirche des Baltikums.

Die baltischen Hauptstädte Vilnius, Riga und Tallinn sprühen heute vor Vitalität und Dynamik. Jede Stadt ist einzigartig, betörend schön und voller Überraschungen.

Zwischen Russland und dem Westen, zwischen Ostsee und Kiefernwäldern, zwischen Backsteingotik und Jugendstil, zwischen mittelalterlicher Schönheit und neuzeitlichem Aufbruch. Das Baltikum, drei kleine Länder – verschieden, aber doch durch ein gemeinsames Schicksal geprägt – sind seit dem Jahr 2004 Mitglieder der EU. Die Rede vom Baltikum als Sammelbegriff für Estland, Lettland und Litauen legt die Vorstellung einer Einheit nahe, die jedoch historisch und kulturell nur bedingt gegeben ist. Die Esten, Letten und Litauer hören es nicht gern, wenn sie »Balten« genannt werden, sie wollen in ihrer Eigenständigkeit wahrgenommen werden und beharren auf der Pflege ihrer Tradition, insbesondere der Musik. Und diese hat sie immer in ihrem Freiheitsbestreben bestärkt. In der »Singenden Revolution« haben sie in Sängerfesten in riesigen Volkschören hunderttausendfach mit patriotischen Liedern gegen die Unterdrückung angesungen. Gemeinsam demonstrierten Esten, Letten und Litauer am 23. August 1989, dem 50. Jahrestag des Hitler-Stalin-Pakts, für ihr gemeinsames Ziel: Freiheit und das Ende der Annektierung durch die Sowjetunion. Eine Million Menschen bildeten eine 600 Kilometer lange Kette von Tallinn über Riga bis Vilnius. Dies war die erste gemeinsame Aktion der drei Völker von historischer Dimension, der erste Schritt zur EU. Doch trotz des Unbehagens den Russen gegenüber ist Russisch immer noch – inzwischen neben Englisch – die Lingua franca, denn Litauer, Letten und Esten verstehen einander nicht, wenn sie in ihren Muttersprachen reden.

Ein Meer von Türmen, Kuppeln und Kreuzen ragt in den Himmel über Vilnius.

Katholisches Litauen mit barocker Hauptstadt

Zwischen Hügeln und schwarzen Wäldern schlängeln sich kleine Flüsse und liegen dunkle Seen. Vereinzelte Gehöfte sind in der weiten, lieblichen Landschaft verstreut – so zeigt sich Litauen beim Anflug auf seine Hauptstadt Vilnius. Das katholische Litauen ist die größte der drei Republiken, knapp so groß wie Bayern. Fast ein Drittel des Landes ist mit Wald bedeckt. Die Litauer sind mit der Natur tief verbunden, das zeigt sich in den alten Volksliedern, aber auch in zeitgenössischen Gedichten. Und: In Litauen liegt die Mitte Europas.

Vilnius, die Hauptstadt, ist die größte Barockstadt nördlich der Alpen. Die Silhouette der Stadt wird von den Glockentürmen der mehr als 30 katholischen Kirchen geprägt. Aus den Panoramafenstern der blauen Skybar im 22. Stock des Hotels Reval Lietuva sieht man auch nachts die Türme der Gotteshäuser und den erleuchteten Gediminas Prospekt, die von Boutiquen und Cafés gesäumte Prachtstraße von Vilnius.

Einmal quer durch Litauen fährt man von Vilnius ins ehemalige deutsche Memelgebiet, dessen Zentrum die Hafenstadt Klaipėda ist, auf die

Kurische Nehrung. Diese schmale Landzunge zwischen Haff und Ostsee hinterlässt vor allem mit den wüstenartigen, kilometerlangen Dünen unvergleichliche Eindrücke.

In den baltischen Ländern ist das Handy ein selbstverständlicher Begleiter.

Lettland – Strände, Hügelland und eine strahlende Metropole

Weite Ostseestrände, eine liebliche Hügellandschaft mit prunkvollen Schlössern, mit alten Gutshäusern und 2000 Seen – das ist Lettland, das zweitgrößte Land des Baltikums. Der deutsche Adel prägte bis ins 20. Jahrhundert die lettische Kultur.

Riga ist die Hauptstadt Lettlands und die größte Stadt des Baltikums. Harmonisch mischen sich in der Altstadt Stile und Epochen. Der Domplatz ist ein beliebter Treffpunkt, Flaniermeile, Bühne für Openair-Veranstaltungen und dabei auch ein Schaufenster des Lebens, das sich an den warmen Tagen und in den hellen Nächten des kurzen Sommers in den Straßen, auf den Plätzen und in den Straßencafés abspielt. Hinter den Boulevards zeigt sich Riga als Stadt des Jugenstils und als moderne, aufstrebende Großstadt der Wende zum 21. Jahrhundert.

Nur 20 Kilometer von Riga entfernt liegt Jūrmala, die »Riviera der Ostsee«. Mit seinem 32 Kilometer langen Sandstrand, mit von Kiefern dicht bewachsenen Dünen und stilvollen Holzvillen hat sich der Badeort den Charme einer Sommerfrische aus dem späten 19. Jahrhundert bewahren können und bietet dazu jeden möglichen Freizeitspaß.

Estland – hanseatische Tradition, weltoffen und modern

Das protestantische Estland ist das kleinste und nördlichste der drei baltischen Länder. Und: Es wirkt sehr skandinavisch, den Esten stehen die Finnen ethnisch und sprachlich näher als die Letten oder die Litauer. Auch auf einem anderen Gebiet wollen die Esten den Finnen ganz nah sein: Estland schickt sich an, Finnland den Ruf als handybessenstes Land streitig zu machen. Elektronisch hat Estland die Nase vorn, Internetshops finden sich an jeder Ecke, und die junge Regierung benutzt Laptops statt Papier bei den Kabinettssitzungen.

Die estnische Haupstadt Tallinn lockt mit einer der schönsten Altstädte aus der Hansezeit im Ostseeraum, ein Gesamtkunstwerk von gotischen Türmen, Renaissancepalästen, Kaufmannshäusern und Adelspalais in Kopfsteinpflaster-Gassen. Die Altstadt ist der belebteste Ort des ansonsten dünn besiedelten Landes, vor allem zur Mittsommerzeit.

Besonders schön kann man die Zeit der Weißen Nächte auch auf den estnischen Inseln, den Perlen des Landes, verbringen. Die größte der Inseln ist Saaremaa im Süden des Landes – hier ist noch ursprünglicher Ostseeurlaub möglich in fast unberührter Landschaft.

Gewusst wo ...

Im Restaurant Olde Hansa, im Herzen der Tallinner Altstadt, wird man nicht nur kulinarisch in die Zeit der Hanse entführt. Überall im Baltikum werden die kulturellen Traditionen liebevoll gepflegt.

Heute findet jeder eine Unterkunft nach seinen Vorstellungen und nach seinem Budget. Das Angebot der Restaurants ist international, aber auch die nationale Küche wird gepflegt.

Übernachten

Komfortabel logiert man in modernen Hotels mit historischen Mauern oder schicken Glasfassaden.

Gemütliche Salon-Atmosphäre findet man im Shakespeare Boutique Hotel in der Altstadt von Vilnius. Wer möchte hier nicht in den Polstern versinken und schmökern?

Was noch vor einigen Jahren, zur Sowjetzeit, unvorstellbar war, ist heute selbstverständlich: Überall in den baltischen Staaten, insbesondere in den Hauptstädten, findet man eine breite Auswahl an Übernachtungsmöglichkeiten. Von noblen Luxusherbergen über nette Mittelklassehotels bis zu kleinen ansprechenden Pensionen und Hostels gibt es alles, ganz nach persönlichen Wünschen, Ansprüchen und Geldbeutel, und ständig kommen neue Hotels dazu ... Die Baltenstaaten haben seit der wiedererlangten Unabhängigkeit in rasendem Tempo aufgeholt, was Hotellerie und Service anbelangt, und vergessen sind die lieblosen Hotelkästen mit unfreundlich strengem Personal aus der Sowjetzeit, als individuelles Reisen überhaupt unmöglich war. Dabei haben sich die Länder gut auf heutige Bedingungen eingestellt. Man setzt auf behutsamen Tourismus und Business- und Individualreisende, was sich auch in der Struktur, Größe und Lage der Hotels widerspiegelt. Das Personal ist freundlich und gut geschult, spricht meistens gut Englisch.

Gerade in den Altstädten und in deren unmittelbarer Umgebung gibt es Hotels neuen Typs, viele historische Gebäude wurden sorgsam renoviert, mit allem Komfort ausgestattet und den Ansprüchen einer gehobenen Gästeklientel angepasst. Aber auch ausgesprochen geschmackvolle Hotelneubauten in bevorzugten Lagen sind in den letzten Jahren entstanden, für Reisende, die sich nur wenige Tage in der Stadt aufhalten und auf zweckmäßige moderne Einrichtung Wert legen. Viele Hotels bieten Wellness- und Spa-Bereiche, eine Sauna gehört in den baltischen Ländern oft auch in einfacheren Hotels dazu. Das Frühstück im Hotel, meistens im Hotelpreis inbegriffen, sollte man nicht verpassen. Das baltische Frühstücksbuffet mit vielen frischen Milchprodukten und dem kräftigen, süß-sauren Schwarzbrot ist eine gute Grundlage für den Tag.

Hotels mit besonderem Flair

Reisende, die das Umland kennen lernen möchten, finden in neu entstandenen kleinen Hotels, etwa in alten Gutshäusern, oder in neuen Gästehäusern Quartier. Auch Bauernhöfe in reizvollen Landschaften haben sich auf Tourismus eingestellt, eine schöne Möglichkeit, Land und Leute kennen zu lernen. Hier sollte man nicht generell westlichen Standard voraussetzen, obwohl man sehr eifrig bemüht ist, diesen zu erreichen. Eine so herzliche Bewirtung und so niedrige Preise findet man sonst aber auch nicht.

Zu Gast auf dem Lande

In der Hauptsaison Juni bis August ist es ratsam, im Voraus zu buchen, denn gerade im Sommer, besonders zur Mittsommerzeit, ist das Baltikum ein beliebtes Reiseziel, auch der Anliegerstaaten, geworden.

Die meisten Hotels verfügen über einen Internet-Anschluss, sind behindertengerecht eingerichtet und akzeptieren die gängigen Kreditkarten. Die Preise gelten pro Zimmer, nicht pro Person. Alle Hotels bieten Special-Weekend-Rates und Nebensaisonermäßigungen. Günstigere Rates gibt es bei online-Buchungen über folgende Websites:

www.baltic-hotels.net
www.baltichotels.com

Infos über Hotels:
www.baltikuminfo.de
www.baltikum24.de

Empfehlenswerte Hotels und andere Unterkünfte finden Sie bei der jeweiligen Stadt im Kapitel »Unterwegs in Vilnius, Riga und Tallinn«.

Essen und Trinken

Im Baltikum isst man herzhaft-deftig und erfreut sich an internationalen Spezialitäten.

Im Sommer besitzt die Altstadt von Riga südländisches Flair. Man trifft sich dann am liebsten in einem der vielen Straßencafés, wie hier am Domplatz.

Westlicher Zeitgeist hat Einzug gehalten im Baltikum, auch was die Küche angeht, sind die Restaurants seiner Metropolen in Europa angekommen: Delikatessen aus Frankreich, feine Antipasti aus Italien, Sushi oder Sashimi aus Japan oder russische Soljanka. Nach Lust, Laune und Barschaft wird in Vilnius, Riga und Tallinn alles geboten. Gerne gehen die Leute in Restaurants, auch die ältere Generation testet mit Vergnügen all die neuen Angebote der Küche, die ihnen vor Jahren noch unbekannt waren und Wörter wie Pizza und Cappuccino fremde ferne Welten signalisierten.

In den Restaurants wird spektakuläres Design groß geschrieben, und manchmal tritt die Qualität der Küche etwas hinter der aufwendigen oder trendigen Aufmachung zurück, der Service aber ist immer freundlich und aufmerksam. Die Essenszeiten sind flexibel. Im Sommer lassen die vielen Straßencafés an den Süden denken.

Bodenständige Länderküche

Bei aller Vielfalt und Qualität des Internationalen sollte man unbedingt die wirkliche Nationalitätenküche probieren. Man ist damit bestens bedient, gilt doch für diese Länder, dass ausschließlich frische Zutaten, möglichst direkt aus dem nahe gelegenen Garten, aus dem Wald oder vom Markt, in die Küche kommen. Auf die Pflege der jeweiligen Länderküche wird viel Wert gelegt, und es gibt etliche Restaurants, in denen nach originalen alten Rezepten die Speisen zubereitet werden. Gern wird auch die traditionelle Küche variiert und mit Anregungen aus der internationalen Küche leichter gemacht.

Die lange russische Herrschaft und die Sowjetzeit blieben für die Küche im Baltikum nicht folgenlos: Borschtsch (Rote-Beete-Suppe), Soljanka, Pelmeni (russische Ravioli), Bliny (Pfannkuchen) mit Kaviar oder Bœuf Stroganoff (Fleisch mit Pilzen in saurer Sahne geschmort) und als Salat grüne Gurke mit saurer Sahne und Dill finden sich wie selbstverständlich auf den Karten. Besonders in den Imbissstuben in den Städten kommt man à la russe zu einer schnellen, nahrhaften und preiswerten Zwischenmahlzeit. In Estland und Lettland ist auch der deutsche Einfluss auf die Küche spürbar, begründet in der langen Zeit der Ordensherrschaft. Schweinefleisch oder Würste mit Sauerkraut sind sehr wohl auch typisch baltische Gerichte.

Die Balten haben ein Faible für urwüchsige Gemütlichkeit in urigen Gewölben mit rustikaler Ausstattung, Kerzenschein und folkloristisch gekleideter Bedienung.

Die Küche der drei baltischen Länder, die hier auch im Folgenden vorgestellt werden soll, hat gewisse Gemeinsamkeiten: Sie ist bodenständig, deftig und eher fetthaltig – die typische Küche von Bauernländern. Sehr beliebt sind Suppen, und als Hauptgerichte kommen viel Fleisch, Kohl und Kartoffeln, oft zubereitet mit Mayonaise und saurer Sahne, auf den Tisch. Auch an süßer Sahne und Butter wird nicht gespart. Kalorienzählern empfiehlt sich das nicht, aber der Geschmack ist hervorragend! Eine große Rolle spielen auch Pfannkuchen, sowohl aus Mehl als auch aus Kartoffeln. Baltische Spezialitäten sind geschmorte Gans mit Äpfeln und Pflaumen gefüllt sowie Pilzgerichte in vielen Variationen. Jede Hausfrau im Baltikum besitzt ein bestimmtes Rezept, um selbst gesammelte Pilze einzulegen oder Preiselbeeren für das Weihnachtsmahl einzukochen.

Allen drei Ländern ist auch gemeinsam, dass am liebsten warm gegessen wird, auch schon zum Frühstück: Kartoffelpuffer, Omelette, Rührei oder Würstchen. Die Essenszeiten in den Restaurants sind sehr flexibel, warme Gerichte gibt es über den gesamten Tag.

Zu den nahrhaften Speisen passt das einheimische Bier ausgezeichnet. Nachdem in den ersten Jahren nach der Wende nur dänische und deutsche Biersorten getrunken wurden, brauen jetzt alle drei Länder ihre eigenen Biere, den »flüssigen Bernstein«, die von eingefleischten Biertrinkern wegen ihrer Milde gelobt werden. Zum Bier wird in Bars gern geröstetes Schwarzbrot mit Knoblauch gereicht.

Wein sollte für den Reisenden hier keine große Rolle spielen, in den meisten Restaurants ist die Weinkarte eher schwach bestückt. Hochprozentiges wie Wodka ist eher auf dem Rückzug, dafür haben die Balten eine Vorliebe für ihre Liköre: In Vilnius ist es der Midus, ein würziger, leichter bis hochprozentiger Honiglikör, oder Krupnikas, eine Variation des Honiglikörs mit Ingwer, Nelken und Kümmel verfeinert. In Riga wurde der Rigaer Balsam von einem Apotheker erfunden. Mit diesem Kräuterlikör werden die gehaltvollen Speisen bekömmlicher. Diesen Balsam findet man in allen Lebensmittelläden, ein beliebtes Mitbringsel. Ebenso erfreut sich in Estland der nach altem Tallinner Apothekerrezept hergestellte Gewürzwein, der Klarett, als Mittel für Leib (und Seele) großer Beliebtheit. Doch besonders wird von den Esten als Digestif einer Art Gin, dem Saare Dzinn von der Insel Saaremaa, zugesprochen.

Die Balten trinken gern viel Tee über den Tag verteilt, aber auch guten Kaffee und schätzen leckeres Gebäck und Süßigkeiten, deshalb sollte man unbedingt auch einmal ein Café besuchen.

Litauische Snacks

Spezialitäten der litauischen Küche sind vor allem Čepelinai. Die in ihrer Form an Zeppeline – deshalb auch der Name – erinnernden Kartoffelklöße werden mit Fleisch, Speck und Zwiebeln, Käse oder Pilzen gefüllt, aber auch die süße Variante mit Quark isst man gern. Beliebt sind auch Skilandis (Zwischenmahlzeit mit Fleisch), Šaltibarščiai (kalte Rote-Beete-Suppe mit Ei und Buttermilch), dazu gibt es extra Pellkartoffeln, und an der Ostseeküste wird geräucherter Aal serviert.

Deftiges aus Lettland und Estland

In der lettischen Küche wird viel Schweinefleisch verwendet, häufig mit Sauerkraut mit einem Klacks Sahne drauf. Sehr beliebt ist Rasols, ein Kartoffelsalat, der mit Rote Beete, Hering, Mayonnaise und Äpfeln verfeinert ist. Wenn man auf den Rigaer Zentralmarkt geht, sieht man überall appetitliche Würste, Schinken und anderes Geräuchertes an den Ständen hängen, aber auch Geflügel, besonders Enten und Gänse, von den Bauern aus dem Umland. Und das lettische Brot, ein dunkles, gewürztes Schwarzbrot, ist eine Spezialität, die man auch als »Rigaer Brot« in manchen Delikatessenläden der Welt erwerben kann. Dazu gibt es sehr schmackhaften lettischen Käse, ein Butterkäse pur oder mit Kümmel und anderen Gewürzen.

Die estnische Küche liebt Kohl, auch Sauerkraut, verschiedenste Kartoffelgerichte und Fleisch. Blutwurst mit Preiselbeersauce ist das typische Weihnachtsessen, jede Familie hat ein eigenes Rezept für Sült (Sülze). Etwas leichter sind baltische Heringe, mariniert oder auch geräucherte estnische Sprotten.

Empfehlenswerte Restaurants und andere Lokale finden Sie bei der jeweiligen Stadt im Kapitel »Unterwegs in Vilnius, Riga und Tallinn«.

Einkaufen

Beliebte Souvenirs sind Bernsteinschmuck, Strickwaren und Köstlichkeiten aus Schokolade.

Auf dem Tallinner Strickwarenmarkt an der Stadtmauer in der Müürivahe-Straße findet man ein riesiges Angebot an Wollsachen mit kunstvollen Mustern.

Riga, Tallinn und Vilnius schließen mit rasendem Tempo an das moderne Westeuropa an. Das zeigt sich offenkundig im Warenangebot der neuen Kaufhäuser, Shopping-Center und Edelboutiquen, wo keine populäre westliche Marke und kein Luxus-Designer fehlt. Auch preislich gibt es kaum Unterschiede zu Westeuropa. Heimische Handwerkserzeugnisse sind hingegen billiger. Lebendige Handelsatmosphäre erlebt man noch auf den traditionellen Bauernmärkten, wo Bauern direkt ihre frischen Produkte und gesammelten Waldfrüchte anbieten. Die Antiquitätenläden offerieren kostbare Stücke aus einstigen herrschaftlichen Haushalten ebenso wie nostalgischen Ramsch aus der Sowjetzeit.

Echte Handarbeit

Besonders stolz sind die Balten auf ihr Kunsthandwerk: Bernsteinschmuck, Webwaren und Gestricktes mit kunstvollen Mustern, Wäsche und Kleidung aus Leinen, Lederwaren, Keramik, Glas und Souvenirs aus Holz, ob Wurzelgeister oder Kinderspielzeug. In allen drei Altstädten gibt es eine Fülle bunter Souvenirläden in kleinen Gassen und verwinkelten Innenhöfen, aber auch erstklassige Adressen für das Besondere. Ausgesprochen schöne Arbeiten des Kunsthandwerks findet man auf den traditionellen Handwerkermärkten, die u. a. in Riga zum Stadtfest im August und in Vilnius zum St. Kasimir-Jahrmarkt im März stattfinden. In Tallinn haben sich 13 Künstler der Katherinengilde zusammengeschlossen, um altes Handwerk wieder zu beleben und auch zu verkaufen: Im überdachten Katharinengang (Katariina Käik) werden Werkstätten nach mittelalterlicher Manier vor den Augen der Besucher betrieben; hier arbeiten und verkaufen Glasbläser, Gerber, Spitzenklöpplerinnen, Tuchmacher und Juweliere.

Schon zu Sowjetzeiten waren die Frauen aus dem Baltikum immer schick angezogen. Sie kleiden sich auffallend individuell und geschmackvoll. Heute gibt es in allen drei Städten interessante junge Designer:

Baltisches Modedesign

Ivo Niccolo ist Estlands bekanntester Designer; elegante Kleidung für Damen und Herren, mit dem gewissen Tallinner Extra-Chic, ist sein Markenzeichen. Neben dem Shop in der Altstadt gibt es auch einen Niccolo-Outlet-Shop nicht weit vom Zentrum.

In Riga hat sich Asnāte Smeltere einen Namen gemacht und betreibt eine Boutique in der Altstadt. Auch die Mode von Anna Led, die Kleider mit folkloristischen Motiven arbeitet, sind gefragt.

Litauens Designer-Star, Juozas Statkevičius, zeigt seine Mode auf den Pariser Schauen und präsentiert sie in seinem Showroom in der Altstadt von Vilnius.

Estnische Süßwaren der Marke Kalev, so genannt nach dem estnischen Nationalepos »Kalevipoeg«, wusste schon die Führungselite der alten Sowjetunion zu schätzen, so dass das Traditionshaus aus dem 19. Jh. zu besonderen Anlässen Sonderschichten einlegen musste, um

Schokolade vom Feinsten

den Hunger der Nomenklatura nach Schokolade und Marzipan zu stillen.

Das Äquivalent dazu in Riga ist Laima (»Glück«) – Schokolade vom Feinsten. Die süße Verführung der Litauer heißt Rūta. Aus dem 1913 gegründeten Traditionshaus kommen Konfekt, Waffeln, Karamelle und bunt eingepackte Bonbons.

Empfehlenswerte Geschäfte und Märkte finden Sie bei der jeweiligen Stadt im Kapitel »Unterwegs in Vilnius, Riga und Tallinn«.

Unterwegs in Vilnius, Riga und Tallinn

Das Stadtpanorama von Vilnius mit seinen ungezählten Kuppeln und Türmen wird umrahmt vom Grün der angrenzenden Wälder.

Vilnius gilt als die nördlichste Barockstadt Europas, Riga ist ein stürmischer Flirt von Mittelalter und Jugendstil, und Tallinn blieb seinem hanseatischen Charakter treu.

Vilnius

Vilnius gibt sich traditionsbewusst und zugleich modern, aufgeschlossen – und stets außergewöhnlich.

Wo sich heute die Jugend austobt, stand einst die untere Burg von Vilnius. Die Untergeschosse des Glockenturmes auf dem Kathedralenplatz sind deren letzte Spuren.

Vilnius, betörend schön, ist nicht erst seit dem 1. Mai 2004, dem Tag der Aufnahme Litauens in die EU, eine europäische Metropole. Vilnius liegt mitten in Europa, denn der geografische Mittelpunkt befindet sich ganz in der Nähe der litauischen Hauptstadt. Und: Vilnius galt als Schmelztiegel der Kulturen, ein »Jerusalem des Nordens«, wie Napoleon bemerkte, als er mit seinen Truppen über die baltische Metropole Richtung Moskau marschierte. Das war das Verdienst des Großfürsten Gediminas (1316–1341), der sich »König der Litauer« nannte. Er lud europäische Handwerker, Händler und Künstler ein, sich in seiner Stadt, Vilnius, niederzulassen, und bot den Anreiz von Steuer- und Glaubensfreiheit. Vilnius lag am Kreuzweg wichtiger Nah- und Fernhandelswege, die von der Ostsee zum Schwarzen Meer und von Westeuropa bis in den Nahen Osten führten.

Multikulturelle Tradition

Im Jahr 1897 waren 40 % der Einwohner von Vilnius Juden, 31 % Polen, 20 % Russen, 4 % Weißrussen und nur 2 % Litauer. Das polnische und das jüdische »Wilno« und »Vilne« existierten nebeneinander, ohne sich zu kennen. Keine andere europäische Hauptstadt hat so häufig Namen und Regierungen gewechselt wie Vilnius. »Die beiden Städte, die polnische und die jüdische, lebten für sich, ohne Interesse aneinander und von Zeit zu Zeit heimgesucht von Paroxysmen gegenseitiger Feindseligkeit«, bemerkte Czeslaw Milosz, der litauische Nobelpreisträger für Literatur von 1980.

Litauisch wurde bis zum Zweiten Weltkrieg kaum gesprochen. Nach der Vernichtung der Juden und der polnischen Stadtbevölkerung im Zweiten Weltkrieg sind die Litauer erst in der ersten und zweiten Generation Stadtmenschen. Auch heute noch ist Vilnius eine multiethnische Stadt. Nur knapp 70 % der Bewohner sind Litauer, 15 % sind Russen und 15 % Polen.

Die Litauer sind sehr naturverbunden. »Es ist schön wie im Wald«, sagt ein Litauer, wenn er sich wohl fühlt. Und auch Vilnius ist umgeben von dichten Wäldern. »... zum Zauber von Wilna gehört für mich, dass es in einem Tal liegt, mitten im Grün ziemlich hoher, bewaldeter Hügel, wodurch sich in fast jeder Straße das architektonische Detail mit dem Blick auf eine, zumindest dem Anschein nach, heile Natur verbindet«, so Milosz.

Die Altstadt, die 1994 von der UNESCO zum Weltkulturerbe erklärt wurde, ist einzigartig und eine der größten in Mittel- und Osteuropa. Sie wird beherrscht von einer durch und durch südländischen Architektur. In den mit Loggien umgebenen Renaissancehöfen wähnt man sich in Italien. Vilnius ist eine Barockstadt, die nördlichste der Alpen mit über 40 Kirchen. Der Mensch wird »Opfer des Gedränges oder Detail im ortsansässigen Barock«, dichtete Joseph Brodsky in seinem »Litauischen Divertimento«. Der russische Nobelpreisträger besuchte in den Sechzigerjahren oft die litauische Metropole, um seinen Freund Tomas Venclova zu treffen, der so wie er 1972 die Sowjetunion verließ und später schrieb: »In meinem Vilnius gab es lediglich Enklaven, die einen jene versunkene, normale Welt erahnen ließen.« Heute ist diese Welt auferstanden.

Vilnius hat sich in den letzten Jahren rapide verändert: Rostrot, rosa, gelb, hellblau und grün leuchten die frisch gestrichenen niedrigen Häuser in den malerischen Altstadtgassen, während die Türme der Kirchen meist gelb-weiß darüber hinausragen. Am anderen Ufer der Neringa entsteht das moderne Gesicht Vilnius des 21. Jh.

mit den spiegelnden Fassaden der Hochhaustürme des Europa Centras und neuer Kaufpaläste. Die Stadt putzt sich heraus für das Jahr 2009, wenn sie als Europäische Kulturhauptstadt ihre Gäste empfängt.

Vilnius erkundet man zu Fuß, und man sollte nicht versäumen, die Stadt von oben zu betrachten. Hoch über der Altstadt thront der Gediminas-Turm, und wer von hier über die Stadt schaut, versteht, warum Czeslaw Milosz schrieb: »Die Schönheit dieser Stadt, die Schönheit ihrer geografischen Lage und ihrer Architektur hat etwas Magisches.«

Übernachten

Individuelle Atmosphäre und moderner Komfort zeichnen die Hotels in Vilnius Altstadt und außerhalb des Zentrums aus.
www.vilnius-hotels.com
www.selectlithuania.com
www.travel-lithuania.com

MERIAN-Tipp

1 Shakespeare Boutique Hotel

Hier geht es nicht nur um Shakespeare, sondern alle 31 Zimmer sind verschiedenen Literaten oder Epochen gewidmet. Auch wenn Tolstoi, Goethe, Dostojewski und Voltaire vertreten sind, mutet alles doch very British an. In allen Zimmern gibt es Bücher und Teekocher. Besonders schön ist die Bar mit ihren roten Wänden, die wie ein gemütlicher englischer Salon wirkt. Im Restaurant speist man gediegen im Ambiente einer alten Bibliothek. Die Lage in einer kleinen Gasse der Altstadt ist ausgesprochen idyllisch, und aus den meisten Zimmern gibt es schöne Ausblicke auf die Kirchen und Dächer der Stadt.

Bernardinų 8/8; Tel. 2 66 58 85,
Fax 2 66 58 86; www.shakespeare.lt;
31 Zimmer ●●● CREDIT → S. 149, D 2

Bed & Breakfast-Unterkünfte über:
www.litinterp.lt, www.sleepinvilnius.lt

Hotels ●●●

Grotthuss → S. 148, C 4
Am Rande der Altstadt liegt in einer stillen Gasse dieses Hotel mit einer ganz besonderen Ausstrahlung: Baroness Edith von Grotthuss – mit Wurzeln in Deutschland und Litauen – hat wunderschöne Räume geschaffen, sehr stylish, großzügig und luxuriös. Im Haus befindet sich ein sehr gutes Restaurant mit einer Terrasse zum Innenhof.
Ligoninės 7;
Tel. 2 66 03 22, Fax 2 66 03 23;
www.grotthusshotel.com; 21 Zimmer
●●● CREDIT

Narutis → S. 149, D 2
Das Narutis ist das älteste Hotel der Stadt, es besteht seit 1581, ist jedoch frisch renoviert. Hier gleicht kein Zimmer dem anderen! Die Lounge befindet sich in dem früheren Innenhof, von dem alle Zimmer abgehen.
Pilies 24; Tel. 2 12 28 94, Fax 2 62 28 82;
www.narutis.com; 49 Zimmer
●●● CREDIT ♿

Novotel → S. 148, C 2
Im Jahr 2004 eröffnete das Novotel in prominenter Lage, direkt an Vilnius Hauptstraße. Von hier gelangt man schnell in die Altstadt und auch in den neuen Businessdistrikt auf dem anderen Flussufer. Sehr modern und funktional.
Gedimino pr. 16; Tel. 2 66 62 00,
Fax 2 66 62 01; www.novotel.com;
156 Zimmer und 3 Appartements
●●● CREDIT ♿

Radisson SAS Astorija → S. 148, D 3
Sehr schön restauriertes Jugendstilgebäude gegenüber der Kasimirkirche. Auch das Nachbargebäude (mit dem Escada-Shop) gehört dazu.
Didžioji 35/2; Tel. 2 12 01 10,
Fax 2 12 17 62; www.radissonsas.com;
120 Zimmer ●●/●●● CREDIT ♿

Ramada ⇢ S. 149, D 4
Im Sommer 2005 eröffnete dieses Hotel in einem alten Stadtpalais mitten in der Altstadt. Mit allen technischen Raffinessen und viel Komfort.
Subačiaus 2; Tel. 2 55 33 55, Fax 2 55 33 11; www.ramadavilnius.lt; 55 Zimmer ●●● CREDIT

Stikliai ⇢ S. 148, C 3
Das kleine intime Hotel gehört zu den Relais & Châteaux-Hotels. In jenem mittelalterlichen Viertel gelegen, in dem im 15. und 16. Jh. die Handwerker (»stikliai« – Glasbläser) ihren Tätigkeiten nachgingen. Das Hotel ist liebevoll und aufwendig ausgestattet.
Gaono 7; Tel. 2 64 95 95, Fax 2 12 38 70; www.stikliaihotel.lt; 44 Zimmer ●●● CREDIT

HOTELS ●●

Centro Kubas ⇢ S. 148, C 3
Mitten in der Altstadt, in einer kleinen ruhigen Gasse gelegen, ist dieses Haus mit folkloristischen litauischen Accessoires ausgestattet: Wagenräder, Bastschuhe, Hufeisen an den Wänden, und manchmal steht auch eine Kutsche in der Ecke. Das muss man mögen! Einige Zimmer haben einen kleinen Balkon, von dem man auf die Dächer der Altstadt schaut.
Stiklių 3; Tel. 2 66 08 60, Fax 2 66 08 63; www.centrokubas.lt; 14 Zimmer ●● CREDIT

Congress ⇢ S. 148, C 1
2003 eröffnete das Congress in einem Gebäude aus dem 17. Jh. am Ufer der Neris, gegenüber von Opernhaus und Kongresspalast. Moderner Komfort.
Vilniaus 2/15; Tel. 2 69 19 19, Fax 2 51 42 80; www. congress.lt; 84 Zimmer ●● CREDIT

Europa City ⇢ S. 148, A 2
Modernes Gebäude, nicht weit von Parlament und Zentrum entfernt. Sehr gut geeignet für kurze Businessaufenthalte.

Das Hotel Narutis in der Pilies gatve, Vilnius' Flaniermeile, besteht schon seit 1581.

J. Jasinskio 14; Tel. 2 51 44 77, Fax 2 51 44 76; www.groupeuropa.com; 128 Zimmer ●● CREDIT

Europa Royale ⇢ S. 149, D 4
In der Altstadt in unmittelbarer Nähe des Aušros-Tores gelegen. Die vorderen Zimmer haben Aussicht zum Tor, die hinteren im vierten Stock, wo auch die Rundsuite liegt, bieten einen Panorama-Blick auf die Dächer und Kirchen der Stadt.
Aušros Vartų 6; Tel. 2 66 07 70, Fax 2 61 20 00; www. hoteleuropa.lt; 39 Zimmer ●● CREDIT

HOTELS ●

Ambassador ⇢ S. 148, C 2
Die Zimmer sind nicht schick, aber sauber. Die Lage am Gedimino prospektas ist jedoch sehr zentral, und die Preise sind überaus günstig.
Gedimino pr. 12; Tel. 2 61 54 50, Fax 2 12 17 16; www.ambassador.lt; 18 Zimmer ● EURO VISA

Comfort ⇢ S. 148, C 4
Nur wenige Schritte sind es von hier in die Altstadt. Die Zimmer des erst 2004 eröffneten Hotels sind hell und freundlich, die Bäder einfach, der Preis ist reell.
Gėlių 5; Tel. 2 64 88 33, Fax 2 64 88 32; www.comfort.lt ; 57 Zimmer ● CREDIT

Domus Maria ⇢ S. 149, D 4
Gleich am Aušros-Tor und bei der Kirche St. Theresa liegen die Gebäude aus dem 17. Jh., die zum Kloster der Unbeschuhten Karmeliterinnen gehörten. Die ehemaligen Klosterzellen sind 2003 renoviert worden und bieten eine einfache Unterkunft. Günstiger kann man in der Altstadt nicht wohnen!
Aušros Vartų 12;
Tel. 2 64 48 80, Fax 2 64 48 78;
www.domusmaria.vilnensis.lt;
36 Zimmer und 3 Appartements
● EURO VISA

Majestätisch erhebt sich die Kuppel der Kasimirkirche über der Häuserfront der Boksto gatve.

Karolina ⇢ S. 148, westl. A 1
Das Karolina bietet nach der Renovierung modernen Komfort samt Pool zum günstigen Preis. Allein, es ist nicht so zentral, beim Fernsehturm gelegen, wird viel für Gruppenreisen genutzt.
Sausio 13-osios; Tel. 2 45 39 39, Fax 2 16 93 41; www.karolina.lt; 100 Zimmer ● CREDIT

Hostels

Lithuanian Youth Hostel Association ⇢ S. 149, F 2
Filaretų 17; Tel. 52 15 46 27; www.filaretai.8m.com

JNN hostel ⇢ S. 148, nördl. A 1
Ukmergės 25; Tel. 52 72 22 70; E-Mail: jnn@lvjc.lt

Spaziergänge

Spaziergang 1

Barock in Vilnius – die Kirchen des späten 17. und 18. Jahrhunderts
⇢ S. 148, C 2–S. 149, E 4
»Wilna ist vor allem eine Stadt des Barocks. Es ist, würde ich sagen, eine Orgie des Barocks inmitten einer nördlichen Natur, unter einem Himmel voller barocker Wolken«, schwärmte Czeslaw Milosz. In der Tat überrascht Vilnius den Besucher mit einer Vielzahl prächtiger barocker Kirchen, als ob man dem lange heidnischen Land den Glauben demonstrativ in Stein aufdrücken wollte. Besonders interessant ist die Zeit des Hochbarock. Zum Teil sind die Kirchen schon aufwendig restauriert, zum Teil steht das noch aus. Zu sowjetischen Zeiten wurden einige Gotteshäuser als Lagerhallen oder Museen zweckentfremdet, nun aber fehlt es oft an Geld, die Kirchen zu renovieren.

Sirvydo gatvė ⇢
Heilig-Kreuz-Kirche

Der Spaziergang beginnt nicht weit vom Gedimino prospektas, in der Sirvydo gatvė. Hier steht die kleine Kirche **St. Georg**, die schon 1506 für die

Karmeliter auf dem Anwesen der Familie Radziwill gegründet wurde. Nikolaus Radziwill war zu der Zeit Kanzler des Großfürstentums Litauen. Die Kirche St. Georg wurde zum Mausoleum der Familie. Erst in der Mitte des 18. Jh. wurde das einst gotische Gotteshaus von Franz Ignatius Hoffer im spätbarocken Stil umgebaut. Besonders schön sind die reichen Wandmalereien im Chorraum.

Jetzt wird der Gedimino prospektas gekreuzt in Richtung Totorių gatvė. Dann geht es links in die Liejyklos gatvė bis zum Daukanto Platz. Die **Heilig-Kreuz-Kirche** vom Kloster der Barmherzigen Brüder entstand ebenfalls schon im 16. Jh., wurde aber dann im 18. Jh. umgebaut. Ganz unspektakulär fügt sich die Kirche mit ihren zwei Glockentürmen in den Platz ein. Besonders schön ist aber auch hier das Innere: Den Hochaltar schmückt das als wundertätig geltende Bild der Madonna mit dem Kind, dessen Kopie auch auf der Hauptaußenfassade zu sehen ist.

Dominikanerkirche ⋯> Christi-Himmelfahrts-Kirche

Zurück geht es in die Totorių gatvė und weiter zur **Dominikanerkirche**. Von hier führt der Spaziergang durch die Stiklių gatvė über die Didžioji gatvė weiter in die Savičiaus gatvė zur Kirche **St. Maria Trost**. Sie ist die zuletzt erbaute Barockkirche der Stadt (1746–1768) und gehörte zum Augustinerkloster. Mit nur einem schmalen Turm ist sie eine Seltenheit in der Vilniuser Barockarchitektur, leider befindet sie sich in einem schlechten Zustand.

Weiter führt der Weg rechts in die Bokšto gatvė, um dann links in die Subačiaus gatvė einzubiegen. Die zwei schlanken Glockentürme der **Christi-Himmelfahrts-Kirche** ragen hoch in den Himmel. Die Kirche, die zu dem Missionarskloster gehört, erhielt jenseits der Stadtmauern auf dem Erlöserberg 1756 ihre heutige Gestalt. Vor den Eingang ist eine zierliche Rotunde mit Kuppeldach gebaut. Im Innenraum sind der Altar in der Kapelle des hl. Vinzenz sehenswert sowie beeindruckende Fresken. In den Räumen des ehemaligen Klosters befindet sich heute ein Krankenhaus.

Rasų gatvė ⋯> Herz-Jesu-Kirche

Wenn man nun nach rechts über die Žiupronių gatvė in die Rasų gatvė geht, gelangt man zur letzten Kirche dieses Rundgangs, der **Herz-Jesu-Kirche**, die mit ihrer mächtigen achteckigen Kuppel ebenfalls in der Mitte des 18. Jh. auf dem Grundriss eines griechischen Kreuzes errichtet wurde. Damit ist sie die einzige katholische Kirche Litauens, die in dieser Art gebaut wurde. Leider wurde sie in der Sowjetzeit sehr in Mitleidenschaft gezogen, als das Kloster und die Kirche als Gefängnis genutzt waren.

Dauer: 3 Stunden

Spaziergang 2

Das jüdische Vilnius

⋯> S. 148, C 2–B 2

»Jerusalem des Nordens« wurde Vilnius genannt, und es gab zeitweise 105 Synagogen in der Stadt. Schon im 14. Jh. siedelten Juden in Litauen, wo ihnen religiöse Toleranz garantiert wurde. Auch später bot das Großfürstentum Polen-Litauen über Jahrhunderte für viele Juden aus allen Teilen Europas Asyl vor Verfolgung und Anfeindung. Ein Goldenes Zeitalter brach für die jüdische Gemeinde in Vilnius im 16. und 17. Jh. an, ein Drittel der Einwohner in Vilne, wie sie die Stadt nannten, waren Juden. Die große Synagoge wurde gebaut. Zu Beginn des Ersten Weltkriegs war das jüdische Vilnius eine brodelnde, geistig rege, wirtschaftlich prosperierende Stadt. Nach einer Volkszählung der deutschen Besatzungsmacht sprachen in Vilnius 50,15 % der Menschen Polnisch, 49,5 % Jiddisch und nur 2,6 % Litauisch. Das änderte sich, als Vilnius nach dem Ersten Weltkrieg erst zu Polen, dann zu Litauen und bald darauf mit Gewalt wieder zu Polen gehörte. Mit dem Einzug der Deutschen im Zweiten Weltkrieg kam das Grauen nach Vilnius. Lediglich in Büchereien zeugen wenige Beweise von der »Legende von Wilna als der geistigen Schatzkammer der europäischen Judenheit«, wie es Milosz formulierte. Nur 6000 Wilnaer Juden überlebten das Inferno des Holocaust, in dem 220 000 litauische Juden ermordet wurden.

Im Jahr 1939 waren 40 % der Stadtbevölkerung Juden, sie bildeten die größte Gruppe neben Russen und Polen. Im Juni 1941 marschierten deutsche Truppen in Vilnius ein, im September wurden in der Altstadt zwei Ghettos errichtet, in denen die Juden der Stadt unter menschenunwürdigen Bedingungen auf engstem Raum zusammengepfercht waren. Es begannen die Vernichtungsaktionen. Etwa 100 jungen Menschen gelang die Flucht aus den Ghettos, sie schlossen sich den russischen Partisanen in den Wäldern von Weißrussland an und kamen mit den Sowjets zurück in die Stadt. Schon bevor die beiden Ghettos eingerichtet wurden, hatte die Sauuma, die litauische Geheimpolizei, zusammen mit den Deutschen 10 000 bis 20 000 Juden aus Vilnius in den Wäldern von Paneriai erschossen, die Leichen in Massengräbern verscharrt (→ S. 35).

Nachdem fast 50 Jahre über dieses Kapitel der Geschichte von Vilnius Schweigen herrschte, kann man heute wieder den Spuren des jüdischen Vilne durch die Stadt folgen.

Kleines Ghetto ···› Žydų gatvė

In der **Gaono gatvė** beginnt der Spaziergang. Hier war das Tor zum so genannten »Kleinen Ghetto«, das die Deutschen im September 1941 errichteten. 9000 bis 11 000 Juden wurden hier zusammengetrieben. Die meisten von ihnen wurden in den sechs Wochen der Existenz des Ghettos umgebracht. Am Haus Nr. 3 kann man auf einer **Gedenktafel** die Anordnung des Ghettos ersehen. Das Haus gegenüber, Nr. 6, beherbergt heute die Österreichische Botschaft. Das Gebäude aus dem 16. Jh. wurde umfassend renoviert, es diente 80 Jahre (bis 1941) der jüdischen Gemeinde als **»Haus des Gebets«**. Man kreuzt nun die Stiklių gatvė, um weiter in die kleine Žydų gatvė zu gehen. Hier und in der parallel verlaufenden Antokolskio gatvė befand sich im Mittelalter das Zentrum der jüdischen Gemeinde, die noch bis zur Mitte des 17. Jh. auf wenige Gassen begrenzt war. Die Žydų gatvė, die Judengasse, endet unvermittelt in einem Hof eines Wohnblocks. Rechts ein großer Kindergarten aus der Sowjetzeit. Genau hier stand die **Große Synagoge**, die 1635 erbaut wurde. 3000 Menschen hatten hier Platz, und sie besaß über 18 Thorarollen. Die Sowjets erledigten das, was die Deutschen übrig ließen: Sie schleiften die Synagoge. Rechts von dem heutigen Kindergarten steht ein **Denkmal für den Gaon** (Elijah ben Shlomo Zalman, 1720–1797). Er war der berühmteste Talmud-Gelehrte und machte Vilnius zum Zentrum des jüdischen Geistes. 1997 wurde das Denkmal errichtet.

Großes Ghetto ···› Ghetto-Theater

Wenn man aus dem Hof hinaustritt, kommt man auf die Vokiečių gatvė, die Deutsche Straße, eine der ältesten Straßen der Stadt. Westlich davon bis zur Pylimo gatvė erstreckte sich das **Große Ghetto**, das am gleichen Tag wie das Kleine Ghetto errichtet und das am 23. (oder 24.) September 1943 liquidiert wurde. Zwei Jahre hatten hier 29 000 Juden gelebt, die für die Deutschen Arbeiten ausführen mussten und vom Rest der Stadt abgeriegelt waren. Vor dem Zweiten Weltkrieg befand sich in der Vokiečių gatvė das Geschäftszentrum der Stadt. Das rosafarbene Haus an der Ecke zur Trakų gatvė war die Redaktion einer der täglich erscheinenden fünf jüdischen Zeitungen, »Der Tog«. Am anderen Ende der Vokiečių, an der Ecke zur Rūdninkų gatvė, liegt das moderne Gebäude des Zentrums für Moderne Kunst. Hinter dem Alten Rathaus verläuft die Arklių gatvė, in der sich direkt nebeneinander das Puppentheater und das Junge Theater befinden. Genau dort, wo heute das Foyer des Jungen Theaters ist, war von 1942 bis 1943 das **Ghetto-Theater** (eine Tafel erinnert daran), dessen Geschichte der israelische Dramatiker Joshua Sobol in dem Theaterstück »Ghetto« aufschrieb. In der parallel verlaufenden Rūdninkų gatvė tagte in Haus Nr. 8 der Judenrat, der verantwortlich war für den Tagesablauf im Ghetto. An der Hauswand von Nr. 18 ist ebenfalls eine Karte der beiden Ghettos abgebildet. Der freie Platz, der sich heute zwischen Rūdninkų und Mėisinių gatvė befindet, war in den Vierzigerjahren noch mit vielen kleinen Häusern bebaut. Sie wurden durch Granaten und Sprengungen zerstört, als die Nazis 1943 das Ghetto liquidierten. Ein Teil der dort noch lebenden Juden wurde in Konzentrationslager deportiert, ein anderer Teil sofort umgebracht.

Pylimo gatvė ···> Jüdisches Museum

In der Pylimo gatvė 39 befindet sich die einzige **Synagoge** (→ S. 33) der Stadt. Etwas weiter die Pylimo gatvė hinunter liegt auf der rechten Seite in einem ehemaligen hebräischen Gymnasium das **jüdische Gemeindezentrum** (Pylimo 4). Von hier sind es nur ein paar Schritte zum **Jüdischen Museum** (→ S. 35).

Heute leben 4000 Juden in der Stadt. 1989 begannen sie sich als Minorität zu artikulieren, 1991 gründeten sie wieder eine jüdische Gemeinde. Der 23. September 1943 ist in Litauen ein offizieller Gedenktag: der Tag, an dem das Ghetto von Vilnius zerstört wurde. Für Emanuel Zingeris, den Leiter des Staatlichen Jüdischen Museums, ist das letzte Wort der Geschichte aber noch nicht gesprochen: »Die Erinnerung an die jüdische Geschichte von Vilnius ist ein

Über das »Jerusalem des Nordens« – seine glanzvolle Zeit der jüdischen Aufklärung bis zur Auslöschung im Holocaust – informiert das Jüdische Museum in der Pamėnkalnio.

Prüfstein für den Weg Litauens nach Europa.«

»Jewish Ghetto Project« heißt das Vorhaben, für das der Bürgermeister von Vilnius und auch das litauische Parlament bereits grünes Licht gaben. Bis 2008 sollen auf drei Baufeldern wieder die Gebäude des alten mittelalterlichen Ghettos entstehen, 30 originalgetreu rekonstruierte Häuser, dazu das repräsentative Gebäude der ehemaligen jüdischen Bank, das Schlachthaus und natürlich auch die Große Synagoge. Mit dem Projekt will Zingeris der ausgelöschten Welt der Juden von Vilnius wieder einen Ort geben, für Schulklassen aus Litauen ebenso wie für Touristen aus Westeuropa und Übersee.

Dauer: 1–2 Stunden

Sehenswertes

Alle Sehenswürdigkeiten in der Altstadt sind zu Fuß zu erreichen, die Wege zwischen ihnen sind in maximal 20 Minuten zurückzulegen.

Katholiken aus ganz Osteuropa pilgern zum Madonnenbild im Aušros-Tor.

Altes Rathaus (Rotušė)

S. 149, D 3

Das klassizistische Gebäude (1785–1799) thront mitten auf dem Rathausplatz, der gerade frisch renoviert wurde. Das erste Rathaus an dieser Stelle wurde schon im 14. Jh. gegründet. 1810 wurde das Haus zu einem Theater, nach einer Renovierung in den Dreißigerjahren zum Kunstmuseum. Heute dient es als Haus der Künstler.

Didžioji 31; tgl. 10–18 Uhr

Aušros-Tor (Aušros vartai)

S. 149, D 4

Heute ist das 1503 bis 1522 errichtete »Tor der Morgenröte« das letzte erhaltene Tor der Stadtbefestigung von Vilnius. Die kleine klassizistische Wallfahrtskapelle über dem Torbogen an der Stadtseite birgt ein Marienbild aus dem 16. Jh., die **Barmherzige Muttergottes**, das seit der Mitte des 17. Jh. als wundertätig gilt. Das Madonnenbild, in vergoldetes Silber gefasst und von unzähligen Votivgaben umgeben, ist Pilgerziel vieler gläubiger Katholiken Osteuropas. 1688 wurde das Bild den Unbeschuhten Karmeliterinnen des nahe dem Tor gelegenen Klosters mit der **Kirche St. Theresa** übergeben.

Aušros Vartų 12

Burgberg (Pilies kalnas) mit Gediminas-Turm (Gedimino bokštas)

S. 149, D 2

Der rote achteckige Gediminas-Turm, auf dem die litauische Trikolore weht, ist das Wahrzeichen von Vilnius. Er erhebt sich auf dem 48 m hohen Burgberg am Zusammenfluss von Neris und Vilna, dem Gründungsort des alten litauischen Staates. Erwähnt wurde die Burg erstmals 1323. Allein der Gediminas-Turm, einige Reste der Wehrmauer und des Herrscherpalastes sind noch von der einstigen Anlage erhalten. Im Turm ist in einem

kleinen **Museum** die Geschichte des Burgbergs dokumentiert. Der Blick von hier weit über die Stadt lohnt unbedingt einen Aufstieg!
Di–So 11–17 Uhr

Dominikaner- oder Heiliggeistkirche (Šv. Dvasios Dominikonųbažnyčia) ⇢ S. 148, C 3
Sie ist ein prächtiges Beispiel des Hochbarock: die Heiliggeistkirche des Dominikanerklosters, die mit ihrer gelb-weißen Kuppel weit über die Dächer der Altstadt ragt. Ihre heutige Gestalt erhielt sie Ende des 17. Jh. Die Innenausstattung im verspielten Rokokostil entstand fast 100 Jahre später: 16 Altäre und die Kanzel sind üppig geschmückt, doch ein besonderer Blickfang sind die Fresken in der Kuppel.
Dominikonų 8

Drei Kreuze (Trijų Kryžių) ⇢ S. 149, E 2
Vom Burgturm – und nicht nur von dort – sieht man weithin die drei weißen Kreuze, die im Kalnų Park auf dem Kreuzberg stehen. Der Legende aus dem 14. Jh. nach wurden sieben Franziskanermönche ermordet und auf diesem Hügel beerdigt. Zu ihrem Andenken wurde eine kleine Kapelle errichtet, die später mit drei hölzernen Kreuzen versehen wurde. 1916 ersetzte man sie, die Sowjets schleiften sie 1951. Nach der Erlangung der Unabhängigkeit wurde das Denkmal erneuert. Wer hier hinaufsteigt, wird mit einem weiten Blick auf die Altstadt belohnt.
Kalnų parkas

Europa Centras ⇢ S. 148, nördl. B 1
Lange war das Hotel Lietuva Reval mit seinen 22 Stockwerken das höchste Gebäude der Stadt. Jetzt erheben sich gegenüber vom Hotel die Hochhäuser des Europa Centras, des neuen Businesszentrums von Vilnius.
Konstitucijos pr.; Trolleybus 5, 6 (Žaliasis tiltas)

Fernsehturm (Televizijos bokštas) ⇢ S. 148, nördl. C 1
326 m ist der Turm hoch. Auch wenn sich die Aussichtsplattform nur auf halber Höhe befindet, ist der Blick von dort berauschend.

Von hier forderte der erste freie Sender Litauens die Freiheit des Landes. Als die Sowjets den Sender schließen wollten, versammelten sich hier einige tausend Demonstranten. Dann kamen die Panzer ... Am Fuße des Turmes erinnert eine Ausstellung an die Ereignisse vom 13. Januar 1991, als 14 Litauer durch sowjetisches Militär den Tod fanden.
Sausio 13-osios 10; www.lrtc.lt; tgl. 10–21 Uhr; Eintritt 15 LT

Frank Zappa Memorial ⇢ S. 148, B 2
Er stammt nicht aus Vilnius, aber seit 1995 hat Frank Zappa (1940–1993) ein Denkmal in der Stadt. Das wurde nicht auf staatliche Initiative errichtet, sondern durch eine Gruppe unabhängiger Künstler veranlasst. Ein Akt der Freiheit. Die Büste des Musikers steht erhöht auf einer Metallsäule, dahinter sind an einer Wand Graffitigemälde, die Zappa zeigen, zu sehen.
K. Kalinausko 1

Gediminas-Denkmal ⇢ S. 149, D 2
An der Südseite der Kathedrale erhebt sich das Denkmal für Großfürst Gediminas (1316–1341), der sich selbst »König der Litauer und vieler Russen« nannte. Der Legende nach war er aus Trakai zur Jagd gekommen und ist am heutigen Burgberg eingeschlafen, als ihm im Traum ein eiserner Wolf erschien, der so laut heulte wie 100 Wölfe. Ein Seher bedeutete ihm daraufhin, hier eine Stadt zu gründen. Diese werde so unbesiegbar sein wie ein eiserner Wolf. 1323 gründete er Vilnius am Zusammenfluss von Vilnia und Neris. Unter ihm formierte sich das Großfürstentum zu einem einheitlichen, gen Osten expandierenden Staat. Seine Herrschaft war geprägt von politischer und religiöser Tole-

Die filigrane Annakirche mit ihrem separat stehenden Glockenturm und die behäbige Bernhardinerkirche bilden das bedeutendste gotische Bauensemble Litauens.

ranz: Gedeminas holte deutsche Kaufleute und Handwerker in die Stadt und gewährte ihnen Religionsfreiheit. Seine Söhne Algirdas und Kestutis setzten nach seinem Tod diese Politik noch weitere 35 Jahre fort.
Katedros 1

Gediminas Prospekt (Gedimino prospektas) S. 149, D 2

Vilnius Hauptstraße wurde 1836 angelegt, als die Altstadt über ihre Mauern hinauswuchs. Der Prospekt führt über 2 km vom Kathedralenplatz Richtung Nordwesten bis zum Platz der Unabhängigkeit am Parlament. Die meisten Gebäude – Banken, Behörden und Hotels – am Gediminas Prospekt entstanden erst im 20. Jh. Im Haus Nr. 1 war das Hauptquartier der litauischen Befreiungsbewegung Sajųdis, und hier befindet sich auch das **Literatencafé** (→ S. 40). Auf der linken Seite (Nr. 4) fällt das **Dramentheater** mit der Skulptur der drei Musen auf. An der Ecke zur Vilniaus gatvė erhebt sich das neue moderne Novotel, gegenüber das **Neue Rathaus** und der **Regierungspalast.**

Etwas weiter hinauf steht rechts das renovierte Hotel und Restaurant Neringa (→ S. 40). Vorbei am Lukiškių Platz, dem größten Platz der Stadt. An dessen Nordseite ragen die beiden Türme der **Kirche St. Jakobus und Philippus** empor, einer Barockkirche aus dem späten 17. Jh. Auf dem Platz errichteten die Sowjets 1952 das obligatorische Lenin-Denkmal; die Bilder von dessen Demontage 1991 gingen um die Welt. An der Westseite steht das Gefängnis, wo während der Nazi- und der Sowjetbesatzung Regimekritiker gefangen gehalten wurden.

Haus Nr. 40 ist das ehemalige Bezirksgericht (von 1890), in dem sich heute auch das **KGB-Museum** befindet (→ S. 35). Schräg gegenüber auf der rechten Straßenseite hinterließ der stalinistische Baustil mit dem Haus der Wissenschaftler von 1950 seine Spur. Das Gebäude des Parlaments (Sejm) am Platz der Unabhängigkeit wurde für den Obersten Sowjet 1982 erbaut.

Gotisches Ensemble – Anna- und Bernhardinerkirche (Šv. Onos ir Bernadinų bažnyčia) ⇢ S. 149, D 2

Sie ist das berühmteste Bauwerk von Vilnius: die **Annakirche**, die Napoleon bei seinem Russlandfeldzug so schön fand, dass er sie am liebsten »auf seiner Handfläche nach Paris« getragen hätte.

1495 bis 1500 wurde sie im spätgotischen Stil aus 33 verschiedenen Ziegelformen erbaut. Zusammen mit der behäbigen **Bernhardinerkirche** (16. Jh.) bildet sie das gotische Ensemble. Neben den beiden Kirchen erhebt sich das **Denkmal für den Dichter Adam Mickiewicz** (1798–1859). Auf der Nordseite der Bernhardinerkirche schließt sich das gleichnamige Kloster an, das aber schon in der Mitte des 19. Jh. geschlossen und als Kaserne genutzt wurde. Schon 1919 übernahm die Gebäude die Kunstakademie.

Maironio 8/10

Grüne Brücke (Žaliasis tiltas) ⇢ S. 148, C 1

Hinter dem Opernhaus führt die Grüne Brücke über die Neris. Sie ist die älteste Brücke (1536) der Stadt, die die Straßen Vilniaus und Kalvarijų verbindet. Die heutige Brücke stammt allerdings von 1952. Ein Überbleibsel der Sowjetzeit sind die Figuren im Stil des Sozialistischen Realismus von 1952. In der Stadt gibt es momentan heftige Diskussionen, sie zu beseitigen.

Trolleybus 6 (Žaliasis tiltas)

Heiliggeistkirche (Stačiatikių Šv. Dvasios cerkvė) ⇢ S. 149, D 4

Schon im 16. Jh. wurde die russisch-orthodoxe Klosteranlage gegründet. Heute ist es das einzige russisch-orthodoxe Kloster Litauens, in dem noch einige wenige Mönche und Nonnen leben und das zudem Sitz des Erzbischofs ist. Der Kirchenbau begann erst 100 Jahre später im Barockstil, und in den Jahren 1749 bis 1753 erhielt sie ihre Innengestaltung im Rokokostil in poppiger Farbenpracht: von hellgrün über rosa zu gold, purpur und meeresblau. Aus dieser Zeit stammt auch die Ikonostase, die heute wunderbar restauriert wurde. Die Krypta birgt die Gebeine der orthodoxen Heiligen Antonius, Iwan und Eustachius. Der Jahrestag ihrer Überführung ist der 26. Juni, die alljährlich feierlich begangen wird. Die Gottesdienste an diesem Tag sind mit ihren Chorgesängen besonders eindrucksvoll, ebenso wie zu Weihnachten (6./7. Januar) und zu Ostern.

Aušros Vartų 10; Gottesdienste mit Chorgesängen tgl. 17 Uhr

Johanneskirche (Šv. Jonų bažnyčia) ⇢ S. 149, D 2

Der ursprüngliche Kirchenbau an diesem Ort war ein gotischer, der gleich zu Beginn der Gründung des Jesuitenkollegs von den Jesuiten übernommen wurde. 1738 bis 1749 wurde die Universitätskirche im spätbarocken Stil umgebaut. Der frei stehende gelb-weiße Glockenturm ragt mit seinen 63 m weit über die niedrigen Dächer der Altstadt hinaus. Von besonderer Opulenz ist das Innere der Kirche: zehn Altäre im Chorumgang, die reich mit Skulpturen und Malerei geschmückt sind.

Šv. Jono 12

Kasimirkirche (Šv. Kazimiero bažnyčia) ⇢ S. 149, D 3

Die rosa-weiße Kirche, die sich an der Südseite des Rathausplatzes befindet, ist die älteste Barockkirche in

Vilnius. Der heilig gesprochene Königssohn Kasimir ist der Namenspatron der Kirche, die 1616/18 nach dem Vorbild der römischen Jesuitenkirche Il Gesù vollendet wurde. Viele Veränderungen musste das Gotteshaus über sich ergehen lassen: Von Napoleons Truppen geplündert und als Getreidespeicher missbraucht, wurde sie dann im 19. Jh. von der russisch-orthodoxen Gemeinde genutzt. Immerhin soll zu dieser Zeit auch Fjodor Dostojewski hier geweilt haben. Nach dem Ersten Weltkrieg fiel sie an die Katholiken zurück, bis sie unter den Sowjets zu einem Museum des Atheismus mutierte. Nachdem sie 1991 neu geweiht wurde, übernahmen die Jesuiten das Haus, in dem auch regelmäßig Konzerte stattfinden.
Didžioji 34

Kathedrale und Kathedralenplatz (Arkikatedra bazilika ir Arkikatedros aikšte) ⋯> S. 149, D 2

Wie ein gotischer Tempel wirkt Vilnius Hauptkirche, die erst 1783 bis 1801 im Stil des Klassizismus erbaut wurde. Im Innern der Kathedrale verbirgt sich die barocke Kasimirkapelle von 1636, ein Juwel des Hochbarock. Die Gebeine des Heiligen Kasimir, des Schutzpatrons der Stadt, sind hier beigesetzt.

Auf dem Platz, der ein beliebter Treffpunkt der Jugend von Vilnius ist, erhebt sich frei der 57 m hohe **Glockenturm**, ein vielschichtiges architektonisches Bauwerk: Der unterste Teil stammt vom Ende des 14. Jh., der letzte Umbau datiert von 1803.
Katedros 1

Nikolauskirche (Šv. Mikalojaus bažnyčia) ⋯> S. 149, D 2

Der schlichte Backsteinbau ist die älteste Kirche Litauens und das älteste gotische Gebäude in der Stadt. Deutsche Kaufleute ließen sie im 14. Jh. noch vor der Christianisierung Litauens erbauen.
Šv. Mikalojaus 4

Peter- und Paulskirche (Šv. Apaštalų Petro ir Povilo bažnyčia) ⋯> S. 149, nördl. F 1

Von außen ist die große Barockkirche, etwa 1 km vom Kathedralenplatz entfernt, eher unscheinbar, wenn man das Innere betritt, wird man über-

Die Kirche St. Johannes steht im von Arkaden umzogenen Skargos-Hof (Großer Hof), einem von zwölf Höfen des verschachtelten Universitätskomplexes.

rascht: Etwa 2000 Stuckfiguren finden sich auf Wänden und Gewölben. Expressive Dämonenfiguren, sanfte Engel, biblische und mythologische Szenen haben die italienischen Bildhauer Peretti und Galli nach der Vollendung der Kirche (1685) gefertigt.
Antakalnio 1; vom Kathedralenplatz mit dem Trolleybus 2, 3, 4, 8, 12

Pilies gatvė → S. 149, D 2/3

Die »Burgstraße« war im Mittelalter die älteste und längste Straße der Stadt und verbindet die Burg mit dem Marktplatz. Heute ist sie eine belebte Flaniermeile, denn in den restaurierten historischen Kaufmannshäusern haben Läden, Restaurants und Cafés eröffnet. Rechts und links zweigen die schmalen Altstadtgassen ab. An der russischen Pjatnizkaja-Kirche findet täglich ein Souvenirmarkt statt, hier geht die Pilies in die Didžioji gatvė, die Große Straße, über, die am alten Rathaus vorbei zum Aušros-Tor führt.

Platz der Unabhängigkeit (Nepriklausomybės aikštė)

→ S. 148, westl. A 1

45 Jahre dauerte die sowjetische Besatzungszeit, bis im März 1990 die Unabhängige Republik Litauen proklamiert wurde, für die Herrscher im Moskauer Kreml eine Provokation: Sie ließen am 13. Januar 1991 russische Panzer rund um den Fernsehturm auffahren (→ S. 29). 14 unbewaffnete Zivilisten kamen dabei ums Leben. Das Militär drohte, das Parlamentsgebäude zu stürmen, vor dem 150 000 Menschen Wache hielten. Sie hielten durch.
Gedimino pr.; Trolleybusse 1, 3, 7 (Tiltas)

Präsidentenpalast (Prezidento rųmai) → S. 148, C 2

Bereits im 14. Jh. wurde der Adelspalast erwähnt, von 1543 bis 1794 residierten die Bischöfe von Vilnius in dem Gebäude, bis es 1795 zum Sitz des russischen Generalgouverneurs wurde. Sowohl Zar Alexander I. als auch Napoleon nächtigten hier 1812, bevor es 1824 von dem Petersburger Architekten Wassili Stassow im spätklassizistischen Stil umgebaut wurde. Seit 1997 hat der litauische Präsident hier seinen Sitz.
Daukanto 3

Synagoge → S. 148, C 4

Sie ist die einzige der ehemals 105 Synagogen von Vilnius. 1903 im maurischen Stil erbaut, trägt sie die Inschrift »Das Gotteshaus ist ein Heiligtum für alle Völker«. Heute trifft sich hier die kleine jüdische Gemeinde der Stadt zum Gebet.
Pylimo 39; So–Fr 10–14 Uhr

Universität (Universitetas)

→ S. 149, D 2

3

Schon im Jahre 1569 wurde in Vilnius ein Jesuitenkolleg gegründet, aus dem zehn Jahre später auf Initiative von Stephan Barthory, dem König von Polen und Großfürsten von Litauen, die Universität hervorging. Vorerst nur mit theologischer und philosophischer Fakultät und als Bollwerk gegen die Reformation.

Während des Aufbaus der »Alma Mater Vilnensis« entstanden vom 16. bis 20. Jh. mehrteilige Gebäudetrakte, die sich um **zwölf Höfe** gruppieren. Ein interessantes Labyrinth verschiedener Baustile der Altstadt, wobei die Renaissance dominierend ist. Von der Universiteto gatvė betritt man den Sarbievijaus Hof, in dem sich die eindrucksvolle **Buchhandlung Littera** mit ihren wunderbaren Deckengemälden (→ S. 42) befindet. Den Bibliothekshof umgeben die Gebäude der 1570 gegründeten **Universitätsbibliothek,** die ca. 4,9 Millionen Bücher besitzt, darunter viele einzigartige Schätze. Von besonderer Pracht ist der Skargos-Hof, der an drei Seiten von Arkaden und an der vierten Seite von der **Johanneskirche** gesäumt ist.
Universiteto 3; www.vu.lt; Mo–Sa 10–17 Uhr; Eintritt 4 LT.

Die Artilleriebastion stammt aus dem 17. Jahrhundert und beherbergt heute ein Waffenmuseum.

Vingis-Park (Vingio parkas)

S. 148, westl. A 2/3

Der größte Stadtpark (160 ha) von Vilnius ist mit seiner Freilichtbühne für die alle vier Jahre stattfindenden Sängerfeste (→ S. 47) ein beliebtes Naherholungsgebiet. Der Park liegt westlich vom Zentrum, eingebettet in eine Flussschleife des Neris. Im 15. bis 16. Jh. gehörte er den Radziwills, Anfang des 19. Jh. ließ sich der russische Generalgouverneur hier eine prachtvolle Sommerresidenz anlegen. Leo Tolstoi hat sie auch in seinem Roman »Krieg und Frieden« verewigt.

M. K. **Čiurliono; Bus 24 (Vingio parkas)**

Vokiečių gatvė (Deutsche Straße)

S. 148, C 3

Diese Straße, die heute durch einen breiten Grünstreifen in der Mitte versehen ist, war die Hauptgeschäftsstraße des alten Wilno/Vilne. So, wie man sie heute sieht, entstand die Straße erst in den Sechzigerjahren, als die Sowjets beschlossen, die alten Strukturen zu zerstören und die Wohnblöcke auf der Ostseite und den Grünstreifen in der Mitte erschufen. Die Häuser auf der Westseite entstanden teilweise schon im 14. Jh., als deutsche Händler und Handwerker hier siedelten. Die jüdische Bevölkerung zog erst im 19. Jh. hierher. Zu Beginn des 20. Jh. war es das Hauptwohngebiet der jüdischen Stadtbewohner. »Schon wenn man sich der ... Straße näherte, verließ man die dünn besiedelten Reviere und tauchte ein in eine Zone plötzlicher Verdichtung. Auf Gehsteigen, in Toreinfahrten, Türen, Fenstern – Gesichtertrauben, eine quellende Menge«, schreibt Czeslaw Milosz in seinem Buch »Die Straßen von Wilna«.

Heute kann man sich das nicht mehr vorstellen: Die Sowjets hatten den Plan, hier eine Schneise durch die Altstadt bis zur Grünen Brücke zu schlagen. Die Straße wurde um das Vierfache verbreitert, lediglich die westliche Straßenseite blieb erhalten, auf der östlichen entstanden Wohnblocks. Im Hinterhof von Haus Nr. 20 befindet sich eine kleine **evangelische Kirche**, die hier schon seit 1555 steht und mehrmals verändert wurde. Sehr schön der Rokokoaltar aus der Mitte des 18. Jh. Heute befinden sich in dieser Straße viele Restaurants und Läden, im Sommer breiten sich die Restaurants mit Tischen und Stühlen auf den Grünstreifen aus.

Museen und Galerien

Bezogen auf die Größe einer Stadt wie Vilnius gibt es eine üppige Vielfalt an Museen. Der Eintritt ist jeweils frei oder geringfügig (4–5 LT). Eine vollständige Übersicht über die Museen findet man unter www.muziejai.lt.

Architektur-Museum (Architekturos Muziejus)

S. 149, D 2

Eine kleine Ausstellung stellt die Geschichte der litauischen Architektur im 20. Jh. dar.

Šv. Mykolo 9 (in der St. Michaels-Kirche); tgl. 11–17 Uhr

Artilleriebastion (Bastėja)

→ S. 149, D 3

Die Befestigungsanlage wurde im frühen 17. Jh. gebaut, aber schon einige Jahre später im Krieg mit Moskau zerstört. Lange war die alte Bastion ein vernachlässigtes Terrain, diente im 19. Jh. als Waisenheim, und in der Sowjetzeit wurde hier Gemüse gelagert. Heute kann man in den Kasematten Waffen und Verteidigungswerkzeuge besichtigen.

Bokšto 20/18; www.lnm.lt; Di–Sa 10–17, So 10–15 Uhr

Genozid-Gedenkstätte Paneriai (Panerių memorialas)

→ Umschlagkarte hinten, D 4

Im Wald von Paneriai (10 km südwestlich von Vilnius) wurden während des Zweiten Weltkrieges etwa 100 000 Menschen ermordet. Hauptsächlich waren es Juden, aber es wurden auch Angehörige der Untergrundorganisationen dort umgebracht. Schon 1960 wurde die Gedenkstätte eröffnet, doch erst seit 1985 sind hier persönliche Gegenstände der Ermordeten, Dokumente und Fotografien ausgestellt.

Agrastų 17; Mi–Mo 11–18 Uhr; mit dem Zug Richtung Trakai (Paneriai)

Holocaust-Museum und Jüdisches Museum (Valstybinis Vilniaus Gaono Žydų Muziejus)

→ S. 148, B 2

Über die jüdische Geschichte der Stadt informiert das Jüdische Staatsmuseum an der Pamėnkalnio. In dem grünen Holzhaus ist das Schicksal der jüdischen Bevölkerung während des Holocaust dokumentiert. Es werden ansprechende Führungen, auch auf Deutsch, angeboten. Wechselausstellungen sind im Haus der jüdischen Gemeinde zu sehen. Sehr gutes Informationsangebot zur »Haskala«, der jüdischen Aufklärung, deren Mittelpunkt Vilnius einst war (→ S. 25).

Pamėnkalnio 12 und Pylimo 4; www.jmuseum.lt; Mo–Do 10–17, Fr 10–16 Uhr

KGB-Museum (Genocido Aukų Muziejus)

→ S. 148, B 2

Dokumente über die Repressionen gegen die litauische Bevölkerung während der sowjetischen Besatzung (1944–1990) werden in der ehemaligen Zentrale des sowjetischen Geheimdienstes (KGB) am Gediminas Prospekt 40 gezeigt. Das Gebäude war unter den Deutschen Gestapo-Hauptquartier.

Aukų 2a; www.genocid.lt; Di–So 10–18 Uhr

MERIAN-Tipp

2 Bernstein-Museum und Galerie (Gintaro Muziejus-Galerija)

Das »baltische Gold« schimmert nicht nur goldgelb, sondern auch bläulich, grünlich, rot, weiß und schwarz. In dem Museum führt eine Treppe hinunter in die Welt des Bernsteins vor 50 Millionen Jahren. Damals bildete sich der Bernstein aus Harz der Pinienkiefern, der eintrocknete und versteinerte. Viele Legenden ranken sich um seine Entstehung, und man dichtete ihm magische Eigenschaften an, so soll er auch Einfluss auf die Gesundheit haben. Schon die alten Römer schätzten Bernstein. Im Bernstein-Museum kann man die Kulturgeschichte des Bernsteins verfolgen. Im modernen Interieur mit gläsernen Bodenplatten fühlt man sich an den Ostseestrand versetzt. Und dort bricht jedes Jahr im Frühjahr und Herbst nach Unwettern und Stürmen für etwa 200 litauische Fischer das Bernsteinfieber aus. Da werden die Bernsteine »gefangen«, aus denen Kazimieras Mizgiris, der Besitzer des Museums und der Galerie, Schmuckstücke fertigen lässt, die auf der oberen Etage verkauft werden.

Šv. Mykolo 8; www.ambergallery.lt; tgl. 10–19 Uhr; Eintritt frei

→ S. 149, D 2

Die Republik Užupis

Das Künstlerviertel am anderen Ufer der Vilnia kann sich sogar einer eigenen Verfassung rühmen.

Užupis heißt »hinter dem Fluss« und ist eine der ältesten Vorstädte (schon im 15. Jh. erwähnt) von Vilnius. Der Stadtteil liegt auf einem Hügel oberhalb des Kalnų Parks wie eine Halbinsel in einer Schleife des kleinen Flusses Vilnia. Ursprünglich war Užupis ein Handwerkerviertel. In der Sowjetzeit war es ein armes und unsicheres Revier, denn zwielichtige Gestalten, Prostituierte und Kleinkriminelle hatten hier das Sagen, und lange Zeit galt Užupis als ein vergessenes Quartier, herausgefallen aus der Zeit.

Ein alternatives Biotop

In Užupis sind die Gassen eng, die Häuser waren zur Zeit der Wende verfallen, ohne Heizung und ohne Sanitäranlagen. Der Boom, den Vilnius Anfang der Neunzigerjahre erlebte, kam vor allem der Altstadt zugute. Nach der Unabhängigkeit Litauens im Jahr 1991 zogen viele Studenten der Kunstakademie, Künstler, Musiker und Schauspieler aus den Plattenbauten der Vororte nach Užupis. Wohnungen und Häuser waren billig und wurden nach und nach in Stand gesetzt.

Die Verfassung der Unabhängigen

Zwei Brücken führen von der Altstadt hinein in die »Užupio Respublika«. Das erste Haus hinter der Brücke ist das **Café Užupis Kaviné**, »Regierungssitz« und beliebter Künstlertreffpunkt. 7000 Einwohner hat die »Republik«, vier Flaggen (für jede Jahreszeit eine), einen Präsidenten, den Filme- und Liedermacher Romas Lileikis und eine Verfassung mit 41 Artikeln. Sie endet mit drei Imperativen: »Siege nicht. Verteidige dich nicht. Gib dich nicht geschlagen«. In der kleinen »Republik« werden die normalen Regeln auf den Kopf gestellt beziehungsweise einfach neue postuliert: »Alle haben das Recht, unglücklich zu sein und missverstanden zu werden«. Eine reizvolle Mischung aus Anarchie und Idylle. Immer wieder werden fröhlich karnevalistische Feste gefeiert sowie

Kunst- und Modefestivals. Am 1. April wird die Unabhängigkeit, am 21. März das selbst ernannte Neujahrsfest mit der symbolischen »Verbrennung aller Vorurteile« begangen.

Eine eigene kleine Welt

Gleich auf dem Marktplatz des Kleinstaates in der Stadt erhebt sich das Wahrzeichen von Užupis: ein goldener **Posaunenengel**. Der Engel auf einer Säule, der ein Horn bläst und die Renaissance von Užupis, aber auch von ganz Osteuropa verkündet. Alte Häuser, idyllische Hinterhöfe, Galerien, Restaurants und kleine Läden prägen das reizvolle Viertel, dessen Hauptstraße vom Marktplatz aus bergan führt. Etwa auf halber Höhe (Užupio 17 a) sieht man rechts durch einen Torbogen die kleinste Kirche von Vilnius. **St. Bartholomäus** wurde 1788 im klassizistischen Stil erbaut, der Glockenturm wurde fast 100 Jahre später errichtet. Heute wird die Kirche von der weißrussischen Gemeinde genutzt.

Wenn man die Straße bis zum höchsten Punkt hinaufgeht, wird man im Gastgarten des **Restaurants Tores** (→ MERIAN-Tipp, S. 40) mit einem berauschenden Blick auf die Stadt belohnt.

Am 1. April 1997 wurde die »Unabhängige Republik Užupis« ausgerufen, und inzwischen zählt dieser Stadtteil zu den begehrtesten und auch nicht mehr ganz billigen Quartieren in Vilnius. Künstler, Intellektuelle, neureiche Geschäftsleute und der Bürgermeister Artūras Zuokas wohnen hier Tür an Tür. 2001 wurde der Dalai Lama bei seinem Besuch zum Ehrenbürger. Zuokas hält Užupis für ein gutes Beispiel gemeinschaftlichen Engagements. Andere, die seit Anfang der Neunzigerjahre hier wohnen, bedauern, dass mit der schnellen Renovierung des Viertels, das nun in Mode gekommen ist, der melancholische Charme und die Intimität verschwinden. Aber auch dafür gibt es in der Verfassung der »Unabhängigen Republik« einen Paragraphen: »Der Mensch hat kein Recht, nach Ewigkeit zu streben.«

Café Užupis Kaviné
Užupio 2; Tel. 2 15 21 38; tgl. 10–23 Uhr

Restaurant Tores
Užupio 40; Tel. 2 62 93 09; www.tores.lt; tgl. 11–2 Uhr

Was für Paris der Montmartre war, ist für Vilnius Užupis. Hier leben viele Künstler und Individualisten. In ihrer Republik gibt es eine eigene Verfassung (rechtes Bild).

Mickiewicz-Gedenkmuseum (Mickeviciaus Memorialinis Butas-Muziejus) → S. 149, D 2

Im Jahr 1822 wohnte hier Polens Goethe, Adam Mickiewicz (1798–1859), als er in Vilnius studierte. Wenn er auch polnisch schrieb, so eröffnete er sein berühmtes Poem »Pan Tadeusz« doch mit: »Litauen! Mein Vaterland!«

Bernardinų 11; tgl. außer Mo 10– 17, So nur bis 15 Uhr

Nationalmuseum (Lietuvas Nationalinis Muziejus) → S. 149, D 1

Vor dem Museum, das im Neuen Arsenal untergebracht ist, steht ein Denkmal für König Mindaugas. In sieben Abteilungen – Archäologie, Mittelalterarchäologie, Ethnografie, Ikonografie, Geschichte, Neue Geschichte und Numismatik – wird das Schicksal Litauens von der Steinzeit bis zur Gegenwart anschaulich dargestellt.

Arsenalo 1; www.lnm.lt; Di–So 10–17 Uhr; Mi freier Eintritt

Puschkin-Gedenkmuseum (Puškino Memorialinis Muziejus) → S. 149, E 4

Nicht Russlands großer Dichter Alexander Puschkin lebte hier, sondern sein Sohn Grigori (1835–1905) bewohnte seit 1899 dieses idyllische Holzhaus im Park. Nach dem Tod seiner Frau Warwara 1935 wurde das Haus zum Museum mit einer Ausstellung zum Werk des Dichters.

Subačiaus 124; Mi–So 10–17 Uhr; Eintritt 4 LT

Theater-, Musik- und Film-Museum (Lietuvos Teatro, Muzikos, Kino Muziejus) → S. 148, C 2

1992 eröffnete dieses Museum im Palais Radziwill aus dem 17. Jh., das 1796 bis 1810 das städtische Theater beherbergte. Mehr als 300 000 Exponate befinden sich im Besitz des Museums. Davon ist jedoch nur ein Teil in der Ausstellung zu sehen. Neben der Museumsarbeit finden auch Lesungen und Konzerte statt.

Vilniaus 41; www.ltmkm.lt; Di–Fr 12–18, Sa 11–16 Uhr; Eintritt: 4 LT

Vilnius-Gemäldegalerie (Vilniaus Paveikslų Galerija) → S. 149, D 3

Im spätklassizistischen Stadtpalais Chodkevičiu befindet sich heute eine Gemäldegalerie litauischer Kunst des 16. bis 19. Jh.

Didžioji 4; www.ldm.lt; Di–Sa 12–18, So 12–17 Uhr; Eintritt 5 LT

Galerien

Galerija Vartai → S. 148, C 2

Die renommierteste Galerie für moderne Kunst in Vilnius.

Vilniaus 39; www.galerijavartai.lt; Di–Fr 12–18, Sa bis 16 Uhr

Prospekto Galerija → S. 148, A 1

Interessante Ausstellungen litauischer Fotokünstler.

Gedimino pr. 43; www.photography.lt (Website des Verbandes litauischer Fotografen); Mo–Fr 11–18, Sa 11–16 Uhr

Zentrum für zeitgenössische Kunst (šiuolaikinio Meno Centras) → S. 148, C 3

Arbeiten junger litauischer Künstler werden hier auf 2000 qm Ausstellungsfläche ebenso gezeigt wie internationale Ausstellungen. Café und Buchläden im Haus.

Vokiečių 2; www.cac.lt; Di–So 11–19 Uhr

Essen und Trinken

In Vilnius Altstadt findet man eine Vielzahl von Restaurants, Cafés und Bars. Ob chinesisch oder italienisch, ob japanisch oder litauisch, ob ein opulentes Menu oder ein kleiner Snack – für jeden Geschmack ist gesorgt.

Restaurants ●●●

Brasserie Astorija → S. 149, D 3

Der Sonntagsbrunch ist hier berühmt, der Mittagslunch reell und gut. Man sitzt sehr schön im Wintergarten und schaut auf die Altstadt. Die Karte bietet eine gute Auswahl an gehobener internationaler Küche.

Vor dem Nationalmuseum im Neuen Arsenal thront seit 2003 König Mindaugas, der im 13. Jahrhundert sieben litauische Fürstentümer vereinte.

Didžioji 35/2; Tel. 2 36 08 40; tgl. 12–24 Uhr ●●●

La Provence
⇢ S. 148, C 3

Ein klassisches französisches Restaurant mitten in Vilnius Altstadt! Ob Austern oder Tunasteak à la Rossini, ob Lammrücken oder Kalbszunge – alles ist köstlich und teuer, aber jeder Bissen ist seinen Preis wert. Innen gemütliche Atmosphäre mit Antiquitäten, Kissen und Leuchtern. Außen gibt es im Sommer eine kleine Terrasse.

Vokiečių 22; Tel. 2 61 65 73; www.laprovence.lt; tgl. 11–24 Uhr ●●●

Pegasus
⇢ S. 149, D 3

Modern und cool die Einrichtung. Ganz exzellent die Küche, die Michael Bhoola zubereitet. In Londons Top-Restaurants lernte er sein Handwerk, nun präsentiert er seine Nouvelle Cuisine in Vilnius. Samstagabends spielen die besten litauischen Jazzmusiker!

Didžioji g. 11; Tel. 2 60 94 30; www.restaurantpegasus.lt; tgl. 11.30–24 Uhr ●●●

Restaurants ●●

Auksinas Feniksas
⇢ S. 148, westl. A 1

Gegenüber vom Parlamentsgebäude liegt der »Goldene Phönix« und offeriert beste chinesische Küche. Elegant und gemütlich.

Gedimino pr. 64; Tel. 2 49 69 09; Mo–Fr 11.30–23 Uhr, Sa/So ab 12 Uhr ●●

Belmontas
⇢ S. 149, östl. F 3

Östlich von Užupis liegt am Fluss Vilnia der Vorort Belmontas. So idyllisch und landestypisch wie hier kann man nirgendwo in Vilnius speisen. Drei verschiedene Restaurants rund um eine alte Wassermühle mit Außenplätzen bieten beste litauische und internationale Küche.

Belmonto; Tel. 8-6 15-2 02 20 oder 8-6 86-1 46 56 (mobil); www.belmontas.lt; Bus 4, 27 (Belmontas); tgl. 12–24 Uhr ●●/●●●

Fashion TV
⇢ S. 148, C 3

Restaurant, Bar, Nightclub, alles zusammen an einer Location. Sehr modern und stylish. Überall gibt es Mo-

MERIAN-Tipp

3 Tores

Das Restaurant mit dem schönsten Blick auf die Stadt! Von der Terrasse hoch oben über dem Fluss Vilnia und dem Kalnų Park hat man das gesamte Panorama mit Burgberg und die Altstadt vor Augen. Der von hohen Bäumen umgebene Gastgarten bietet an warmen Sommertagen ein kühles Plätzchen und in lauen hellen Nächten Livemusik. Im Winter ist es in den verschiedenen originell eingerichteten Innenräumen äußerst gemütlich.

Die Küche ist international mit großer Auswahl. Tores gehört zur Užupis-Künstler-Community und bietet ein vielfältiges kulturelles Programm: Ausstellungen, Konzerte, DJ-Abende, Swing-Dance-Abende, und sogar Malkurse sind geplant (→ MERIAN-Spezial, S. 37).

Užupio 40; Tel. 2 62 93 09; www.tores.lt; tgl. 11–24 Uhr ●●

→ S. 149, E 2

nitore, mehr, als man mit zwei Augen sehen kann. Internationale Küche und sehr fashionable people. Litauens Modedesignstar Juozas Statkevičius zeigt hier seine Kollektionen (→ S. 43).
Trakų 2; Tel. 2 43 07 77; www.ftv.lt; tgl. 7.30–24 Uhr ●●

Kabuki → S. 149, D 3
Das erste Sushi-Restaurant der Stadt und nach wie vor das beste! Gruppen können einen Extra-Raum bestellen mit Karaoke-Anlage.
Didžioji 28 (1. Stock); Tel. 2 60 90 20; www.kabuki.lt; tgl.12–24 Uhr ●●

Kineret → S. 148, C 4
2004 eröffnete Vilnius einziges koscheres Restaurant, nicht weit von der Synagoge, und so kommt Rabbi Chaim Burshstein auch regelmäßig zum Essen. Besonders gute Fischgerichte und Pizza.
Raugyklos 4; Tel. 2 33 56 48; Mo–Do 11–22, Fr 10–18, So 12–23 Uhr ●●

Literatu Svetaine → S. 148, C 2
Gegenüber der Kathedrale am Anfang des Gediminas Prospekts liegt dieses Traditionsrestaurant, das schon 1883 eröffnete. In der Sowjetzeit war es ein Treff der Dichter, Künstler und Schauspieler. In dem Haus hatte die Unabhängigkeitsbewegung »Sajudis« ihr Hauptquartier. Schon vor dem Zweiten Weltkrieg kam hier die Intelligenzija zusammen, heute sind es vor allem ausländische Residents. Im Sommer schöne Außenplätze!
Gedimino pr. 1; Tel. 2 61 18 89; www.literatai.lt; tgl. 11–24 Uhr ●●

Lokys → S. 148, C 3
Im gotischen Kellergewölbe des »Bären« schaut nicht nur ein ausgestopfter Bär beim Essen zu, die Portionen sind auch bärenmäßig. Wildgerichte und beste Steaks zu guten Preisen.
Stiklių 10; Tel. 2 62 90 46; www.lokys.lt; tgl. 12–24 Uhr ●●

Medininkai → S. 149, D 4
In einem der wenigen gotischen Häuser aus dem 15. Jh. liegt im Souterrain unter einem mächtigen Kreuzgewölbe das Medininkai. Fusionsküche zwischen litauischen und europäischen Gerichten: Lamm mit Minze, Lachs mit Trüffelöl, und im Sommer werden im Hof, wo man auch sehr gut sitzt, köstliche Grillgerichte zubereitet.
Aušros Vartų 8; Tel. 2 66 07 71; www.europaroyale.com; tgl. 7–24 Uhr ●●

Neringa → S. 148, B 2
Der russische Nobelpreisträger Joseph Brodsky, der Ende der Sechzigerjahre oft zusammen mit dem litauischen Philosophen und Dichter Tomas Venclova in dieses Lokal kam, verewigte es in seinem Gedicht »Café Neringa«: »In Wilna entweicht die Zeit durch die Tür des Cafés…« Das waren die legendären Zeiten, als sich die intellektuelle Elite von Vilnius hier traf. Außer-

dem galt das Neringa als Wiege des litauischen Jazz. Das Interieur von 1959 ist unverändert, das Restaurant wurde jedoch umfassend renoviert. Die internationale Karte enthält auch aus nostalgischen Gründen das berühmte Kiewer Kotelett.
Gedimino pr. 23; Tel. 2 61 40 58; www.restoranasneringa.lt; Mo–Mi 7–23, Do, Fr 7–24, Sa 8–24, So 8–22 Uhr ●●

Pomodoro
→ S. 148, B 2/S. 148 westl. A 1
Die Nudeln sind handgemacht (schon ab 3 €), die Pizza ist italienisch gut, auch die Fischkarte bietet so einiges, und die Atmosphäre ist angenehm.
Jogailos 4; Tel. 2 69 00 22; und Lukšio 32; Tel. 2 74 11 20; www.pomodoro.lt; tgl. 8–24 Uhr ●●

Stiklių Aludė → S. 148, C 3
Litauische Bierkneipe mit Musik und leckeren handfesten Speisen.
Gaono 7; Tel. 2 62 45 01; www.stikliaihotel.lt; tgl.11–24 Uhr, Sa/So ab 12 Uhr ●●

Restaurants ●

Kaimas → S. 148, C 2/3
Original litauische Gerichte in Restaurants, die im litauischen Folkstil eingerichtet sind. Alles sehr preiswert, einfach aber gut, schnell und appetitlich serviert.
Vokiečių 8; Tel. 2 31 25 36; Gedimino 14; Tel. 2 12 14 22; tgl. 10–24 Uhr, Fr/Sa bis 2 Uhr ●

Cafés

Café de Paris → S. 149, D 3
Im französischen Kulturzentrum kann man nicht nur guten Kaffee und Wein genießen, sondern auch Crêpes, Galettes, Snacks und Salate, dazu ein nettes Abendprogramm.
Didžioji 1; www.cafedeparis.lt; tgl. Mo/Di 11–22, Mi–Fr 11–3, Sa 12–3, So 12–22 Uhr

Poniu Laine → S. 148, C 3
Großes Café mit Außenterrasse: Hier gibt es die leckersten Kuchen und für den kleinen Hunger litauische Gerichte. Selbstbedienung, dafür preiswert.
Stiklių 14/1; Mo–Fr 9–21, Sa 10–20, So 11–18 Uhr

Skanaus → S. 149, D 4
Diese kleine Bäckerei kurz vor dem Aušros-Tor bietet nicht nur viele kleine süße Leckereien, man kann auch Salate und Pasteten zu sich nehmen. Alles günstig und am schönsten zu

Allein der Blick über Vilnius mit dem Burgberg (rechts) macht einen Besuch des Restaurants Tores zu einem unvergesslichen Erlebnis.

In der Pilies gatve lässt sich gemütlich bummeln und shoppen.

verzehren auf der kleinen Außenterrasse.
Aušros Vartų 9; tgl. 8–21 Uhr

Soprano ⋯› S. 148, C 2
Das beste italienische Eis in der Stadt und dazu Espresso oder Cappuccino. Man hat wirklich das Gefühl, in einer italienischen Bar zu sein. Direkt gegenüber dem Theater auf dem Gediminas Prospekt am Anfang der Pilies gatvė, im Sommer mit Außenterrasse.
Gedimino pr. 3/8; tgl. 7.30–22 Uhr; Pilies g. 3; tgl. 10–23 Uhr

Užupio Klassika ⋯› S. 149, E 3
Ob ein gemütliches Frühstück oder ein Drink am Abend (donnerstags bei Livemusik) – alles läuft ein bisschen ruhiger und lässiger in diesem Teil der Stadt (→ MERIAN-Spezial, S. 36/37).
Užupio 28; Mo–Fr 8–23, Sa/So 10–22 Uhr

Einkaufen

Bernstein und litauisches Kunstgewerbe ist in fast jedem zweiten Laden in der Pilies gatvė zu finden. Die meisten Geschäfte in Vilnius haben von 10–19 Uhr geöffnet, samstags schließen sie um 17 Uhr.

Antiquitäten

Senasis Kuparas ⋯› S. 148, C 3
Russische Samoware und Ikonen, silberne Zigarettendosen und Bronzeleuchter, Mahagoni- und Kirschholzmöbel u. v. m. – alles vom Feinsten.
Dominikonų 14; www.kuparas.lt

Vilnaus Antiquaro Centras ⋯› S. 148, C 3
Sehr große Auswahl an Möbeln, Bildern, Ikonen, Silberwaren und Spiegeln. Nicht nur in den beiden vorderen Räumen, auch in den Hinterzimmern und im Keller kann man stöbern.
Dominikonų 16; www.antiques.lt

Bücher

Humanitas ⋯› S. 148, C 3
Hier im Zentrum für zeitgenössische Kunst findet man eine große Auswahl von Kunst- und Fotobüchern auf Englisch.
Vokiečių 2

Littera ⋯› S. 149, D 2
Nicht nur ein besonders schöner Laden auf dem Gelände der Universität, auch die Auswahl an Büchern ist gut, u.a. Reiseliteratur und englischsprachige Bücher (→ S. 33).
Universiteto 3

Geschenke

Galerie des Bernstein-Museums ⋯› S. 149, D 2
Die schönste Auswahl an Bernstein, ob als Kette, Armband, Ring, Brosche, Ohrring oder Zigarettenspitze. Gute Beratung (→ MERIAN-Tipp, S. 35)!
Šv. Mykolo 8 und Aušros Vartų 17; www.ambergallery.lt

Lino Namai ⋯› S. 148, C 3/S. 149, D 2
Prächtiges Sortiment an Leinenstoffen, aber auch Tischtücher, Servietten, Handtücher aus edlem Leinen.
Pilies 38 und Universiteto 10

Sauluva ···› S. 149, D 2/3
Litauisches Kunsthandwerk in großer Auswahl: Bernsteinschmuck, Holzwaren, Gläser, Keramik und Handgewebtes.
Literatų 3, šv. Mykolo 4; www.sauluva.lt

Šokolado Namai ···› S. 148, C 3
Im Schokoladenhaus sind Auswahl und Verführung groß.
Trakų 13

Märkte

Souvenirmarkt ···› S. 149, D 3
Keramik, Bernstein, Geschnitztes, Gestricktes und Gewebtes in vielen Variationen.
Pilies 23

Mode

Armani, Boss, Dolce & Gabana, Escada und Prada findet man in den Boutiquen in der Didžioji beim Alten Rathaus; Benetton und Zara auf dem Gedeminas Prospekt.

Juozas Statkevičius ···› S. 148, C 2
Er ist Litauens Designer-Star, zeigt seine Mode auf den Pariser Schauen, und die amerikanische »Vogue« liebt ihn ebenso wie manche Hollywoodstars. In seinem Showroom hängen die schönsten Kleider.
Odminių 11; www.statkevicius.lt

Ramunė Piekautaitė ···› S. 149, D 3
In schönem Ambiente präsentiert die litauische Designerin ihre Damenmode, oft in Seide, Leinen und Wolle.
Didžioji 20; www.ramunepiekautaite.com

Yzzy ···› S. 148, C 3
Individuelle Mode von litauischen Designern. Auch Maßanfertigungen.
Gaono 10; www.yzzy.lt

Musik

Musikos Bomba ···› S. 148, B 1/C 2
Jazz, Klassik, Folk, experimentelle Musik und alles andere.
Jakšto 24 und Vilniaus 22

Schuhe

Step Top ···› S. 149, D 3
Große Auswahl an Schuhen für alle Gelegenheiten.
Didžioji 33/2

Warenhäuser/Shopping-Center

Europa ···› S. 148, nördl. C 1
Riesiges modernes Shopping-Center mit etwa 80 Shops und Restaurants.
Konstitucijos pr. /A; www.europa.lt; 10–22 Uhr

Flagman ···› S. 148, C 2
Kaufhaus mit einer großen Auswahl an preisgünstiger Kleidung.
Gedimino pr. 16; Mo–Sa 10–20, So 11–18 Uhr

Am Abend

Moderne Theaterinszenierungen und ausgelassene Stimmung in den Klubs und Bars spiegeln den Aufbruch der Stadt in eine neue Zeit wider.

Das aktuelle Programm und Events kann man dem monatlichen

Ultramodern ist der neue Einkaufspalast Europa im neuen Europas Centras von Vilnius.

Heft »Vilnius now!« oder dem zweimonatlich erscheinenden »Vilnius in your pocket« entnehmen.

Ballett, Konzert, Oper, Theater

Dramentheater (Lietuva nacionalinis dramos teatras) → S. 148, C 2
Klassische und moderne Stücke stehen im Repertoire.
Gedimino pr. 4; Tel. 2 62 97 71; www.teatras.lt

Kongresshalle (Vilnau kongresų rūmai) → S. 148, C 1
Konzerthalle mit exzellenter Akustik, gespielt wird von Klassik bis Jazz. Haus des Litauischen Symphonieorchesters. Auch die Veranstaltungen des Jazzfestivals (→ S. 47) finden hier statt.
Vilniaus 6/14; Tel. 2 61 88 28; www.lvso.lt

Menofortas → S. 149, D 2
Die Studiobühne von Eimuntas Nekrošius, der mit seinen Theaterinszenierungen weltweit große Anerkennung gefunden und das Theaterleben nicht nur in Litauen nachhaltig bereichert hat. Er wirkte in bedeutenden Theatern Italiens, Englands, Russlands und Japans und erhielt Auszeichnungen im In- und Ausland. Seine Tschechow'schen »Drei Schwestern«, die man 1996 beim Theater der Welt in Dresden bewundern konnte, reihen sich würdig ein in die Serie von Inszenierungen dieses Jahrhundertdramas, die Theatergeschichte geschrieben haben.
Bernardinų 8/8; Tel. 2 68 58 16; www.menofortas.lt

Opern und Ballett Theater (Lietuvo nacionalinis operos ir baleto teatra) → S. 148, B 1
Das heutige Gebäude des Litauischen Musiktheaters wurde 1974 erbaut. Das Ensemble ist durchschnittlich, das Repertoire auch.
A. Vienuolio 1; Tel. 62 06 36, 62 07 27; www.opera.lt

Philharmonie (Lietuvo nacionalinė filharmonija) → S. 149, D 4
Als Stadthalle 1902 erbaut, wurde das Gebäude erst 1940 zur Philharmonie und ist heute das prächtigste Gebäude im Stil des Historismus in Vilnius. Gute Akustik, auch Jazzkonzerte finden hier statt.
Aušros Vartų 69; Tel. 2 66 52 16 (Kasse), 2 66 52 59 (Info); www.filharmonija.lt

Puppentheater (Vilnaus teatras LėLė) → S. 148, C 3
1958 gegründet, erfreuen sich nicht nur Kinder an den fantasievollen Aufführungen mitten in Vilnius' Altstadt.
Arklių 5; Tel. 2 62 86 78

Theater von Oskar Koršunovo (Oskaro Koršunovo teatras) → S. 148, C 2
Seit 1990 inszenierte Koršunovas regelmäßig am heutigen Nationaltheater, bis er 1998 offiziell das Oskaro Koršunovas teatras als unabhängige Bühne experimenteller Theaterformen gründen konnte. Sein beeindruckendes künstlerisches Spektrum reicht von provokanten Inszenierungen zeitgenössischer Dramatiker (Ravenhill, von Mayenburg, Stefanowsky) über innovative Bühnenbearbeitungen russischer Prosa (Bulgakow, Charms) bis zu aktuellen Interpretationen der Klassiker: In seiner Version von Shakespeares »Romeo und Julia« befasst sich Koršunovas mit dem Thema politisch inkorrekter Liebesleidenschaft und ihres Potenzials für soziale Umwälzung und Veränderung. Seine Vorstellungen sind regelmäßig ausverkauft, das Publikum ist begeistert. Für die coolen Kids der neuen Generation ist Koršunovas ein Star, der ihre Sprache spricht. In den letzten Jahren konnte er auch internationale Erfolge verzeichnen. Für alle, die sich für Theater interessieren, ist das Haus – trotz Sprachbarriere – einen Besuch wert!
Gediminio pr. 4; Tel. 2 61 00 15; www.okt.lt

Mit dramatischer Geste locken die Damen der Skulptur »Fest der drei Musen« vor dem Dramentheater zum Theaterbesuch.

Bars und Clubs

Bix
S. 149, D 4

Gegründet von und nach einer legendären Vilniuser Rockband benannt, ist Bix schon seit Mitte der Neunzigerjahre der Ort für lauten Rock und harten Beat. Wem es zu heftig ist, der entspannt oben an den Pool-Tischen.

Etmonų 8; Tel. 2 62 77 91; www.bix.lt; tgl. 11–2, Do bis 3, Fr, Sa bis 5 Uhr

Brodvėjus
S. 148, C 3

Große Tanzfläche, Livemusik, und jeden Abend drängeln sich Leute unterschiedlichen Alters.

Vokiečių 4/Mėsinių 4; Tel. 2 10 72 08; www.brodvejus.lt; Mo 12–3, Di 12–4, Mi–Sa 12–5, So 12–2 Uhr

Connect
S. 148, C 3

Im Gebäude des Zentrums für zeitgenössische Kunst befindet sich einer der beliebtesten Tanzclubs der Stadt, in dem immer was los ist. Und: Es gibt einen Loungeclub mit netter Atmosphäre und gutem Service.

Vokiečių 2; Tel. 2 12 20 31; www.connectclub.lt; Mi–Sa 23–4 Uhr

Cozy
S. 148, C 3

Unter dem gleichnamigen Restaurant mit Bar befindet sich der Club, der nur an zwei Abenden Livemusik bietet, dann ist aber auch die Hölle los.

Dominikonų 10; Tel. 2 61 11 37; www.cozy.lt; Fr/Sa 20–5 Uhr

Iki Aušros
S. 149, D 4

Cocktailbar, sehr hochpreisig und stylish, nicht nur für die Crème de la Crème von Vilnius.

Aušros Vartų 15; Tel. 8-610-0 41 31; tgl. 19–2, Fr/Sa bis 4 Uhr

Paparazzi
S. 148, C 2

Neu und chic für die jungen Vilniuser, die gern für Afterworkdrinks kommen. Riesige Bar, Loungeclub und leckere kleine Speisen.

Totorių 3; Tel. 2 12 01 35; www.paparazzi.lt; tgl. 16–3 Uhr, Fr/Sa bis 6 Uhr

In den vielen Clubs und Diskotheken von Vilnius sind die Nächte lang.

Pabo Latino → S. 148, C 3
Das Latin-Fever ist in Vilnius angekommen. Einer der schicksten Tanzclubs der Stadt, ob Salsa oder Tango – hier wird vor allem getanzt!
Trakų 3; Tel. 2 62 10 45; www.pabolatino.lt; Mi 20–1, Do 20–3, Fr, Sa 20–5 Uhr

Skybar → S. 148, nördl. B 1
Blau wie der Himmel ist die Ausstattung der Skybar und bietet aus den riesigen Fenstern den besten Blick auf Vilnius, um einen Sundowner oder letzten Absacker zu trinken. Am Wochenende DJ's und Küche für den kleinen Hunger.
Konstitucijos pr. 20 (22. Stock Hotel Reval Lietuva); Tel. 2 72 62 72; www.revalhotels.com; tgl. 16–1, Fr/Sa bis 3 Uhr

Tamsta → S. 149, D 4
Ein Bohemien-Musikclub, wo Rock, Jazz, Funk und HipHop gespielt werden. Livemusik und beste Stimmung!
Subačiaus 11a/Strazdelio 1; Tel. 2 12 44 98; www.tamsta,com/club; Mi–Sa 19–2 Uhr

Feste und Events

Beim Feiern und bei Festivals wetteifern im heutigen Vilnius Tradition und Folklore mit Moderne und modernen Events.

Februar

Fasching (Užgavėnės)
Kostümierte tanzen singend durch die Stadt, und überall gibt es Pfannkuchen. Am Fastnachtsdienstag wird »More«, eine Lumpenpuppe, verbrannt.
Sieben Wochen vor Ostern

März

Cinema Spring
Internationales Filmfestival, auf dem auch Premieren litauischer Regisseure gezeigt werden.
Ende März. www.kino.lt

Kaziukas-Jahrmarkt
Folkloristischer Handwerkermarkt in der Altstadt, wo sich die besten Töpfer, Schmiede, Weber, Holzschnitzer und Korbflechter des Landes versammeln.
Erstes Märzwochenende

Ostern
Nach der traditionellen Osterprozession wird fröhlich gefeiert: Auf den Höfen und Straßen der Altstadt finden Ostereierspiele und Konzerte statt.

Mai
Modern Baltic Dance
Internationales Festival für zeitgenössischen Tanz.
Anfang Mai; www.dance.lt

Vilnius-Festival
Festival für klassische Musik und Jazz.
Ende Mai bis Anfang Juli; www.vilniusfestivals.lt

Juni
Johannisfest
Die längsten Tage des Jahres werden mit Tanz, Gesang und Johannisfeuern überall im Land gefeiert. Ein Höhepunkt des Jahres.
23./24. Juni

Folklorefestival (Skamba Skamba Kankliai)
Während dieses Festivals werden in den Höfen der Altstadt Lieder gesungen und Volkstänze getanzt.
Letztes Maiwochenende

The World Lithuanian Song Festival
Alle vier Jahre stattfindendes nationales Volksmusikfestival der Litauer aus der ganzen Welt.
Wieder im Juni 2006

Juli
Christopher Sommerfestival (Kristupo Festivalis)
Jedes Jahr im Juli und August findet dieses große Musikfestival (Klassik und Jazz) in Vilnius' Kirchen und Konzerthallen statt.
www.kristupofestivaliai.lt

September
Marathon
Marathonlauf.
Zweites Septemberwochenende; www.maratonas.lt

Gediminas-Fest
Fest der Feuerskulpturen, ein Ziegenbock und andere Symbolfiguren werden anlässlich der Herbstsonnwende verbrannt.
20./21. September

Kurzfilmfestival
Findet seit kurzem im September statt.
www.tinklai.net

Theaterfestival
Internationales Theaterfestival »Sirenos«.
Ende September/Anfang Oktober; www.sirenos.lt

Oktober
Jazzfestival
Der älteste Jazzevent in Vilnius.
Anfang Oktober; www.vilniusjazz.lt

Dezember
Silvester
Konzerte auf dem Kathedralenplatz, dem Rathausplatz, im Kalnų-Park und im Opernhaus sowie Kongresspalast. Danach Riesenfeuerwerk.
31. Dezember

Ziele in der Umgebung

Europa-Park (Europos parkas)

→ Umschlagkarte hinten, D 4

Im Jahr 1989 haben französische Wissenschaftler die Ausdehnung von Europa festgelegt und das Zentrum vermessen: Der Mittelpunkt Europas liegt in Litauen bei 54° 54' nördlicher Breite und 25° 19' östlicher Länge.

Und so wies 1992 das litauische Parlament für das geografische Zentrum Europas und einige umliegende bedeutende historische Plätze ein Schutzgebiet etwa 26 km nördlich von Vilnius aus. Jahrelang lag hier ein großer Findling, der den Mittelpunkt (Europos centras) markieren sollte.

Die Inselburg Trakai war einst fürstliche Residenz und ein mächtiges Bollwerk gegen die Ordensritter. Seit dem 17. Jahrhundert verfallen, wurde sie aufwendig rekonstruiert.

Pünktlich zum EU-Beitritt Litauens, zum 1. Mai 2004, wurde hier ein Monument enthüllt, das der litauische Bildhauer Gediminas Jokūbonis geschaffen hat: Es ist eine weiße Granitsäule mit einer Krone aus goldenen Sternen, und es soll die Verbindung von Litauen zu Europa symbolisieren.

Doch schon zwei Jahre nach der Vermessung 1991 begann der junge Bildhauer Gintaras Karosas, in einem Wald 18 km nordöstlich von Vilnius und einige Kilometer entfernt vom Europos centras auf 55 ha seine Idee von einem **Skulpturenpark** als Mittelpunkt Europas zu verwirklichen. Insgesamt befinden sich in dem Park 90 Kunstwerke, die von Künstlern aus 29 Ländern stammen – unter anderem von Dennis Oppenheim, der einen überdimensionalen Stuhl mit Pool, und Sol LeWitt, der eine doppelt negative Pyramide schuf. Gintaras Karosas selbst baute 1996 die kleine Pyramide, die »sein« geografisches Zentrum Europas markiert. Um diese Pyramide sind Bodenplatten eingelassen, auf denen der Abstand zu den europäischen Städten angegeben ist: Weimar 1244 km, Istanbul 2590 km, Brüssel 2476 km, und zum Ural sind es noch 2610 km. Für ein anderes Kunstwerk sammelte er 3000 Fernsehgeräte und baute aus ihnen ein Labyrinth mit einem gestürzten Lenindenkmal. Viele Skulpturen sind im Wald versteckt. Einen Lageplan erhält man an der Eintrittskasse. Im Sommer sollte man unbedingt Mückenschutzmittel mitnehmen.

Anfahrt: Mit dem Auto etwa 20 Minuten, die Kalvarijų gatvė stadtauswärts, am Kreisverkehr Santariškės Richtung Žalieji Ežerai (Grüne Seen), dann den Verkehrsschildern Europos parkas folgen. Es gibt auch eine Busverbindung: Trolleybus 10 die Kalvarijų entlang bis zur Haltestelle Žalgirio. Von dort fährt ein Bus »Skirgiškės« bis zum Europa Park.

Öffnungszeiten Skulpturenpark:
tgl. 9 Uhr bis zum Sonnenuntergang
Information: Joneikiškių; Tel. 2 37 70 77;
www.europosparkas.lt

Trakai

⇢ Umschlagkarte hinten, C 4

Ein Tagesausflug führt in die älteste Hauptstadt Litauens und zu Litauens berühmter mittelalterlicher Burg inmitten der Trakaier Seen. Trakai liegt ca. 28 km südwestlich von Vilnius in waldreicher Seenlandschaft.

»Die Lage von Trakai ist so schön und romantisch, dass es zahlreiche Besucher anziehen würde und die Bewohner dadurch reich geworden wären, wenn es in Süd- oder Westeuropa läge«, lobte schon im 19. Jh. der litauische Historiker Mykolaus Balinskis die Einzigartigkeit dieses Ortes. Die gotische Inselburg aus dem 14. Jh. mitten im Galve See war einst großfürstliche Residenz und als Schutz und Bollwerk gegen die Ordensritter im Jahre gebaut. Von hier aus regierten die Großfürsten Keštutis und Vytautas ihr Reich, bis Fürst Gediminas seine Hauptburg 1323 nach Vilnius verlegte. Unter Gediminas Sohn Keštutis wurde das heutige Trakai großzügig ausgebaut. Nach dem Sieg des polnisch-litauischen Heeres über die Ordensritter 1410 in Zalgiris (Tannenberg) und nach dem Tod von Vytautas 1430 schwand die Bedeutung Trakais, und Vilnius trat an seine Stelle.

Die **Inselburg** wurde 1655 von den Russen zerstört. Im Laufe der letzten 100 Jahre haben die Litauer sie wieder aufgebaut und messen ihr nationale Bedeutung bei. Über einen langen Holzsteg betritt man die Burg und gelangt durch den Torturm in den Großen Hof. In den meisten Räumen ist das **Historische Museum** untergebracht, dessen Exponate die Geschichte Litauens erzählen (Di–So 10–18 Uhr).

Doch nicht nur die Burg ist von Interesse, sondern auch die Stadt Trakai (6000 Einwohner), die auf einer Landzunge, umgeben von einer wunderschönen Seenlandschaft, liegt. Hier befindet sich eine alte **Karäersiedlung** mit schönen Holzhäusern. Großfürst Vytautas hat sich Ende des 14. Jh. die Karäer, die mosaischen Glaubens sind, von der Krim als Gefangene nach Trakai geholt. Heute findet man in der Karäersiedlung u. a. die **Knessa**, das Gebetshaus der Karäer, und das **Karäer-Museum** (Mi–So 10–18 Uhr) sowie **karäische Restaurants**. Besonders hervorzuheben ist das **Kybynlar** am Ende der Karaimų (Nr. 29), eine von außen unscheinbare Bar, in der es karäische Spezialitäten gibt. Zum Beispiel Kibinai, köstliche, mit Fleisch gefüllte Teigtaschen, und Trosknys, Eintopf mit Fleisch, Pilzen und Kartoffeln, der in Tontöpfchen serviert wird. Hinter der Bar kann man im Freien sitzen und den Blick auf die Inselburg genießen. Aber auch um den See herum gibt es jede Menge schöne Bars und Restaurants. Alle sind empfehlenswert.

Die Seenlandschaft um Trakai erschließt sich am besten per Boot, das man ausleihen kann, oder man fährt mit dem Dampfer »Skaistis« (Tel. 86 86-5 42 71).

Im Sommer ist Trakai, das von der Hauptstadt schnell zu erreichen ist, ein beliebtes Ziel für den Kultur- und Freizeittourismus. Aber auch im Winter hat die Stadt ihren Reiz, wenn die Seen zugefroren sind und beschauliche Ruhe eingekehrt ist.

Anfahrt: Mit dem Auto oder Taxi erreicht man die Stadt ganz einfach: Von Vilnius kommend, nimmt man die A 4, biegt dann nach Westen auf die 105 ab und folgt der Beschilderung.

Von Vilnius fahren mehrmals täglich Busse ab dem Busbahnhof nach Trakai. Verschiedene Reisebüros bieten organisierte Ausflüge und Busreisen aus Vilnius an.

Information: Touristeninformation; Vytauto 69; Tel./Fax 52 85 19 34; www.trakai.lt; Senamiesčio Gidas, Aušros Vartų 7; Tel. 2 61 55 58; www.vilniuscitytour.com

Riga

Aufbruch ist überall zu spüren in der lettischen Metropole, die wieder in alter Schönheit erstrahlt.

Idyllische Stimmung in der Klostera iela, die auf eines der ältesten Häuser Rigas zuführt. Links im Vordergrund das Portal der Jakobikirche, die heute Sitz des Erzbischofs ist.

Paris des Ostens wird Riga genannt, die lettische Metropole, die mit ihren 800 000 Einwohnern die einzige wirkliche Großstadt des Baltikums ist. Herausgeputzt, macht sie ihrem Namen alle Ehre und erstrahlt seit einigen Jahren wieder in alter Schönheit.

Harmonisch mischen sich Stile und Epochen in der Altstadt, wo Kopfsteinpflaster an Lübeck, Bremen oder Rostock erinnert. Rigas Altstadt ist eine Huldigung an die Vergangenheit. Sie muss erlaufen werden, denn für Autos ist sie gesperrt. Backsteinkirchen und Häuser mit hohen Giebeln atmen noch immer den Geist der lutherischen Handelsstadt. Von der Aussichtsplattform des Turmes der Petrikirche in 72 m Höhe liegt die Stadt zu Füßen. Der mittelalterliche Stadtkern mit Kaufmanns- und Gildehäusern und Klosterhöfen reiht sich ringförmig um das gotische Gotteshaus. Im Nordosten die Freiheitsstatue und die Nationaloper, im Westen der Fluss und im Nordwesten der Dom und das Schloss, heute Sitz der Staatspräsidentin Vaira Viķe-Freiberga. 1999 wurde die Psychologieprofessorin gewählt, die nur wenige Jahre zuvor aus dem kanadischen Exil zurückgekehrt war.

Das Herz der Stadt

Der Dom ist berühmt für seine Orgel, die mit ihren fast 7000 Pfeifen nicht nur zu den weltgrößten ihrer Art zählt, sondern auch als eine der klangschönsten gilt. Der Platz vor dem mächtigen Gotteshaus ist das Herz der Stadt, im Sommer mit Freisitzen und Openair-Veranstaltungen: Modenschauen, Konzerten oder TV-Live-Diskussionen. Ab Mai füllen sich die Straßencafés in diesem Viertel, gemütliche Plätze, an denen man gern verweilt. Man genießt die nicht enden wollenden hellen Tage. Touristen und Einwohner Rigas flanieren durch die Gassen, vorbei an italienischen Schuhgeschäften, französischen Weinhandlungen, originellen oder noblen Restaurants. Schöne Mädchen eilen auf Schwindel erregend hohen Stilettos über das Kopfsteinpflaster der Straßen und Plätze. Niemandem wird Rigas Altstadt langweilig.

Von den Brücken der Daugava (Düna) präsentiert sich Riga in einem unvergesslich majestätischen Bild, wenn sich die vielen Kirchtürme und das trutzige Schloss im Fluss spiegeln oder von den aufgewühlten Wassern unterfangen sind. So wollte Riga schon vor Jahrhunderten seine Gäste grüßen.

Im Hansebund

Riga, im Jahr 1201 vom Bremer Domherr Albert am Ufer der Daugava, nicht weit von der Ostsee entfernt, gegründet, verdankt seinen Aufstieg als Handelsstadt und 80 Jahre später die Mitgliedschaft im Hansebund seiner einzigartigen Verkehrslage. Schiffe aus allen deutschen Hansestädten, aus England und den Niederlanden luden hier Rohstoffe des Ostens. Im Gegenzug brachten sie Waren und Kulturgüter des Westens nach Riga. St. Petri, St. Marien, St. Jakobi heißen Rigas Hauptkirchen – typisch hanseatisch in Namen und Gestalt. Und die Kaufleute bauten ihre bewährten Speicherhäuser mit hohen Giebeln, Ladeluken und Kranbalken als Warenlager, auch für die Schätze des Baltikums: Felle, Honig, Bernstein!

Fast 700 Jahre zählten die Baltendeutschen zur Oberschicht der Stadt, doch Riga bot vielen Nationalitäten eine Heimat und wurde im 19. Jh. zur kosmopolitischen Metropole des Baltikums. Seine Bedeutung als Brückenkopf zwischen West und Ost blieb nicht auf das Mittelalter beschränkt. Mit dem Zweiten Weltkrieg marschierten deutsche Truppen in Riga ein. Sie begannen sofort mit lettischen Nationalsozialisten, einheimische Juden in Lager zu sperren und zu vernichten. Danach folgte die sowjetische Okkupation, bis 1991 Lettland als souveräne Republik der sowjetischen Zwangsjacke entkam. Doch eine Bürde der Vergangenheit ist geblieben: Von allen baltischen Staaten hat Lettland das schwierigste Nationalitätenproblem, denn von den 800 000 Einwohnern Rigas sind über 50 % Russen, sie können nun – nach erfolgreicher Sprachprüfung – einen lettischen Pass bekommen. Eine Chance vor allem für die Jugend.

Aufbruch ist heute überall zu spüren in der Stadt, die ein neues Selbstbewusstsein ausstrahlt. Die Wirtschaft blüht, die Gebäude wurden sorgfältig restauriert, und eine neue Mittelschicht ist entstanden. Der Pilsetas kanals, der als Nebenarm von der Daugava abzweigt, macht Rigas Altstadt zu einer Insel. Der alte Festungsring wurde zu einer prachtvollen Parkanlage. Man trifft sich hier an der Laima-Uhr, nur ein paar Schritte von der Freiheitsstatue und Oper entfernt. An die Grünanlagen schließt der prächtige Raiņa bulvāris an. Hier wuchs die Stadt erst im 19. Jh. und dokumentiert den Reichtum der Jahrhundertwende: Herrliche Parkanlagen und an die 800 Jugendstilgebäude umringen die Altstadt. Der dekorative Überschwang verhalf Riga zu Weltkulturerbe-Ehren durch die UNESCO, denn keine Stadt der Welt hat derart viele Jugendstilhäuser zu bieten wie Riga (→ MERIAN-Spezial, S. 64). Die baltische Metropole hat das Erbe seiner Glanzzeit in das Heute gerettet.

Die spätgotische Johanniskirche wurde im 15. und 16. Jahrhundert erbaut.

Übernachten

Alle Hotels bieten Special-Weekend-Rates und Nebensaisonermäßigungen. Bei online-Buchungen über folgende Websites werden günstigere Rates gewährt:
www.select-latvia.com, www.baltic-hotels.net, www.HotelsLatvia.com

Hotels ●●●

Ainavas → S. 150, C 4
Dieses Boutique Hotel ist ein Kleinod mitten in dem Teil der Altstadt, der gerade restauriert wird. Das Haus aus dem Mittelalter, das völlig saniert wurde, befindet sich in einer Straße, die im Kommen ist. Alle 22 Zimmer und Suiten haben individuellen Charme. In der Lobby knistert das Kaminfeuer, und im Sommer sitzt man angenehm im Patio.
Peldu 23; Tel. 7 81 43 16, Fax 7 81 43 17; www.ainavas.lv; 22 Zimmer ●●● CREDIT

Bergs → S. 151, E/F 3
Das Bergs verbindet bestens Tradition des 19. Jh. mit modernem Komfort. Das alte und das neue Gebäude sind mit einer großen Glasdachkonstruktion verbunden. Es gibt hier nur Suiten und Appartements (zwischen 40 und 80 qm) mit kleinen Küchenzeilen. Sehr stilvolles dezentes Design und hervorragender Service. Das Bergs wurde von einem amerikanischen Magazin zu einem der zehn besten Boutique Hotels der Welt gekürt.

Elizabetes 83/85; Tel. 7 77 09 00, Fax 7 77 09 40; www.hotelbergs.com; 38 Zimmer ●●● CREDIT

De Rome → S. 151, D 3
Am Rande der Altstadt gegenüber der Freiheitssäule und der Oper gelegen, beherbergte dieses Hotel schon diverse internationale Opernstars. Das Hotel ist im Besitz der größten Sammlung moderner lettischer Kunst. Aufmerksamer Service beim reichhaltigen Frühstücksbuffet. Sehr guter Beauty-Salon. Das Haus stellt die persönliche Note in den Vordergrund.
Kaļķu 28; Tel. 7 08 76 00, Fax 7 08 76 06; www.derome.lv; 88 Zimmer ●●● CREDIT ♿

Grand Palace → S. 150, B 3
Ein kleiner Palast mitten in der Altstadt. Die Zimmer sind luxuriös im französischen und englischen klassischen Stil möbliert. In den tiefen Sesseln der Lobbybar kann man den Tag wunderbar ausklingen lassen.
Pils 12; Tel. 7 04 40 00, Fax 7 04 40 04; www.schlossle-hotels.com; 56 Zimmer ●●● CREDIT ♿

Radisson SAS Daugava → S. 150, B 4
Gegenüber der Altstadt am linken Ufer der Daugava hat man in diesem modernen Hotel die grandiose Silhouette Rigas vor Augen. Pool und Fitness sowie Shuttleservice in die Altstadt.
Kungu 24; Tel. 7 06 11 11, Fax 7 06 11 00; www.radissonsas.com; 361 Zimmer ●●● CREDIT ♿

HOTELS ●●

Boutique Hotel Viesturs → S. 151, D 3
Ein Gebäude aus dem 17. Jh. beherbergt dieses kleine Hotel mit nur 13 Zimmern. Der Stil ist im schönsten Sinne des Wortes old-fashioned. Ein Highlight ist die Suite mit Dachterrasse, Sauna und Jacuzzi.
Mucenieku 5; Tel. 7 35 60 60, Fax 7 35 60 61; www.hotelviesturs.lv; 13 Zimmer ●● CREDIT

Am Rand der Altstadt, in der Nähe der Nationaloper, steht das Hotel De Rome. Die alte Laima-Uhr direkt vor dem Gebäude ist ein beliebter Treffpunkt der Rigaer.

Centra → S. 151, D 3
Modernes minimalistisches Design zeichnet dieses Haus in Spitzenlage der Altstadt aus. Absolut cool, aber umso warmherziger der Service. Suite 601 bietet atemberaubende Blicke über die Dächer der Altstadt.
Audēju 1; Tel. 7 22 64 41, Fax 7 50 32 81; www.centra.lv; 27 Zimmer ●● CREDIT

Domina Inn → S. 150, C 1
Am Rande von Rigas schönem Jugendstilviertel gelegen, wurde das renovierte Haus erst 2005 eröffnet. In den unteren Etagen wirken die Zimmer etwas dunkel, und die Ausblicke sind nicht überragend. Also: möglichst weit oben buchen! Der Service ist professionell und das Interieur angenehm diskret.

Stilvoll und behaglich: das Restaurant Orangerie im Hotel Grand Palace.

Pulkveža Brieža 11/13; Tel. 7 63 18 00, Fax 7 63 18 01; www.dominahotels.com; 110 Zimmer ●● CREDIT ♿

Gutenbergs → S. 150, C 3

Kleine, aber schöne Zimmer direkt am Domplatz. Das Hotel ist nach dem Erfinder des Buchdrucks Johann Gutenberg benannt, denn hier befand sich der erste Verlag Lettlands. Jede Etage ist in einem anderen Stil des 19. Jh. eingerichtet. Eine Sensation im Sommer: auf der Dachterrasse Champagner schlürfen mit köstlichen Snacks und herrlichem Ausblick zum Dom und über die Dächer von Riga.

Doma laukums 1; Tel. 7 81 40 90, Fax 7 50 33 26; www.gutenbergs.lv; 38 Zimmer ●● CREDIT

Konventa Sēta (Konventhof) → S. 150, C 4

In neun mittelalterlichen Gebäuden, die zum Teil zum Konvent des Heiligen Geistes gehörten, entstand in der Altstadt dieses komfortable Hotel, das ein super Frühstücksbuffet bietet.

Kalēju 9/11; Tel. 7 08 75 01, Fax 7 08 75 15; www.konventa.lv; 140 Zimmer ●● CREDIT ♿

Laine → S. 151, D 2

Durch einen Hinterhof eines Jugendstilhauses betritt man den sowjetisch wirkenden Fahrstuhl, von dem man sich nicht abschrecken lassen sollte, denn er führt in zwei großzügige Hoteletagen. Die Zimmer sind nett, geräumig und sauber. Vor dem kleinen Restaurant wartet ein Highlight: Eine große Außenterrasse für schöne Sommerabende oder ein gemütliches Frühstück im Herzen der Stadt.

Skolas 11; Tel. 7 28 98 23, Fax 7 28 76 58; www.laine.lv; 38 Zimmer ●● CREDIT

Metropole → S. 151, D 4

Im ältesten Hotel von Riga atmet man die Historie, trotz schicker Modernisierung im skandinavischen Stil und Komfort denkt man immer noch an die Dreißigerjahre, als das Hotel seine Glanzzeiten erlebte und sich hier Geheimagenten die Cocktails schmecken ließen.

Aspazijas bulv. 36/38; Tel. 7 22 54 11, Fax 7 21 61 40; www.metropole.lv; 80 Zimmer ●● CREDIT

Reval Latvija → S. 151, E 2

Modernes Hochhaushotel, das zwar in der Sowjetzeit gebaut wurde, aber diese Ära durch eine gründliche Renovierung Ende der Neunzigerjahre weit hinter sich gelassen hat. Toller Blick auf die Stadt. Fitnesscenter und Beautysalon, sensationell aber ist die Skyline Bar im 26. Stock (→ MERIAN-Tipp, S. 80).

Elizabetes 55; Tel. 7 77 22 22, Fax 7 77 22 21; www.revalhotels.com, E-Mail: revahotels@best-choice.net; 382 Zimmer ●● CREDIT ♿ 🐕

Riga → S. 151, D 3

Am Rande der Altstadt gegenüber der Nationaloper liegt eines der ältes-

ten Hotels der Stadt (aus dem Jahr 1878), das auch schon den Titel für einen lettischen Roman gab. Die Zimmer sind geräumig, aber nicht immer auf dem heutigen Stand. Aber der Blick auf Park und Oper entschädigt.
Aspazijas bulv. 22; Tel. 7 04 42 22, Fax 7 04 42 23; www.hotelriga.lv; 294 Zimmer ●● CREDIT

Valdemārs → S. 151, D 2
Großzügige Zimmer und Suiten in einem Jugendstilhaus, das top renoviert wurde. Freundliches Personal.
Kr. Valdemāra 23; Tel. 7 33 44 62, Fax 7 33 30 01; www.valdemars.lv; 19 Zimmer ●● CREDIT

Hotels ●

B & B Riga → S. 151, E 1
Diese nette Familienpension in einem alten Rigaer Wohnhaus offeriert Blumen in jedem Zimmer. Einfach sich verwöhnen lassen!
Gertrūdes 43; Tel. 6 52 64 00, Fax 7 24 75 94; www.bb-riga.lv; 8 Zimmer ●

Kolonna Hotel Riga → S. 150, C 3
Gleich hinter dem Domplatz setzt das 2005 eröffnete Hotel Trends: praktisch ausgestattet, geschmackvoll eingerichtet und vor allem erschwinglich. Das Frühstück kann man im Kultcafé »Emihla Gustava Šokolada« einnehmen (→ S. 73).
Tirgoņu 9; Tel. 7 35 82 54, Fax 7 35 82 55; www.kolonna.lv; 41 Zimmer ● CREDIT

Krišjānis & Gertrūde → S. 151, F 2
In der kleinen Pension kann man sich Tee und Kaffee im Zimmer aufbrühen, und sonst ist hier auch alles ganz familiär. Unbedingt rechtzeitig buchen!
K. Barona 39; Tel./Fax 7 50 66 03; www.musbalt.com/hotel; 5 Zimmer ●

Radi un Draugi → S. 150, C 4
Das Hotel »Familie und Freunde« ist ein gepflegter, aber dennoch preiswerter Familienbetrieb mitten in der Altstadt. Wenn auch die Rezeption nicht gerade einladend wirkt, sollte man bleiben. Schöner kann man für den Preis nicht wohnen. Gemütliche und großzügige Bar im 2. Stock. Rechtzeitig buchen!
Mārstalu 1/3; Tel. 7 22 03 72, Fax 7 24 22 39; www.draugi.lv; 76 Zimmer ● EURO VISA

Viktorija → S. 151, F 3
Wer möchte nicht einmal in einem Jugendstilhaus mit großen Zimmern und gemütlichen Betten aufwachen und dabei nicht ans Budget denken. Im Viktorija wird dieser Traum wahr, besonders in den großzügig ausgestatteten Suiten (110 €).
A. Čaka 55; Tel. 7 01 41 11 24, Fax 7 01 41 40; www.hotel-viktorija.lv; 42 Zimmer ● EURO VISA

Hostels

Latvian Youth Hostel Association
Aldaru 8; Tel. 9 21 85 60, Fax 7 22 40 30; www.hostellinglatvia.com

Spaziergänge

Spaziergang 1

Von der St. Petrikirche zum Schloss → S. 150, C 4–B 3
An der **St. Petrikirche** beginnt die Tour. Die Kirche wurde bereits Anfang des 13. Jh. erwähnt und prägt mit ihrem hohen Kirchturm die Silhouette der mittelalterlichen Stadt. Von der Aussichtsplattform des Turmes, heute mit dem Fahrstuhl zu erreichen, hat man den schönsten Blick auf ganz Riga mit seinen Vororten.

Gleich hinter der Kirche in der Skārņu iela steht eine vertraute Skulptur, die der **Bremer Stadtmusikanten**, ein Geschenk der Hansestadt Bremen an die Hansestadt Riga. Man sollte sich für die architektonischen Schmückstücke, die in dieser Straße zu sehen sind, ein wenig Zeit lassen. Die Nr. 10/16 ist das **älteste Gebäude der Stadt**, hinter seinen romanischen Fensterbögen verbirgt sich die **St. Georgskirche**, die heute das Museum für angewandte Kunst beherbergt. Der sich anschließende **Konventhof** ist heute in einen Hotelkomplex umgewandelt (→ S. 54). Das Haus Nr. 22 wird das **Eckesche Konvent** genannt, nach einem im damaligen Riga aufgrund seiner undurchsichtigen Geschäfte nicht sonderlich beliebten Patrizier. Um seinen Ruf aufzupolieren, gründete er hier im 17. Jh. ein Asyl für verarmte Witwen, in deren Betstube man noch heute einen Blick werfen kann.

Man überquert die Kaļķu iela, die Kalkstraße – durch diese Straße wurde das wichtige Baumaterial angefahren – und läuft in der Šķūņu iela an schönen Jugendstilhäusern (z. B. Nr. 2) vorbei. Rechts führt die kleine Amatu iela zu den etwas protzigen neogotischen Gebäuden der Gilden: die **Kleine Gilde** (→ S. 61) war die der Handwerker, die **Große Gilde** die der wohlhabenden Kaufleute (→ S. 60).

Domplatz ···> Schloss

Über die Zirgu iela gelangt man nun auf den beeindruckenden **Domplatz**. Er ist das Herz der Stadt: zahlreiche kleine Cafés und Kneipen, im Sommer ein großer Biergarten unter Sonnenschirmen, Straßenhändler, die nicht nur Ramsch anbieten. Tag und Nacht ist der Platz in der warmen Jahreszeit ein beliebter Treffpunkt, abends gibt es Livemusik. Das alles spielt sich im Schatten des gewaltigen **Doms** (→ MERIAN-TopTen, S. 59) ab, der größten Kirche des Baltikums. Man wähnt sich in Venedig, wenn man das palazzoartige Haus der **Börse** mit seinen allegorischen Figuren an der Fassade aus dem Jahr 1855 am Domplatz erblickt. Nun geht man in die Pils iela, die zum **Rigaer Schloss** führt, dem heutigen Sitz der Regierung. Die dem Fluss zugewandte Seite des Schlosses mit seinen dicken Wehrtürmen stammt noch aus dem beginnenden 16. Jh., als es der Sitz der Ritterschaft des Deutschen Ordens war. Nach dessen Zusammenbruch diente das Gebäude über Jahrhunderte als Residenz der jeweiligen Herrscher und wurde immer wieder entsprechend umgebaut. Heute weht wieder die lettische Fahne über dem Schloss, dem Sitz des Präsidenten der Republik Lettland (→ S. 63).

Dauer: 1 Stunde

Spaziergang 2

Von der Kunst zum Markt

···> S. 151, D 2–4

1857 erlaubte Zar Alexander II., die alten Befestigungsanlagen Rigas abzutragen. Die Stadt wuchs über die Mauern der Altstadt hinaus, Grünanlagen entstanden und der repräsentative Boulevardring zwischen Alt- und Neustadt.

Der Spaziergang führt entlang des Boulevardrings. Er beginnt am **Staatlichen Kunstmuseum** (→ S. 69), das direkt neben der Kunstakademie liegt auf der viel befahrenen Kr. Valdemāra iela. Wenn auch beide Gebäude etwa zur gleichen Zeit entstanden (1905), so repräsentieren sie doch völlig unterschiedliche Baustile: das Kunstmuseum ein prachtvoller Neobarockbau, die Kunsthochschule jedoch wurde im neugotischen Stil errichtet. Im Jugendstilfoyer kann man Arbeiten von Studenten besichtigen.

Esplanade-Park ···> Christi-Geburts-Kathedrale

Beide Gebäude grenzen an den **Esplanade-Park**. Als dieser Teil Rigas noch vor den Toren der Stadt lag, erhob sich hier der Kubsberg, der Ende des 18. Jh. abgetragen wurde, um einen Sandplatz für militärische Übungen anzulegen. Erst zu Beginn des 20. Jh., als die Jugendstilbebauung entstand, wurde anlässlich des 700. Stadtgeburtstages eine prachtvolle Bepflanzung angelegt. Mitten im Park steht das **Denkmal des lettischen Nationaldichters Jānis Rainis** (→ S. 62),

Der weiträumige Domplatz ist das Herz von Rigas Altstadt. Der Platz, an dem heute viele Cafés und Kneipen liegen, wurde erst Anfang des 20. Jahrhunderts angelegt.

zum Brīvības bulvāris hin erhebt sich mit ihren goldenen Kuppeln die russisch-orthodoxe **Christi-Geburt-Kathedrale** (→ S. 58), die in der Sowjetzeit entweiht, heute aber wieder als Gotteshaus der russisch-orthodoxen Gläubigen dient.

Tērbatas iela ⇢ Bahnhof

Vorbei an dem Ministerratsgebäude geht es in die Tērbatas iela, die neben der Eilzabetes iela zu einer belebten Einkaufsstraße wird. Hier am Vērmanes dārzs, dem **Wöhrmannschen Garten**, gibt es einen Tag und Nacht geöffneten Blumenmarkt. Hinter dem Wöhrmannschen Garten zwischen Merķela iela und dem Raiņa bulvāris erhebt sich das mächtige Gebäude der lettischen **Universität** aus gelbem Ziegelstein, das 1865 im neoromanischen Stil als Polytechnikum erbaut wurde. Daneben der neoklassizistische Bau der **Lettischen Gesellschaft**. Hier traf sich seit 1910 die lettische politische und intellektuelle Elite, heute gibt es hier Konzertsäle und eine Bibliothek. Am Raiņa bulvāris befindet sich der Haupteingang der Universität. Die Bebauung dieses Boulevards bildet ein geschlossenes Ensemble von Repräsentationsbauten des Historismus. Von der Universität führt eine kleine Fußgängerbrücke über den Stadtkanal, die Timmbrücke, benannt nach einem Professor der Universität, dessen Witwe den Bau der Brücke (1899) gesponsert hatte. Von der Brücke kann man einen Blick auf die Freiheitsstatue werfen, bevor man die Aufmerksamkeit dem Gebäude der **Nationaloper** zuwendet (→ MERIAN-TopTen, S. 77). Der klassizistische Bau (1863) beherbergte zunächst das Deutsche Theater. Seit 1995 werden hier wieder Opern inszeniert. Zum Schmunzeln: Das Rigaer Opernhaus verbindet sich auch mit dem 1909 in Riga geborenen großen Komiker Heinz Erhardt. Sein Vater war hier Kapellmeister. Er selbst versuchte sich als Komponist und war, mit seinen eigenen Worten, »... Von 1928 bis 1938 Noten- und Klavierverkäufer ... in Großpapas Geschäft. Große Pleite.«

Den Aspazijas bulvāris geht es nun links an der Oper vorbei in Richtung Bahnhof. Am Ende des Boulevards erkennt man schon die vier großen Hallen, in denen sich Rigas **Zentralmarkt** befindet. Die alten Zeppelinhangars, ein Überbleibsel der Deutschen aus dem Ersten Weltkrieg, wurden 1930 als Markthallen umfunktioniert. Eine besonderes Vergnügen ist es, über diesen Markt zu schlendern (→ MERIAN-Tipp, S. 76).

Dauer: 1–2 Stunden

Sehenswertes

Alle Sehenswürdigkeiten in der Altstadt und im Jugendstilviertel sind gut zu Fuß zu erreichen, die Wege zwischen ihnen sind in maximal 30 Minuten zurückzulegen. Es lohnt sich, auf die vielen baulichen Details an den Fassaden zu achten!

Alberta iela → S. 150, C 1

4 Nur wenige Epochen haben Riga so geprägt wie der Jugendstil, der um die Wende zum 20. Jh. hier Einzug hielt. Riga war damals ein bedeutendes, rasch expandierendes Wirtschaftszentrum und die fünftgrößte Stadt des russischen Imperiums. Besonders dem Architekten Michael Eisenstein (1867–1921) sind hier und auch in den umliegenden Straßen wie der Elizabetes oder der Valdemāra viele bedeutende Jugendstilhäuser voll raffinierter Eleganz zu verdanken (→ MERIAN-Spezial, S. 64).

Eine geheimnisvolle Sphinx wacht vor einem Jugendstilhaus in der Alberta iela.

Barons-Denkmal → S. 150, C 3

Krišjānis Barons (1835–1923) ist der Vater der lettischen Volkslieder, der so genannten Dainas. Das sind kurze, meist vierzeilige Lieder, mit denen das tägliche Leben besungen wurde. Dem Schriftsteller ist es zu verdanken, dass dies über die Jahrhunderte nur mündlich überlieferte Liedgut heute archiviert ist. Barons sammelte und ordnete die Dainas. Um die Jahrhundertwende gab er die Lieder in sechs Bänden heraus. In der lettischen Kultur sind die Dainas auch heute noch lebendig. Zu seinem 150. Geburtstag wurde 1985 sein Denkmal errichtet.

Basteiberg

Brüderfriedhof (Brāļu kapi) → S. 151, nördl. E 1

Für die Geschichte Lettlands ist dieser zwischen 1924 und 1936 nach Entwürfen des berühmten Bildhauers Kārlis Zāle und weiterer lettischer Architekten errichtete Friedhof von besonderer Bedeutung, ruhen doch hier an die 2000 lettische Gefallene des Ersten Weltkriegs und der nationalen Befreiungskämpfe. Beeindruckend das monumentale Hauptportal mit seinen Skulpturen lettischer Reiter und auch die Lindenallee, die vom Einganstor zur Ehrenterrasse führt. Liegt etwas außerhalb, mit der Straßenbahn 11 die Kr. Valdemāra iela entlang, zu erreichen.

Aizsaules iela 1b

Christi-Geburt-Kathedrale (Kristus dzimšanas katedrāle) → S. 151, D 2

Fünf Kuppeln kennzeichnen den Sakralbau im byzantinischen Stil aus dem späten 19. Jh. Heute wird das Gotteshaus wieder von der russisch-

orthodoxen Gemeinde genutzt, die Zeiten sind vergessen, als es zu atheistischen Sowjetzeiten ein Café beherbergte, das ausgerechnet »Gottes Ohr« hieß.
Brīvības bulv. 23

Drei Brüder (Trīs brāli)

→ S. 150, B 3

Drei Häuser schmiegen sich dicht aneinander, die Giebelfront ist zur Straße ausgerichtet, typische Beispiele mittelalterlichen Bauens. Das älteste weiße Haus mit seinem Staffelgiebel stammt aus dem 15. Jh., die beiden anderen aus dem 17. bzw. 18. Jh. Wenn man ins Innere des Gebäudekomplexes gelangt, begegnet man mittelalterlicher Wohnkultur: Empfangshalle mit Mantelschornstein, Diele, steile Holztreppen führen in weitere Wohnräume und in die Vorrats- und Warenlager. Am besten, man besucht das Architekturmuseum, das hier in einigen historischen Räumen untergebracht ist.
Mazā Pils 17, 19, 21

Dom (Doma baznīca)

→ S. 150, B 3

1211 legte Bischof Albert den Grundstein für das Gotteshaus. In seiner ursprünglichen Form hatte er den Dom der Hansestadt Lübeck zum Vorbild, die wegen ihres Reichtums den anderen Hansestädten häufig als Beispiel galt. Auch in Hinblick auf die Anzahl der Altäre, die damals im Dom aufgestellt waren, stand Riga in keinster Weise hinter anderen Kirchen im übrigen Europa zurück: Es sollen über 30 gewesen sein. Zu deren Finanzierung hatte 1254 Papst Innozenz IV. alle Gläubigen in und um Riga aufgerufen; für milde Gaben wurde ihnen ein 40-tägiger Sündenerlass gewährt. Im Lauf der Jahrhunderte hat der beeindruckende Bau mehrfach sein Aussehen geändert, während der Reformation wurden große Teile des Inneren ein Opfer der Bilderstürmer. Diverse Feuersbrünste hinterließen ihre Spuren, der Turm wur-

5

Drei Schwestern bei einem Stelldichein vor dem Häusertrio Drei Brüder.

de zum wiederholten Male von Blitzschlägen heimgesucht. Der 90 m hohe Turm, so wie wir ihn heute sehen, stammt aus dem Jahr 1776. Der goldene Wetterhahn auf der Spitze ist allerdings eine Kopie aus neuester Zeit.

Der ursprünglich romanische Stil ist noch am ältesten östlichen Bauabschnitt der Kirche, dem Chor und dem Querhaus mit den massiven Wänden, zu entdecken. Aus der gleichen Zeit stammen der Kreuzgang und der Kapitelsaal im angrenzenden Kloster.

Das Innere der nun evangelischen Kirche ist mit Grabsteinen und hölzernen Epitaphen aus dem 16. und 17. Jh. ausgestattet, für deren Nähe zum Altar die reichen Bürger noch zu Lebzeiten viel zahlen mussten.

Die barocken Holzschnitzereien an der Kanzel wurden 1641 von Tobias Heinz angefertigt.

Die Entwürfe zu den beeindruckenden Glasmalereien, die Szenen aus Bibel und Stadtgeschichte darstellen, entstammen zum größten Teil dem Atelier des Münchner Historienmalers Anton Dietrich, der sie Ende des 19. Jh. in der Meyerschen Königlichen Hofkunstanstalt ausführen ließ.

Ein Höhepunkt der Dombesichtigung ist die 1884 fertig gestellte Orgel. Sie war damals die größte und eine technisch besonders weit entwickelte Orgel in Europa. Man sollte nicht verpassen, ihrem gewaltigen Klang während eines Konzerts zu lauschen.

Doma laukums 1

Freiheitsstatue
(Brīvības piemineklis) ⇢ S. 151, D 3

Als das Monument 1935 endlich fertig war, war Lettland zwar noch eigenständig, aber ein Diktator hatte sich des Landes bemächtigt, und die Unabhängigkeit ging schon wieder ihrem Ende zu. Im Zweiten Weltkrieg fiel das Baltikum unter sowjetische Herrschaft, die gern das Denkmal abgetragen hätte. Doch dazu kam es nicht, stattdessen war es in den Umbruchszeiten ein beliebter Ort für Demonstrationen und Versammlungen. Das Motto des Denkmals »für Vaterland und Freiheit« bleibt der Leitspruch der jungen Republik. Es ist das wichtigste nationale Denkmal in Riga: In 42 m Höhe hält Milda, das Mädchen, drei Sterne hoch zum Himmel. Sie stehen für die drei lettischen Provinzen: Kurzeme, Vidzeme und Latgale. Letten legen regelmäßig Blumen am Denkmal nieder, in Erinnerung an die Menschen, die der Deportation während der Sowjetzeit zum Opfer gefallen sind. Stündlich, zwischen 9 und 18 Uhr, wechselt die Ehrenwache.

Brīvības bulv.

Große Gilde
(Lielā ģilde) ⇢ S. 150, C 3

Die Große Gilde war das Verbandshaus der reichen Kaufleute, aber auch der Staatsdiener in Amt und Würden sowie der hohen Geistlichkeit. Dass man sich hier zu Festlichkeiten und dergleichen mehr traf, sieht man dem prächtigen Gebäude, das 1857 im neugotischen Stil umgebaut wurde, schon von weitem an. Leider ist das kostbare Interieur durch Krieg und Feuersbrünste zerstört. Heute gibt im ehemaligen Festsaal die Rigaer Philharmonie Konzerte.

Amatu 5

Herderplatz
(Herdera laukums) ⇢ S. 150, B 3

Der deutsche Aufkärer Johann Gottfried Herder (1744–1803) verbrachte fünf Jahre, 1764 bis 1769, in Riga als hoch angesehener Prediger und Lehrer an der Domschule. Hier habe er sich so frei gefühlt wie sonst nirgends, sagte er über diese Zeit. Doch andererseits bedrückte ihn die provinzielle Kleingeisterei, die Geldgier der städtischen Kaufleute, die Käuflichkeit zaristischer Beamter und die Despotie der baltendeutschen Gutsherren gegenüber ihren lettischen und estnischen Knechten. »Livland, du Provinz der Barbarei und des Luxus, der Unwissenheit und des angemaßten Geschmacks, der Freiheit und der Sklaverei, wieviel wäre in dir zu tun! Zu tun, um die Barbarei zu zerstören, die Unwissenheit auszurotten, die Kultur und Freiheit auszubreiten, ein zweiter Zwinglius, Calvin und Luther in dieser Provinz zu werden! Kann ich's werden? Habe ich dazu Anlage, Gelegenheit, Talente? Was muß ich tun, um es zu werden?« notierte er 1769 im »Journal meiner Reise«. Herder sammelte in Riga auch lettische Gedichte und Gesänge und legte damit den Grundstock für sein Werk »Stimmen der Völker in Liedern«. Dass er gewissermaßen der Geburtshelfer des lettischen Nationalgefühls wurde, hat man in Riga nicht vergessen und ihm vor seiner alten Wirkungsstätte, der Domschule, ein Denkmal errichtet.

Katzenhaus (Kaķu nams)
⇢ S. 150, C 3

Mit dem Katzenhaus ist eine Rigaer Stadtgeschichte verbunden: Aus Ärger über die Arroganz der Großen Gil-

de soll ein wohlhabender Geschäftsmannn aus Riga zwei bronzene Katzen auf die Türmchen seines 1909 errichteten Jugendstilhauses so platziert haben, dass sie dem Gildehaus ihre Hinterteile hinstreckten. Es folgte eine langwierige gerichtliche Auseinandersetzung. Aber die Katzen blieben an ihrem Ort.
Amatu/Ecke Meistaru

Kleine Gilde (Mazā ģilde)
→ S. 150, C 3

Die Rigaer Handwerker vereinigten sich in der Kleinen Gilde und wollten keineswegs hinter der Großen Gilde zurückstehen. Nach mehrfachen Umbauten wurde das ursprünglich aus dem 14. Jh. stammende Gebäude 1866 abgerissen und ein Neubau im Stil der englischen Neugotik errichtet. Die Innenräume sind ausgesprochen kostbar ausgestattet, unbedingt sollte man den Versammlungssaal mit seiner Kassettendecke, die Wand- und Glasmalereien und die Kronleuchter besichtigen.
Amatu 5

Laima-Uhr
→ S. 151, D 3

Die gelb-braune Laima-Uhr, ganz in der Nähe von Freiheitsdenkmal und Nationaloper, wurde bereits 1924, als Lettland die ersten Schritte in die Freiheit machte, am Azpazijas bulvāris mit der Werbung für Lettlands berühmte Schokoladenmarke Laima aufgestellt.
Azpazijas bulv.

Mentzendorff-Haus (Mencendorfa nams)
→ S. 150, C 3

In diesem herrschaftlichen Haus wohnten im 17. und 18. Jh wohlhabende deutsche Kaufleute. 1884 erwarb es die Familie Mentzendorff. Vor einigen Jahren hat man im Zuge einer Renovierung die beeindruckenden Decken- und Wandmalereien entdeckt. Heute kann man die drei Stockwerke, die liebevoll und mit viel Sinn fürs Detail ausgestattet sind, besichtigen.
Grēcinieku/Ecke Kungu

Zwei Katzen auf den Türmchen gaben dem 1909 erbauten Jugendstilhaus seinen Namen.

Moskauer Vorstadt (Maskavas Forštate)
→ S. 151, E 4

Noch heute fühlt man sich in das alte Russland zurückversetzt, wenn man das hinter dem Bahnhof liegende russische Viertel betritt: Holzhäuschen, einige sind restauriert, kleine Kirchen mit ihren goldenen orthodoxen Kreuzen. Aber auch ein Geschenk aus Moskau im stalinistischen Zuckerbäckerstil: die 1958 errichtete Akademie der Wissenschaften. Man sollte die Gogol-Straße entlanglaufen, die in früheren Zeiten bis zu der Landstraße, die ins russische Reich führte, reichte. Und nicht vergessen: Wodka und Piroggen schmecken hier besonders gut.
Rund um die Gogola (hinter dem Bahnhof)

Parlamentsgebäude (Saeima)
→ S. 151, D 2

Der lettische Architekt Jānis Baumanis, nach dessen Entwürfen in Riga Ende des 19. Jh viel gebaut wurde, und der Architekt Robert Pflug, der auch die russisch-orthodoxe Christi-Geburt-Kathedrale (→ S. 58) entworfen hatte, haben gemeinsam 1863 das Haus der livländischen Ritterschaft

gebaut. Es sollte ein prunkvolles und beeindruckendes Gebäude werden, und so einigte man sich darauf, es im Stil eines florentinischen Palazzo zu errichten. Während des Kampfes um die Unabhängigkeit 1991 stand es im Brennpunkt der politischen Bewegung. Heute tagt hier das lettische Parlament.
Jekaba 11

Pulverturm (Pulvertornis)

→ S. 150, B 3

Im dicken runden Pulverturm lagerte im 16. Jh. das Schießpulver für die Kanonen. Angeblich stammen die Kanoneneinschüsse von Zar Peter dem Großen, der diese während des Nordischen Krieges eigenhändig abgefeuert haben soll. Der Turm war neben 28 weiteren Teil der Stadtbefestigung. Heute beherbergt er das Kriegsmuseum.
Smilšu 20

Rainis-Denkmal

→ S. 151, D 2

Der lettische Nationaldichter Jānis Rainis (1865–1929) war Mitbegründer der sozialdemokratischen Partei Lettlands und in den Zwanzigerjahren lettischer Kulturminister. Nach der russischen Revolution von 1905 floh er vor der russischen Zarenherrschaft in die Schweiz und kehrte erst 1920 zurück und engagierte sich in der Politik der jungen Republik. In der Schweiz schrieb er seine Werke »Feuer und Nacht«, »Daugava« und »Joseph und seine Brüder«, außerdem übersetzte er Goethes »Faust« ins Lettische. Er war mit der lettischen Dichterin und Frauenrechtlerin Azpazija (Elza Rosenberga) verheiratet, mit der er auch in Jūrmala (→ MERIAN-TopTen, S. 84) lebte. An Rainis Geburtstag, am 11. September, werden alljährlich die Lyriktage Lettlands an seinem Denkmal eröffnet.
Esplanade Park

Maria und der hl. Mauritius flankieren das Tor am Schwarzhäupterhaus.

Rathausplatz (Rātslaukums)

→ S. 150, C 4

Das Rigaer Rathaus steht heute an der Stelle, wo im Jahr 1334 das erste errichtet wurde. Der Platz war seit dem Mittelalter der Ort für Märkte, Feste, Paraden, aber auch Hinrichtungen und Hexenverbrennungen. 1750 wurde der Grundstein für ein neues Rathausgebäude gelegt, das von Johann Friedrich Ettinger erbaut wurde. Im Zweiten Weltkrieg wurden das Rathaus und das gegenüberliegende Schwarzhäupterhaus zerstört. Später ließen die Sowjets die Ruinen schleifen, und anstelle des Rathauses wurde ein Plattenbau errichtet. Zum 800-jährigen Stadtjubiläum 2001 war das **Rathaus**, heute Sitz des Stadtrates, rekonstruiert wie auch schon zuvor das **Schwarzhäupterhaus** (→ S. 63). Linker Hand befindet sich das ebenfalls wieder aufgebaute **Haus Schwabe**, dessen Giebel Ende des 19. Jh. dem des Schwarzhäupterhauses angepasst wurde. In dem Gebäude befindet sich heute das Touristenbüro Rigas. In der Mitte des Rathausplatzes erhebt sich der **Roland**, der die Zerstörungen des Zweiten Weltkrieges unversehrt überstand. Er repräsentiert die Gerichtsbarkeit, Unabhängigkeit und Freiheit der mittelalterlichen Stadt. Die 6 m hohe Statue wurde 1945 von den Sowjets abgetragen. Der heutige Roland ist eine Kopie. In Richtung Fluss erhebt sich dunkel der Kubus des **Okkupationsmuseums** (→ S. 69).

Schloss (Rīgas pils) ⇢ S. 150, B 3

Dass hier an dieser Stelle im 14. und 15. Jh. die von den Bürgern Rigas wenig geliebte Ordensburg stand, lässt sich nur noch erahnen. Diese mussten nämlich die infolge von bewaffneten Aufständen verwüstete Burg immer wieder auf ihre eigenen Kosten aufbauen.

Erst mit der Auflösung des Ordensstaates wurde hier das Schloss, so wie man es heute noch zum Teil sehen kann, mit seinem viereckigen Grundriss aufgebaut. Vom Fluss aus bietet sich ein beeindruckender Anblick der Anlage mit ihren beiden dicken Wehrtürmen, mit deren Bau um 1500 extra ein Baumeister aus der benachbarten Hansestadt Tallinn beauftragt war. In den kommenden Jahrhunderten wurde das Schloss gemäß der geschmacklichen Vorlieben der jeweiligen polnischen, schwedischen, russischen oder sowjetischen Schlossherren umgestaltet. Heute residiert hier der Staatspräsident Lettlands.

Pils laukums 3

Schwarzhäupterhaus (Melngalvju nams) ⇢ S. 150, C 4

Ein halbes Jahrhundert nach seiner restlosen Sprengung war das prächtige Gebäude im holländischen Renaissancestil 1999 wieder aufgebaut. Im Jahr 1334 fand es als Neues Haus der Großen Gilde in den Urkunden
6 erstmals Erwähnung. Es diente als Versammlungshaus und Festsaal. Die Compagnie der Schwarzen Häupter war eine Bruderschaft des hl. Georg, die Ende des 13. Jh. gegründet wurde. Mitglieder waren junge, unverheiratete ausländische Kaufleute, die sich engagiert am gesellschaftlichen Leben der Stadt beteiligten. Seit dem Ende des 17. Jh. erhielten sie das alleinige Nutzungsrecht des Hauses, 1713 ging das Gebäude in ihren Besitz über und trägt seither seinen Namen. In jener Zeit entstand die Fassade mit der astronomischen Uhr. 1896 wurde der gotische Giebel mit Wappen der Hansestädte und den allegorischen Figuren Neptun, Merkur, Concordia und Pax versehen. Im Keller des Schwarzhäupterhauses dokumentiert eine Ausstellung die Baugeschichte des Hauses. Besonders prachtvoll ist der Festsaal im Obergeschoss, der – wie das gesamte Gebäude – nach alten Fotos und Dokumenten originalgetreu nachgebaut wurde. Hier fanden Konzerte berühmter Musiker statt, u. a. musizierten hier: Clara Schumann, Franz Liszt und Hector Berlioz. Im Erdgeschoss sind Reliquien und Sammlungen der Schwarzhäupter ausgestellt, so die wertvolle Silberkollektion.

Rātslaukums 7

St. Georgikirche (Sv. Jura baznīca) ⇢ S. 150, C 4

Diese kleine unscheinbare Kirche hatte ein wechselhaftes Schicksal: Sie wurde 1205 erstmals als Burgkirche der ungeliebten Ordensburg erwähnt, von den Bürgern Rigas in einen Warenspeicher mit Aufzügen und allem, was dazu gehört, umfunktioniert und beherbergt heute das Kunstgewerbemuseum, in dem vornehmlich lettisches Kunsthandwerk ausgestellt wird.

Skārņu 19/20

St. Jakobikirche (Sv. Jēkaba baznīca) ⇢ S. 150, C 4

Die Jakobikirche gehört mit ihrem 80 m hohen gotischen Turm zur Silhouette von Riga. Sie wurde 1225, damals noch außerhalb der Stadtgrenzen, gebaut und hauptsächlich von Wanderern aufgesucht, die die Stadttore schon verschlossen fanden, aber

Metropole des Jugendstils

Prachtvolle Opulenz und üppige Phantasie: Rigas Fülle an Jugendstilbauten ist einzigartig.

Zu den überraschenden Ansichten, die Riga zu bieten hat, gehören seine Jugendstilensembles. Jugendstil vermutet man in Wien oder Paris – aber in Riga?

Bis zur Mitte des 19. Jh. war die traditionelle Hansestadt eine von Erdwällen, Wassergräben und Bastionen umgebene mittelalterliche Festung. 1857 erlaubte Zar Alexander II., die alten Befestigungsanlagen abzutragen. Der Festungsgraben wurde zum Kanal mit begrünten Ufern, und im Halbkreis wurden breite Boulevards angelegt mit großen Wohnhäusern und repräsentativen öffentlichen Bauten im Stil des Eklektizismus. Ende des 19./Anfang des 20. Jh. prosperierte Riga und erlebte einen sprunghaften Bevölkerungsanstieg. Mehrstöckige Mietshäuser entstanden hinter den Boulevards in den ehemaligen Vorstädten; ab 1904 war der Bau von traditionellen Holzhäusern in diesem Bereich verboten. Das war in der Zeit, als der Jugendstil in Europa seinen Siegeszug antrat.

Kosmopolitische Metropole

Riga ist eine lettische, war aber auch eine von Deutschen, Russen und Juden bevölkerte Stadt, und nirgendwo wird das deutlicher als in den Jugendstilvierteln der Neustadt. Die deutschbaltischen Architekten, die zu Beginn des 20. Jh. in Riga tätig waren, holten sich Anregungen aus den damaligen Zentren des Jugendstils, besonders Wien und Paris, ließen bei ihren Schöpfungen in Riga aber auch Elemente der nationalen Volksbaukunst einfließen.

Eisenstein, Mandelstamm, Pēkšēns, Scheel oder Laube – sie alle schufen in Riga ein zusammenhängendes Jugendstilensemble, das auch heute noch in seiner Gesamtheit nahezu vollständig erhalten ist. Es wird perfekt restauriert und ist mit seinen Prachtfassaden weit über die Grenzen Rigas hinaus bekannt geworden.

Jugendstilhäuser findet man von der Elizabetes iela bis zur Tallinas iela, seitlich begrenzt von der Eisenbahnlinie und der Hansas iela in ei-

nem Gebiet, das zehnmal so groß ist wie die Altstadt. Heute machen die Jugendstilgebäude mehr als ein Drittel aller Bauwerke im Zentrum aus. Sie geben der Stadt ein ganz einzigartiges Flair – divenhaft elegant, zugleich romantisch entrückt.

Der Architekt Eisenstein

4 Die **Alberta iela**, benannt nach Bischof Albert, der Riga 1201 gründete, ist der Mittelpunkt, die Prunkstraße dieses Viertels. Zwischen 1901 und 1908 wurden die Häuser gebaut, und fast die Hälfte (Nr. 2, 2 a, 4, 6, 8 und 13) stammen von dem Architekten **Michail Eisenstein** (1867–1921), dem Vater des berühmten Filmregisseurs Sergei Eisenstein. Er baute Mietshäuser, die mit ihrem überbordenden Baudekor noch der Tradition des Eklektizismus verhaftet sind. Stuck, geformt zu ornamentalen Linien, stilisierten Blumenmotiven, schwer tragenden Männern, Mädchenköpfen, Löwen, Sphingen, Fabelwesen und geflügelten Ungeheuern, löst die Konturen der Fassade regelrecht auf. Haus Nr. 2 a hat ein aufgesetztes Blendstockwerk, das allein als Dekorationskulisse dient (→ MERIAN-TopTen, S. 58).

Auch die Häuser in der Parallelstraße, der **Elizabetes iela** 10 a, b, sowie Nr. 33, die sich direkt gegenüberstehen, wurden von Eisenstein erbaut. Hier wird seine Liebe zum Zitat von Epochen und Formen sichtbar.

Wesentlich schlichter und sachlicher baute der lettische Architekt **Konstantins Pēkšēns** (1859–1928), der insgesamt 250 Jugendstilhäuser in Riga entwarf. Bei ihm stand die Konstruktion im Mittelpunkt, der die Dekoration untergeordnet war. Das ist sehr gut an seinem eigenen Mietshaus in der Alberta iela 12 zu sehen. In diesem Haus lebten der Maler **Jānis Rozentāls** und der Schriftsteller **Rūdolfs Blaumaņis**, heute ist ein Museum im 5. Stock eingerichtet (→ S. 67).

Weitere prachtvolle Jugendstilgebäude stehen in der Kr. Valdemāra iela, Tērbatas iela und Brīvības iela, aber auch in der Altstadt entstanden einige Jugendstilbauten, vor allem in der Smilšu iela, Rigas iela, der »Wallstreet«, mit dem Finanzministerium und Banken, Banken, Banken (Häuser Nr. 1/3, 2, 3, 6, 8, 10).

An Opulenz sind die Dekorationen der Jugendstilbauten des Architekten Michail Eisenstein nicht zu überbieten, wie hier der Gesimsschmuck eines Hauses in der Elizabetes iela.

auf kirchliche Segnungen nicht verzichten wollten. Heute ist sie Mittelpunkt der katholischen Gemeinde Lettlands, ihr schlichtes Inneres mit dem alten Kreuzgewölbe steht allen Gläubigen Tag und Nacht offen.
Klostera 2

St. Petrikirche (Sv. Pētera basuīca) S. 150, C 4
Eines der ältesten Bauwerke Rigas und sein Wahrzeichen ist die Petrikirche, deren Turm weit über die Dächer der Altstadt hinausragt. 1209 wurde die Kirche erstmals erwähnt, und seit dem 13. Jh. ist sie ständig umgebaut und vergrößert worden. Auf dem Turm von St. Peter bezog immer ein Wächter Posten, um Riga vor Gefahren zu warnen. Heute kann man mit dem Fahrstuhl hinauffahren und die wunderbare Aussicht genießen.

Im Zweiten Weltkrieg wurde die Kirche völlig zerstört, der Turm von einer Granate getroffen. In der Kirche kann man heute in einer kleinen Ausstellung beeindruckende Amateurfotos der Kriegsgeschehnisse anschauen. Seit ihrem Wiederaufbau, bereits in der Sowjetzeit begonnen, dient St. Petri als Ausstellungs- und Konzerthaus. Sonntags finden wieder evangelische Gottesdienste statt.
Skārņu 19

Synagoge S. 150, C 4
Im Jahr 1903 im Jugendstil von J. W. Carl Neumann erbaut, ist sie das einzige jüdische Gotteshaus von einstmals sieben, das den Naziterror in Riga überstanden hat. Wegen der engen Altstadtbebauung schien es den Nazis zu riskant, sie anzuzünden, wie sie es mit der Gogol-Shul in der Gogol iela 25 getan hatten. In diese große Synagoge hatten im Juli 1941 lettische Faschisten im Auftrag der Deutschen die Gemeindemitglieder zusammen mit jüdischen Flüchtlingen aus Litauen in die Keller gesperrt und das Gebäude niedergebrannt. Diese 300 Menschen waren die ersten Opfer des Holocaust in Riga. Die jüdische Gemeinde Rigas hat heute 12 000 Mitglieder.
Peitavas 6/8; tgl. 10–16 Uhr

Vāgnera S. 150, C 3
Diese kleine Straße, die von der Kaļķu abzweigt, wurde nach dem deutschen Komponisten Richard Wagner benannt. Denn hier befand sich das 1781 gegründete Deutsche Stadttheater, an dem Richard Wagner von 1837 bis 1839 als Musikdirektor gewirkt hat. Er begann an seiner Oper »Rienzi«, die ihn berühmt machen sollte, zu arbeiten und versuchte dem Musikleben der Stadt neue Impulse zu geben. Auch verlangte er mehr Zeit für Proben, eine Erweiterung seines Repertoires und die Aufnahme von Sinfoniekonzerten ins musikalische Programm. Aber das Grundmuster seines Lebens wiederholte sich in Riga: Es häuften sich Schulden, und wieder machte er sich Feinde, weshalb ihm gekündigt wurde. Aus Furcht vor seinen Gläubigern überschritt er heimlich die russisch-ostpreußische Grenze und fuhr auf dem kleinen Segelschiff Thetis nach London. Die stürmische Überfahrt brachte ihm erste Inspirationen für den »Fliegenden Holländer«.

Das ehemalige Stadttheater mit seiner guten Akustik wird heute für kleine klassische Konzerte genutzt und wurde nach Wagner benannt (Vāgnera 4). Am Ende der Straße befindet sich das Pharmazie-Museum.

Museen und Galerien

Mit seinen über 20 Museen kann Riga auf seine Museumslandschaft stolz sein. Allerdings würde manchem eine frischere Präsentation gut tun. Nicht immer sind die Exponate auf Englisch oder Deutsch beschriftet, manch schönes Ausstellungsstück ist einfach nicht ins rechte Licht gerückt. Für Kinder und Jugendliche könnte noch mehr getan werden. Dass sich das in Kürze ändern wird, hat die Kulturministerin versprochen.

Das aktuelle Kunstleben zeigt sich sehr aktiv. Neben kommerziellen Galerien, die Malerei bekannter Künstler aus Riga anbieten, hat sich gerade in den letzten Jahren eine eigenwillige junge Szene entwickelt, die ihre Heimat unter anderem im **Noass**, im Neuen Zentrum für Kunst, gefunden hat. Es ist auf einem Schiff an der Daugava eingerichtet, ein Mekka der Neuen Medien, auch international bekannt (→ S. 69).

Die meisten Museen befinden sich in der Altstadt und sind zu Fuß zu erreichen. Die Eintrittspreise für einen Museumsbesuch sind sehr publikumsfreundlich, ca. 0,10–0,40 Ls, oft auch freier Eintritt.

Informationen: www.muzeji.lv – gute Übersicht über die Museumslandschaft, auf Englisch.

Ethnografisches Freilichtmuseum (Latvijas etnogrāfiskais brīvdabas muzejs) ··· S. 151, nordöstl. F 1

Nirgendwo kann man sich besser mit der vom Bauerntum geprägten Geschichte des Landes vertraut machen (→ S. 82).

Auf ca. 80 ha sind Bauernhöfe mit allem, was dazugehört, aus den verschiedenen Regionen Lettlands zusammengetragen. Im Dorfkrug werden lettische Spezialitäten angeboten.

Brīvības garve 440; Bus 1, Brīvības bulv.; Tel. 7 22 13 57; ww.ltg.lv/brivdabas.muzejs.lv; tgl. 10–17 Uhr

Historisches Museum (Latvijas vēstures muzejs) ··· S. 150, B 3

Hinter den dicken Mauern des Rigaer Schlosses ist im obersten Stock ein ganz imposantes Museum untergebracht. Eine Vielzahl von Exponaten – historische Kostüme, Waffen, Einrichtungen, Gebrauchsgegenstände – belegt die wechselvolle Geschichte des Landes.

Pils laukums 3; Tel. 7 22 13 57; www.history-museum.lv; Mi–So 11–17 Uhr

Jānis Rozentāls und Rūdolfs Blaumaņis Museum ··· S. 150, C 1

Wer möchte nicht einmal ein geräumiges Künstleratelier mit Blick auf die Stadt in einem einzigartigen Jugendstilhaus besuchen? Bei Jānis Rozentāls, Lettlands berühmtestem Künstler, der dem Jugendstil verpflichtet war, ist dies möglich. Ein Zimmer ist dem großen lettischen Schriftsteller Rūdolfs Blaumaņis gewidmet (→ MERIAN-Spezial, S. 64).

Alberta 12; Tel. 7 33 16 41; Mi–So 11–18 Uhr

Kunstmuseum Arsenal (Mākslas muzejs Arsenāls) ··· S. 150, B 3

Eine große Übersicht lettischer Kunst von der Nachkriegszeit bis heute ist im Arsenal, der Filiale des Kunstmuseums, in der Altstadt untergebracht. Man trifft auf Werke international bekannter Künstler wie etwa Jānis Pauluks, Rūdolfs Pinnis, Maija Tabaka. Interessante Werke von Künstlern, die während der Sowjetzeit in der Emigration lebten.

Torņa 1; Tel. 7 21 36 95; www.vmm.lv; Di–So 11–17 Uhr

Vom Turm der Petrikirche hat man den besten Ausblick über Riga.

Stilvoller Aufstieg zum Atelier des Malers in der Alberta iela 12: Dort befindet sich heute das Jānis Rozentāls und Rūdolfs Blaumaņis Museum.

Kriegsmuseum (Latvijas Kara muzejs) ⇢ S. 150, C 3
Im einzig erhaltenen und größten Turm des Rigaer Festungssystems ist ein Museum eingerichtet. Verschiedene Waffen und Fotos dokumentieren den Unabhängigkeitskampf der Letten im 20. Jh.
Smilšu 20; Tel. 7 22 13 57; www.karamuzejs.lv; Mi–So 10–18 Uhr

Museum für Fotografie (Latvijas fotogrāfijas muzejs) ⇢ S. 150, C 4
Wer weiß schon, dass der weltweit kleinste Fotoapparat, die Minox, in den Dreißigerjahren in Lettland erfunden und produziert wurde? Das Museum dokumentiert dessen Entwicklung und zeigt eine Ausstellung zur Geschichte der Fotografie mit vielen historischen Fotos. Häufig wechselnde Ausstellung internationaler Fotografen.
Mārstaļu 8; Tel. 7 22 72 31; www.fotomuzejs.lv; Di, Fr, Sa. 12–17, Mi, Do 12–19 Uhr

Museum und Gedenkstätte »Juden in Lettland« ⇢ S. 151, D 2
Das kleine Museum im dritten Stock eines Wohnhauses hat sich zum Ziel gesetzt, jüdisches Leben im Riga der letzten vier Jahrhunderte zu dokumentieren und damit einen Ort der Erinnerung zu schaffen. Ein anspruchsvolles Unterfangen, wenn man bedenkt, dass alles Jüdische im Holocaust vernichtet wurde.
Skolas 6; Tel. 7 28 34 84; So–Do 12–17 Uhr

Museum für Rigaer Stadtgeschichte und Schifffahrt (Rìgas véstures un kuģnieibas muzejs) ⇢ S. 150, B 3
Im ehemaligen Domkloster gelegen, ist es das älteste Museum im Baltikum und ging aus der Privatsammlung eines berühmten Arztes aus dem Riga des 18. Jh. hervor. Mobiliar, Waffen, Münzen, Handwerksgegenstände und auch Schiffsmodelle sind so präsentiert, dass auch ein jugendliches Publikum an der Geschichte der Stadt und ihrer hanseatischen Vergangenheit Gefallen finden kann.
Palasta 4; Tel. 7 21 20 51; www.vip.latnet.lv/museums/Riga/; Mi–So 10–17 Uhr

Lettisches Naturkundemuseum (Dabas vēstures muzejs) ⇢ S. 151, E 3
Das 1845 gegründete Naturkundemuseum besitzt u. a. eine vorzügliche

geologische Sammlung, auch sind alle in Lettland vorkommenden Vogelarten ausgestellt. Die Sammlung der Zeichnungen von Schneekristallen und Eisblumen ist einzigartig und im Winter ein besonderes Highlight.
Kr. Barona 37/39; Tel. 7 22 60 78; Mi–So 11–17 Uhr

Noass → S. 150, B 4
Das Noass (Noah)-Zentrum für zeitgenössische Kunst auf einem Schiff in der Daugava liegt gleich am Radisson Daugava Hotel. An Deck hat man den Postkartenblick auf Rigas Silhouette. Einen schöneren Ort für die Neuen Künste, für Performances, Video- und Filmvorführungen, Tanz- und Theater kann man sich in Riga nicht vorstellen. Viel jugendliches kunstbegeistertes Publikum. Im Sommer auch Open-Air-Veranstaltungen.
AB Dambis; am Ufer der Daugava; Tel. 7 70 32 40; www.noass.lv

Okkupationsmuseum (Latvijas Okupācijas muzejs) → S. 150, C 4
Ganz in der Nähe des Rathausplatzes ist in einem grauschwarzen Gebäudeklotz aus der Sowjetzeit, dem ehemaligen »Museum der Lettischen Roten Schützen«, das Okkupationsmuseum eingerichtet. Seit 1993 wird hier die Geschichte der sowjetischen und nationalsozialistischen Okkupation (1940–1991) Lettlands anhand von Archivmaterial, Fotos und Habseligkeiten der Okkupationsopfer dokumentiert. Sehr eindringlich sind die Berichte von politisch Verfolgten, die in die Gulags nach Sibirien deportiert wurden, auch die bewegenden Zeugnisse von Gräueltaten der Nazis.
Strēlnieku laukums 1; Tel. 7 21 27 15; www.occupationsmuseum.lv; Di–So 11–18 Uhr

Rigaer Motormuseum (Rīgas Motormuzejs) → S. 151, nordöstl. F 1
Etwas außerhalb gelegen, in Nachbarschaft von Motorradrennbahn und Speed-Way-Rennbahn, ist das Motormuseum aber nicht zu verkennen, denn die Fassade ist dem Kühlergrill eines Rolls-Royce nachempfunden. Es wurde 1989 gegründet und zeigt alles, was das Herz eines Automobil-Fans höher schlagen lässt: mehr als 100 Autos – Oldtimer, Rennwagen, Luxuslimousinen, die Kollektion des Kreml, gepanzerte Staatskarossen, in denen Staatsmänner und Diktatoren unterwegs waren. Eine Sammlung ist der Geschichte der einst berühmten Rigaer Fahrradfabrik gewidmet.
Eizenšteina 6; Trolleybus 14 oder 4; Tel. 7 09 71 70; www.ltg.lv/motormuzejs; Di–So 10–18, Mo 10–15 Uhr

Staatliches Kunstmuseum (Valsts Mākslas muzejs) → S. 151, D 2
Das staatliche Kunstmuseum wurde 1905 gebaut und ist das älteste Museum für bildende Kunst in den baltischen Ländern. 1919 legte der berühmte lettische Maler und damalige Museumsdirektor Vilhelms Purvitismit den Grundstock zu einer einzigartigen Sammlung mit dem Schwerpunkt lettischer Kunst. Aber auch westeuropäische und russische Künstler sind präsent. Das Museum umfasst ca. 52 000 Objekte und gliedert sich in die Themenbereiche:

1. Lettische Kunst am Ende des 19. Jh. bis in die Fünfzigerjahre des 20. Jh. Besonders interessant sind dabei die lettischen Maler der Zwanziger- und Dreißigerjahre, als Lettland eine unabhängige Republik war und die Maler sich auf nationale Wurzeln besannen. Jānis Rozentāls und Jānis Valters sind dabei von besonderer Bedeutung.

2. Baltische Kunst des 18. und 19. Jh. – Romantik und Biedermeier aus baltischen Regionen.

3. Russische Malerei aus der Zeit um die Jahrhundertwende, als von der Kunstakademie in St. Petersburg Impulse für die junge lettische Malerei ausgingen. Bemerkenswert die symbolistischen Werke von Nikolai Roe-

rich, die dieser als Emigrant in New York dem Museum schenkte.
Kr. Valdemāra 10 a; Tel. 7 32 32 04; www.vmm.lv; Di–So 11–17 Uhr

Galerien

Birkenfelds Galerija → S. 150, C 3
Renommierte Galerie mit Schwerpunkt lettische Moderne.
Amatu 6; Tel. 7 21 00 73; www.birkenfelds.lv

Galerija Bonhans → S. 150, C 4
Malerei, Grafik, Skulptur und Keramik aus Riga, hier wird sehr fachmännisch beraten. Kunst auch für den kleineren Geldbeutel.
Skārņu 7–3; Tel. 7 22 32 13; www.bonhans.lv

Galerija Caroussel → S. 150, C 4
Hier werden Bilder lettischer Gegenwartskünstler angeboten, auch bekanntere Namen sind darunter. Das hat seinen Preis. Auch Fotos und Grafik.
Kaļķu 2; Tel. 7 21 04 87

Rīgas Galerija → S. 151, D 3
Eine der ältesten und bekanntesten Galerien der Stadt, viel gegenständliche Malerei der Achtzigerjahre von so bekannten Malern wie Maija Tabaka oder Henrihs Vorkals.
Aspazijas bulv. 20; Tel. 7 22 58 87; www.riga-gallery.com

Essen und Trinken

In Riga bleibt man nicht lange hungrig, denn an jeder Ecke locken gemütliche kleine Lokale, die Rigaer nennen sie »kafejnīca«. Hier gibt es nicht nur Kaffee und Kuchen, sondern verschiedenste Kostproben der lettischen Küche, von Heringssalat bis zu herzhaft gefüllten Pfannkuchen. In vielen Restaurants wird auf das Arrangement der Speisen besonders Wert gelegt, jeder Teller ist anders dekoriert: eine Freude fürs Auge! Wenn nicht extra vermerkt, akzeptieren alle Restaurants die gängigen Kreditkarten.

Restaurants ●●●

Hotel Bergs Restaurant → S. 151, E/F 3
Wie es sich für ein Luxushotel gehört, befriedigt das Bergs die höchsten Ansprüche: zurückhaltendes Ambiente, das nicht von den raffinierten Speisen ablenkt. Ein außergewöhnlicher Leckerbissen: Ziegenkäse mariniert in Trüffelöl. Exzellente kalifornische Weine. Dreigängiges Businesslunch für 18 €.
Elizabetes 83/85; Tel. 7 77 09 57; tgl. 12–24 Uhr ●●●

Nostalģija → S. 151, D 3
Sowjet-Nostalgie pur: Restaurant mit einer sehr schönen Stuckdecke und Deckenmalerei im Sowjetbarock. Neben internationalen Gerichten wird auch gute russische Küche wie Pelmeni, aber auch Kaviar mit Bliny serviert. Und natürlich gehört ein eiskalter Wodka dazu. Ästheten fühlen sich durch die geschmacklose Möblierung eher im Genuss gestört.
Kaļķu 22; Tel. 7 22 23 38; tgl. 10–2 Uhr, Fr–Sa Disco bis um 5 Uhr ●●●

Otto Schwarz → S. 151, D 3
Im siebten Stock des Hotel de Rome gelegen, bietet dieses Restaurant der Luxusklasse nicht nur wunderbare Ausblicke auf die Stadt, sondern auch exquisite Küche. Und die Produkte stammen alle aus biologischem Anbau. Auch Vegetarier kommen hier auf ihre Kosten. Das dreigängige Businesslunch wird mittags für 15 € serviert.
Kaļķu 28; Tel. 7 08 76 00; tgl. 12–23 Uhr ●●●

Rozengrāls → S. 150, C 3
Hier speist man üppig wie zu Zeiten der Hanse. Das Restaurant ist eines der ältesten der Stadt und wurde als Weinkeller schon 1293 erwähnt. Im gotischen Kellergewölbe bei Kerzenlicht mundet das Wildbret mit Preiselbeeren noch mal so gut, zur Abrundung wird Met in Krügen gereicht.

Rozena 1; Tel. 7 22 47 48;
www.rozengrals.lv; tgl. 12–24 Uhr ●●●

Vincents ⇢ S. 150, B 1
Das Restaurant für alle Gourmets. Außer Elton John haben hier auch schon Royalties gespeist und den Chefkoch ins Herz geschlossen. In drei hellen Räumen kann man lettische Nouvelle Cuisine ausprobieren. Die Hummerravioli sind eine Sünde wert! Mittags wird ein preiswertes dreigängiges Menü für 13 € angeboten.
Elizabetes 19; Tel. 7 33 26 34;
www.vincents.lv; Mo–Fr 12–15, 18–23, Sa 18–23 Uhr ●●●

RESTAURANTS ●●

Alpenrose ⇢ S. 150, C 4
Schweizer Chaletatmosphäre und, wie nicht anders zu erwarten, auf der Karte Raclette und Fondue sowie Bündnerfleisch und natürlich eine große Auswahl an Schweizer Käsesorten, die mit einem Kirsch noch besser munden. Im Sommer kann man auf der Terrasse essen.
Jauniela 16; Tel. 7 22 04 02;
tgl. 11–23 Uhr ●●

Bella Italia ⇢ S. 150, C 3
Freundliches italienisches Familienrestaurant ganz in der Nähe der italienischen Botschaft. In einem Raum wird hervorragende Pizza serviert, im angrenzenden kann man aufs Köstlichste speisen – besonders gutes Fischangebot.
Vāgnera 16; Tel. 7 22 35 87;
tgl. 12–24 Uhr ●●

Charlestons ⇢ S. 151, F 3
Cappuccinobar und Restaurant mit kanadisch-lettischer Küche. Hervorragender Service. Der Koch ist immer up to date, so hat er einen Salat »da Vinci« nach dem Erfolgsroman »Da Vinci Code« kreiert. Unbedingt probieren. Eine andere Spezialität: Schweine-Chops in Bourbon.
Blaumanu 38/40; Tel. 7 77 05 73;
tgl. 12–24 Uhr ●●

Fellini ⇢ S. 151, E 3
Italien pur in Riga. Besonders empfehlenswert die hausgemachte Pasta mit ausgefallenen Saucen. Wöchentlich wechselndes Menü, hervorragende Weine. Terrassenplätze im Sommer.
Marijas 13 (im Berga Bazārs);
Tel. 7 28 48 01; tgl. 11–23 Uhr ●●

Kabuki ⇢ S. 151, E 3
Klassische japanische Küche, große Auswahl an Sushi, Yakitori und köst-

In Rigas Altstadt gibt es eine Fülle von Cafés und Restaurants für jeden Geschmack und Geldbeutel. Im Publikum mischen sich Einheimische und Touristen.

Hier im Café im Berga Bazārs entstehen Konfekt und Marzipanfigürchen in der Schaukonditorei vor den Augen des Gastes.

lichen Nudelgerichten in schickem Ambiente.
Elizabetes 14; Tel. 7 28 20 52;
tgl. 12–22 Uhr ●●

Kamala ⟶ S. 150, C 4
Ayurvedische Küche ist das Metier dieses vegetarischen Restaurants. Die Bruschetta mit Ziegenkäse ist ebenso köstlich wie das Gemüseragout mit Couscous. Im Hintergrund indische Musik.
Jauniela 14; Tel. 7 21 13 32;
tgl. 12–23 Uhr ●●

Light ⟶ S. 151, E 3
Ob das französische Frühstück mit Croissants und allem, was dazu gehört, oder zum Dinner Spinatlasagne mit Cappuccinoschaum und Pilzen: Das Light im Berga Bazārs ist immer eine Überraschung wert und die Qualität vom Feinsten. Die Atmosphäre ist really light: beige, beige und beige. Freitags und samstags verwandelt sich das Light in einen Nightclub mit den besten DJ's von Riga.
Dzirnavu 84/1; Tel. 7 28 14 20;
Mo–Fr 8–1; Fr/Sa 8–4; So 10–22 Uhr ●●

Melnie Mūki ⟶ S. 150, C 4
In dem ehemaligen Kloster speist man im Restaurant der »Schwarzen Mönche« wie im heimischen Wohnzimmer. Die Küche bietet alles vom türkischen Kebab bis zur Fettucine.
Jāņa sēta 1; Tel. 7 21 50 06;
tgl. 12–2 Uhr ●●

Peterburga ⟶ S. 151, D 1/2
Die Atmosphäre (Samt und viel Gold) erinnert an einen Petersburger Adelssalon der vorrevolutionären Ära. Auch die Speisen sind nach bester russischer Tradition opulent. Krimsekt fließt in Strömen, und Kaviar gibt es in rot oder schwarz. Am Wochenende spielt russische Livemusik.
Dzirnavu 31; Tel. 7 33 14 65;
tgl. 12–23 Uhr ●●

Steak House Dome ⟶ S. 150, C 3
Steaks in allen Variationen, die Weinkarte zeichnet ein großes Angebot aus. Und am Wochenende dezente Livemusik. Im Sommer wird auch auf der Terrasse serviert.
Smilšu 2; Tel. 7 32 00 37;
www.steakhousedome.lv;
tgl. 11–24 Uhr ●●

T. G. I. Friday's ⟶ S. 150, C 3
Man wird im amerikanischen Stil verwöhnt und mehr als satt. Die Burger sind riesig, die Steaks saftig, und das alles ist gar nicht so teuer.
Kaļķu 6; www.restorani.lv;
Tel. 7 22 90 70; tgl. 12–1 Uhr ●●

Uratu ⟶ S. 150, C 1
Beste kaukasische Küche im Keller eines Jugendstilgebäudes. Zu empfehlen sind die Lammschaschliks und die leckeren Vorspeisen.
Alberta 13; Tel. 7 03 92 13;
tgl. 12–23 Uhr ●●

Restaurants ●

Alus Sēta ⟶ S. 150, C 3
Hier gibt es zur typischen schweren lettischen Küche mit viel Speck und Erbsen ein kühles Bier. Spareribs und Kebab werden am offenen Grill zubereitet. Viel Jugend hält sich in diesem Self-Service auf.
Tirgoņu 6; Tel. 7 22 24 31; tgl. 11–1 Uhr
●

Lambetvoks ⟶ S. 151, E 1
In einem großen altlettischen Holzhaus tafelt man wie in der Speisehalle eines baltischen Gutshauses bei lettisch-ländlichen Gerichten zu moderaten Preisen. Abends manchmal Konzerte.
Lāčplēša 12; Tel. 7 28 92 55; tgl. 11–23 Uhr ●

Pelmeni XL ⟶ S. 150, C 3
Sollte einen nachts der Hunger auf lettische oder russische Spezialitäten überfallen, dann ist dieses Fast-Food-Lokal genau das Richtige. Ob Pelmeni (russische Ravioli) oder Salate: Alles ist hier superbillig, und es schmeckt trotzdem.
Kaļķu 7; Tel. 7 22 27 28; tgl. 8–4 Uhr ●

Vecmeita ar kaķi ⟶ S. 150, B 3
In der »Jungfer mit der Katze« gibt es natürlich guten Fisch, unbedingt probieren: Lachs und Zander auf original lettische Art zubereitet. Man sitzt im Keller im zurückhaltend angenehmen Ambiente, und alles ist sehr preiswert.
Mazā Pils 1; Tel. 7 32 50 77; tgl. 11–23 Uhr ●

Vērmanītis ⟶ S. 151, E 2
Riesiges Restaurant mit Selbstbedienung und lettischer Küche. Hier genießen viele Letten ihre Mittagspause. Die Einrichtung erinnert an das unabhängige Lettland der Zwischenkriegszeit. Die Musik kann anstrengend sein, aber das Essen ist unübertroffen billig und üppig.
Elizabetes 65; Tel. 7 28 62 89; tgl. 8–23 Uhr ●

Cafés

Blinoff ⟶ S. 151, D/E 2
Einfaches preiswertes Lokal, in dem russische Pfannkuchen (bliny) mit verschiedensten Füllungen serviert werden. Preis und Leistung stimmen.
Brīvības 30; Mo–Fr 9–22, Sa/So ab 10 Uhr

Caramel Rouge ⟶ S. 150, C 1
Trendiges Café und Cocktailbar. Auf roten Sofas kann man alte Filmplakate betrachten und seinen Cappuccino schlürfen, abends werden gute Cocktails gemixt.
Antonijas 13; tgl. 9–24 Uhr

Double Coffee ⟶ S. 151, D 3
Kette sympathischer Coffeeshops mit Nichtrauchersektion und großer Auswahl an leckeren Törtchen. Bester Kaffee in Riga.
Raiņa bulv. 25; tgl. 9–23, Fr/Sa bis 1, So ab 10 Uhr

Emihla Gustava Šokolada ⟶ S. 151, D 4
Die Schokolade und die Marzipanfigürchen werden liebevoll vor den Augen des Gastes zubereitet. Auch die Torten sind nicht zu verachten. Eine Rigaer Spezialität! Mehrere Cafés in der Stadt verstreut (z. B. auch Berga Bazārs).
Aspazijas bulv. 24; 9–22, So 11–21 Uhr

Osiris ⟶ S. 151, F 2
Treffpunkt der Bohemeszene Rigas. Das Ambiente ist weniger spektakulär, das Publikum aber umso mehr. Die Speisenauswahl ist erstaunlich vielfältig. Besonders köstlich sind die Ravioli mit Spinat und Schafskäsefüllung (5 €). Außerdem: Superfrühstück!
K. Barona 31; tgl. 8–24, So ab 10 Uhr

Pie Elfiem ⟶ S. 151, E 1
Wollen Sie einfache russische Speisen in Riga genießen, hier ist der richtige Ort! Mama Olga verwöhnt Sie.
Lāčplēša 14; tgl. 11–23 Uhr

Tējnīca Aspara → S. 150, C 3
Teeladen und lauschiges Café zugleich, direkt neben dem Dom. Man sitzt unter Kronleuchtern neben einem Kachelofen und kann zwischen diversen Sorten Tee wählen. Dazu muss man unbedingt die leckeren Brownies probieren.
Skārņu 22; tgl. 11–23 Uhr

Vanille Café → S. 151, D 4
Geschmackvolles Café mit Snacks und Speisen. Die Farbigkeit des Interieurs lässt einen eher an Zimt als an Vanille denken.
Valņu 26; tgl. 10.30–24 Uhr

Einkaufen

Riga ist nicht unbedingt ein Shopping-Paradies, trotzdem kann man aber eine Reihe schöner Läden entdecken. Ein lebendiges Einkaufsviertel befindet sich um die Tērbatas herum, neue Boutiquen mit lettischer und westlicher Mode, Parfümerien, Fotoshops und Designershops. Riga ist bekannt für seine handgestrickten Pullover und Schals, auch lettische Leinenartikel wie handgewebte Tischdecken sind wieder sehr im Kommen.

Fast alle Geschäfte nehmen die gängigen Kreditkarten.

Antiquitäten

Antikvariāts Del Arte → S. 151, E 3
Für Fans alter Postkarten ein Paradies, gepaart mit anderen Sammelstücken vergangener Zeiten.
K. Barona 16/18

Doma antikvariāts → S. 150, B 3
Ein wahrer Kunstsalon, wo allein das Schauen schon ein Genuss ist: antike Möbel, opulente Gemälde, alte Drucke und wertvolles Elfenbein.
Doma laukums 1

Galerija → S. 151, F 3/4
Alle Sowjetnostalgiker kommen hier auf ihre Kosten, aber besonders Münzsammler.
Dzirnavu 53

Konvents → S. 150, C 4
Große Auswahl an deutsch- und russischsprachigen antiquarischen Büchern, Stichen, Ikonen und Porzellan.
Kaļķu 9/11 (Konventhof); tgl. bis 20 Uhr

Retro A → S. 151, südl. E 4
Ein Trödelladen wie aus dem Bilderbuch. Hier kann man lange stöbern: Wertvolles und weniger Wertvolles, Schnickschnack, Bücher und Leninbüsten en masse.
Tallinas 54

Roma Antīks → S. 150, D 3
Im Hotel de Rome findet man einen der schönsten Antiquitätenläden der Stadt. Teuer, aber erlesen: Kronleuchter, Porzellan der Zarenzeit, aber auch KPM und Silberwaren. Besonders verführerisch ist der Schmuck.
Kaļķu 28; tgl. bis 22 Uhr

Volmar → S. 150, C 3
Hier kann man echte russische Ikonen finden, aber auch altes Leinen: Tischtücher, Handtücher und vor allem schöne Servietten.
Šķūņu 6

Blumen

Blumenmarkt → S. 151, E 2/3
Am Vērmanes Park gibt es die schönsten Blumen rund um die Uhr und in großer Auswahl (auch im Winter!), aber nicht ganz billig.
Tērbatas

Bücher

Globuss → S. 151, D 4
Eine große Auswahl englischsprachiger Literatur zu bemerkenswert niedrigen Preisen, aber auch Kunstbücher. Zum Entspannen und zum Herumschmökern lädt ein Café im Hause ein.
Vaļņū 26; tgl. 8–22 Uhr

Jāna Séta → S. 151, E 3
Reiseliteratur und Karten für alle Bedürfnisse. In allen Sprachen.
Elizabetes 83/85; www.kartes.lv

Valters un Rapa → S. 151, D 4
In diesem großen Buchladen über zwei Etagen findet man alles: vom lettischen Kochbuch über internationale Literatur auf Englisch bis zur deutschen Grammatik.
Aspazijas bulv. 24

Delikatessen

D'Artanjans → S. 151, E/F 3
Sollte einen in der nordischen Kühle der Hunger nach französischen Käsespezialitäten oder sogar Austern überkommen, hier im Delikatessenladen im Einkaufszentrum Berga Bazārs kann er gestillt werden. Gute Rotweinauswahl und auch kleine Degustationen.
Marijas 13

Einkaufszentren und Kaufhäuser

Berga Bazārs → S. 151, E/F 3
Hinter dem Hotel Bergs befindet sich eine schicke und neue Einkaufspassage. Edle Einrichtungsläden, Modeshops und Feinkost sowie Cafés und Restaurants.
Marijas 13/IV; www.bergabazars.lv

Stockmann → S. 151, D 4
Mit Lettlands politischer Freiheit zog die finnische Kaufhauskette ins Land. Vielfältiges Angebot von Mode bis Kosmetik zu westlichen Preisen. Die Lebensmittelabteilung ist ein kleines Frischeparadies.
13. Janvāra 8, tgl. 9–22 Uhr

Geschenke

Laima-Schokolade → S. 150, C 3
Lettlands berühmteste Schokoladenmarke heißt Laima (»Glück«). Das ganze Sortiment findet man im eigenen Geschäft in der Nähe des Domplatzes – eine einzige Versuchung! Dieser konnten sicher auch Diebe nicht widerstehen, die sich einmal dazu hinreißen ließen, 500 kg dieser Köstlichkeiten aus dem Rigaer Geschäft zu stehlen ...
Smilšu 16

Latvijas Balzams → S. 151, D 4
Nicht nur den berühmten Riga Balzams, ein Kräuterlikör nach traditionellem Geheimrezept von 1700, kann man hier erwerben, sondern auch verschiedene Sorten Wodka.
Audēju 8; tgl. 9–22 Uhr, So ab 10 Uhr

Lini un Pērles → S. 150, B 3
Wie der Name sagt, eine schöne Auswahl von Leinenartikeln und Schmuck.
Mazā Pils 4; tgl. 9–19 Uhr

Māra → S. 150, C 4
Bernsteinliebhabern sei dieses Geschäfts besonders ans Herz gelegt. Origineller Schmuck für den großen und den kleinen Geldbeutel.
Kalēju 9/11

Tornis → S. 150, C 4
Dies ist die Schmuckkammer von Präsidenten und Royalties, aber auch normale Sterbliche werden hier fündig. Schmuck nach alten Vorbildern, aber auch modernes Design von Lettlands berühmtesten Schmuckdesignern Inita und Vitauts Straupe.
Grēcinieku 11–2; www.balturotas.lv

Köstlichkeiten aus Laima-Schokolade kann man in der Smilšu iela 16 erstehen.

MERIAN-Tipp

4 Zentralmarkt (Centraltirgus)

Schweineschwänzchen, Pilze aller Art, Honig vom Feinsten, eingelegtes Kraut mit Kümmel, eingelegter Knoblauch, frisches Bauernbrot, geräucherter Käse, Gartengemüse und Obst in allen Variationen, Fisch geräuchert und frisch. Große Markttasche mitnehmen! Unbedingt handeln, die Preisspannen sind gewaltig. Es ist einer der größten und schönsten Märkte Europas in den ehemaligen Zeppelinhangars und darum herum, jenseits der Bahnlinie in der Moskauer Vorstadt.

Prāgas 1; Mo–Sa 8–17 Uhr, So 8–16 Uhr ···> S. 151, D 4

Mode

Fast alle großen internationalen Designerlabels befinden sich in der **Elizabetes.** ···> S. 151, D 2–E 3

Armani und GF Ferré: Elizabetes 51;
Boss: Elizabetes 77;
Bogner: Elizabetes 18
Blow mit Prada, Gucci, D & G, Kenzo, Valentino, Lagerfeld u. a.: Elizabetes 81

Bergs ···> S. 151, E 3
Ein Modehaus mit Tradition, das der Devise seines Gründers Bergs folgt: »Die Kleidung ist unsere zweite Haut, und das ist, was die Welt sieht.« Hier gibt es keine Top-Designer, aber eine anspruchsvolle Modeauswahl.
Marijas 11

Salons ···> S. 150, C 3
Originelle Mode für Frauen, entworfen von der lettischen Designerin Asnāte Smeltere, ein ehemaliges Modell, die schon in den Neunzigerjahren ihren ersten Laden in der Altstadt eröffnete. Sie gilt als Lettlands beste Designerin. Besonders schöne Schals und Abendtäschchen.
Kaļķu 24

Musik

Randoms ···> S. 150, C 3
Große, aktuelle Auswahl an lettischer, russischer und internationaler E- und U-Musik zu sehr günstigen Preisen.
Kaļķu 4; Mo–Fr 10–22, Sa und So 12–22 Uhr

Upe ···> S. 150, C 4
Neben CDs kann man hier auch Instrumente und Souvenirs erwerben.
Vāgnera 5

Als der Rigaer Zentralmarkt 1930 in den deutschen Zeppelinhangars aus dem Ersten Weltkrieg erbaut wurde, war er einer der modernsten in Europa.

Am Abend

Riga nennt sich »Hauptstadt der baltischen Kultur«. Nicht zu Unrecht, denn in Riga finden täglich Konzerte mit international bekannten Musikern statt. Besonders berühmt sind die erlesenen Kammerkonzerte in den traditionsreichen Konzertsälen.

Das Neue Theater unter dem Regisseur Alvis Hermanis ist einem internationalen anspruchsvollen Theaterpublikum längst vertraut, aber auch die Nationaloper ist ein Mekka für Opernfans. Sie gilt als eines der besten und innovativsten Häuser Europas, häufig gastieren hier internationale Stars. Auch die Balletttruppe ist exzellent. Man denke nur an Michail Baryschnikow, dessen kometenhafter Aufstieg in Riga begann.

Musikliebhaber kennen den Geiger Gidon Kremer, der aus Riga stammt und dort im Juni ein Musikfestival veranstaltet: »Für mich ist Riga immer mit Musik verbunden, da denke ich an das Lied-Festival, an die Oper und an meine jungen Kollegen von dem Baltischen Orchester Kremerata Baltica. Wirklich inspirierend!«

Informationen über aktuelle Veranstaltungen: www.km.gov.lv (Website des lettischen Kulturministeriums)

Informationen über das Musikleben in Riga: www.rigamusic.lv

Ballett, Konzert, Oper, Theater

Ave Sol → S. 150, B 2

Die Peter- und Paulskirche ist 1987 in einen Konzertsaal für Kammermusik und Chor umgebaut worden, der sich durch eine hervorragende Akustik auszeichnet.

Citadeles 7; Tel. 7 02 75 70

Dom (Doma baznīca) → S. 150, B 3

Ein Orgelkonzert im Dom ist ein unvergessliches Erlebnis. Die Orgel, die 5 1884 von der berühmten Orgelfirma Walcker aus Ludwigsburg gebaut wurde, ist in den letzten Jahren umfangreich überholt worden. Sie ist eine der letzten großen romantischen Orgeln und wegen ihres Klangs in der ganzen Welt gerühmt. Die Konzerte sind häufig ausverkauft, Karten kann man gegenüber dem Haupteingang erwerben, aber auch im Wagnersaal um die Ecke.

Doma laukums 1; Tel. 7 21 32 13; www.concert.lv

Musikakademie → S. 151, E 3

Kleinerer Konzertsaal, der für diverse musikalische Veranstaltungen genutzt wird.

K. Barona 1; www.music.lv/academy/lv

Neues Rigaer Theater (Jaunais Rigas Teātris) → S. 151, F 2

Seit 1997 leitet Alvis Hermanis das Neue Theater Riga. Alvis Hermanis gilt als Shootingstar in der lettischen Theaterszene und nicht nur dort. Viele

MERIAN-Tipp

5 Nationaloper (Nacionālā opera)

Die Oper ist das Nationalheiligtum der Letten und wurde als erstes Gebäude der Stadt nach 1991 umfangreich restauriert. 1863 wurde das neoklassizistische Gebäude als Deutsches Theater eingeweiht. Das Starangebot ist international. Das Repertoire umfasst viel Klassik, Tschaikowski, Puccini, Mozart, auch Strawinsky und lettische Komponisten. Der umtriebige Intendant Andrejs Žagars trägt viel zum internationalen Renommee der Oper bei, ebenso neuerdings der Regisseur Viesturs Kairišs aus Riga, der sich auch als Filmregisseur einen Namen gemacht hat. Im Juni findet das Internationale Opernfestival von Riga statt. Das heutige Theater mit seiner hochmodernen Bühnentechnik kann täglich besichtigt werden. Die Eintrittspreise sind vergleichsweise günstig.

Aspazijas bulv. 3; Tel. 7 07 37 77; www.opera.lv

Stücke, die er inszeniert hat, gingen inzwischen weltweit auf Tournee. Bei den Salzburger Festspielen wurde Hermanis 2003 mit dem Young Directors Price ausgezeichnet.

Die Truppe ist recht klein – nur 15 Schauspieler –, die Stücke sind anspruchsvoll, die Inszenierungen modern und liegen absolut im Trend. Die Rigaer lieben das Theater, das zum Teil schon zwei Monate vor den Vorstellungen übers Internet ausverkauft ist. Wer sich für Theater besonders interessiert, sollte hierher gehen, auch wenn man kein Lettisch versteht.

Lāčplēša 25; Tel. 7 28 07 65; www.jrt.lv

Philarmonie (Filharmonija) → S. 150, C 3

Im Konzertsaal der Großen Gilde konzertieren die lettischen Philharmoniker, wenn sie nicht gerade auf internationalen Tourneen sind. Es lohnt sich, ein Konzert mit zeitgenössischer lettischer Musik zu hören. Aus Lettland kommen so herausragende Komponisten wie z. B. Pēteris Vasks, Georg Pēlecis, die auch in Westeuropa die Fans Neuer Musik begeistern.

Amatu 6; Tel. 7 21 37 98; www.music.lv/orchestra

St. Petrikirche → S. 150, C 4

Sakrale Musik in dieser schon im Mittelalter berühmten Kirche ist ein einmaliges Erlebnis (→ S. 66).

Skārnu 19; Tel. 7 22 94 26; www.peterbaznica.lv

Wagnersaal → S. 150, C 3

Richard Wagner arbeitete in diesem Saal als Kapellmeister von 1837 bis 1839. 1843 kam hier sein »Fliegender Holländer« zur Uraufführung. 1988 wurde der Konzertsaal generalüberholt. Seither finden in dem traditionsreichen Haus mit historischem Ambiente wieder Konzerte statt (→ Vāgnera, S. 66).

Vāgnera 4; Tel. 7 21 08 17; www.concert.lv

Bars, Diskotheken, Clubs

Rigas Club- und Barszene genießt inzwischen einen besonderen Ruf. Das liegt einfach daran, dass jeder hier auf seine Kosten kommen kann: ob bei ausgelassener Bierzeltstimmung in Lokalen, in denen man auch viele Einheimische trifft, oder in frechen Bars und Clubs, in denen häufig internationale DJ's auflegen. Auch Abtanzen bis in den Morgen ist angesagt, es stehen verschiedenste Diskotheken zur Verfügung.

Candle Bar → S. 150, C 3

Auf tiefen Sofas versinkt man mit einem Singapure Sling oder einer Bloody Mary. Vorsicht – die Cocktails sind so preiswert, dass man möglicherweise schwer wieder aufstehen kann.

Kaļķu 9; tgl. 17–3 Uhr

Casablanca → S. 150, C 3

Man sollte sich nicht damit aufhalten, in der oberen Etage von einem kühlen gezapften Bier zu träumen, sondern gleich in den Keller gehen, denn hier steppen Bogart und seine Ladies zu heißer Livemusik. Raeggae, R & B, HipHop, House und viel Pop. Die Kult-Band Time after Time tritt hier auf. Auch gute Salatsnacks im Angebot.

Smilšu 1; tgl. 12 Uhr mit open end

Club Essential → S. 151, D/E 2

Die Musik ist eine Mischung aus progressiv funky und Riga-Techno. Chill-out-room und verschiedene Tanzflächen, internationale DJ's.

Skolas 2; www.essential.lv; Do–So 22–5 Uhr

Cuba Café → S. 150, B/C 4

Sehnsucht nach Che oder Fidel? Nix wie hin, denn hier lächeln die Idole von der Wand. Da schmeckt der Cuba libre bei Cuba Rock noch mal so gut.

Jauniela 15; tgl. 12–2 Uhr

DEPO → S. 151, D 4

In diesen zwei riesigen Kellerräumen treten die bekanntesten DJ's mit aus-

geprägtem Hang zum Underground-rock auf. Das Publikum ist »young and wild«, die Preise sind erträglich, und wer es schafft, kann bis morgens bleiben und bei einem Kaffee wieder munter werden.
Valņu 32; Mo–Do 21–3 Uhr, Fr und Sa 21 Uhr bis open end

Far & Gate S. 150, C 4
Im Keller mit seiner Backstein-Wandverkleidung kann abgetanzt, aber auch in kleinen Nischen still dem Glücksspiel gehuldigt werden – oben hingegen geht's sehr gesittet zu: Lichtspiele und Retromobiliar. Day and Night.
Mārstaļu 6; tgl. 10–8 Uhr

I love you S. 150, C 3
Eine Bar oder ein Café? Der Name ist Programm, in dieses kleine Lokal kann man sich verlieben – beim Brunch, beim abendlichen Wein im Freundeskreis oder einfach bei einem Glas Bier. Der Service ist freundlich, die Cocktails und die Cookies sind fabelhaft.
Aldaru 9 ; www.iloveyou.lv; tgl. 10–24 Uhr

La Rocca S. 151, D/E 2
Ein Nachtetablissement mit dem gewissen Extra: leichtgeschürzte, zumeist russische Kellnerinnen, die sich bei Technomusik auch schon mal in den Hüften wiegen. Ziemlich voll, und es herrscht immer Hochstimmung hier, in einem der größten Nachtclubs des gesamten Baltikums.
Brīvības 96; www.larocca.lv; Do–Sa 22–9, So 22–6 Uhr

Nautilus S. 150, C 4
Einer der berühmtesten Clubs in der Stadt, richtig los geht es erst ab Mitternacht, dann kommen Nachteulen auf ihre Kosten. Hin und wieder begegnet man auch den Stars der Rigaer Schlagerszene – Ladybird tanzt hier ab.
Kungu 8; tgl. 21–6 Uhr

Das La Rocca in der Brīvības iela ist einer der größten Nachtclubs im Baltikum.

Paddy Whelan's Irish Pub
S. 150, C 4
Schon 1994 gegründet und bis heute die populärste irische Bar in Riga! Man hat die Wahl zwischen verschiedenen irischen und lettischen Bieren, professionell gezapft. Auch Cidre steht im Angebot. Gute Sandwich-Auswahl. An Wochenenden Livemusik.
Grēcinieku 4; tgl. 10–24 Uhr

Pulkvedim neviens neraksta
S. 150, C 4
Wie der Nightclub »Niemand schreibt dem Oberst« (frei nach Marquez oder auch ein lettisches Volkslied?) zu seinem Namen kommt, weiß heute keiner mehr, trotzdem ist der Club schon seit fast zehn Jahre Legende mit seinen zwei fantasievoll eingerichteten Ebenen und der coolen Musik – DJ's legen von Elektro über House quer-

MERIAN-Tipp

6 Skyline Bar

Der Panoramablick aus dem 26. Stock des Reval Hotel Latvija gibt einem das Gefühl, über der Stadt zu schweben. Schon vor dem ersten Sundowner. Nach dem letzten mag man sich wie auf einem schlingernden Ozeandampfer fühlen. Die Cocktails sind einfach fabelhaft, der Ausblick ist unwirklich schön (→ S. 54).

Elizabetes 55; tgl. 15–2 Uhr

→ S. 151, E 2

beet auf. Ein gutes Nachtschwärmeressen lässt besser durchhalten.
Peldu 26/28; www.pulkvedis.lv; tgl. 12–3, Fr und Sa bis 5 Uhr

Riga Balzams → S. 150, B 3
Kennen Sie Riga Balzams? Wenn nicht, hier bietet sich die beste Gelegenheit, ihn in allen Variationen erschöpfend kennen zu lernen. Fazit: Riga Balzams ist mehr als ein Kräuterlikör, nämlich ein Lebenselixier.
Torņa 4; www.balzambars.lv; tgl. 11–24 Uhr

Sarkans → S. 151, F 1
Nicht zu übersehen, diese Bar, das Trendlokal der jungen Kreativen, denn alles ist in Rot (»sarkans« heißt auf Lettisch rot). Und natürlich werden Sandwiches mit rotem Kaviar serviert. Köstlich!
Stabu 10; www.sarkans.lv; tgl. 10–24 Uhr

Spalvas pa Gaisu → S. 150, C 4
»Federn in der Luft« heißt dieses Etablissement mitten in der Altstadt. Gute Cocktails sorgen für gute Laune, getanzt wird in der unteren Etage. Hin und wieder schauen Livemusiker vorbei, manchmal gibt es auch sehr guten Jazz.
Grēcinieku 8; tgl. 11–24 Uhr, Fr und Sa manchmal bis 5 Uhr

Teātra Bārs → S. 151, F 2
Gegenüber vom Jungen Theater, dem Hotspot der Rigaer Theaterszene, trifft man sich vor und nach den Vorstellungen zu kleinen Snacks und harten Getränken. An den Wänden hängen Fotos der lettischen Theaterlegenden. Auch zu später Stunde gibt es noch warme Küche, manchmal kann man Performances und Musikevents erleben, die bis in den frühen Morgen dauern.
Lāčplēša 26; tgl. 10–2 Uhr

Feste und Events

In Riga finden jedes Jahr verschiedenste Festivals und Konzerte statt. Höhepunkte sind der Monat Juni mit seinen nicht dunkel werdenden Nächten und der Monat Dezember mit seinen weihnachtlichen Ereignissen. Aber auch Festivals wie z. B. das jährlich veranstaltete Internationale Opernfestival genießen internationales Renommee.
Informationen zu allen Veranstaltungen erhält man unter: Tel. 00371/9535653
Internet: www.rigamusic.lv und www.km.gov.lv (Seite des lettischen Kulturministeriums mit allen wichtigen Events)

Januar
Internationales Festival der Musiktraditionen
Findet von Januar bis März auch in anderen Städten Lettlands statt.
14.–16. Jan.; www.rigamusic.lv

Lettisches Bluesfestival
Auch in anderen Städten Lettlands.
20.–23. Jan.; www.blues.lv

Februar
Fastnacht
Im Rigaer Freilichtmuseum wird mit viel Pfannekuchen und Tanz in verschiedenen Häusern des Museums gefeiert. Punsch und Glühwein werden verkauft. Trotzdem: warm anziehen!
20. Feb.; www.virmus.com

März
Internationales Festival des Animationsfilms Bimini
Jedes Jahr in den Kinos der Stadt.
Ende März oder Anfang April; www.bimini.lv

April
Internationales Baltisches Ballettfestival
Findet seit 1993 statt.
Ende April/Anfang Mai; www.ballet-festival.lv

Mai
Internationales New-Media-Kulturfestival Art & Communication
www.rixc.lv

Juni
Jahrmarkt für Kunsthandwerker im Freilichtmuseum
www.virmus.com

Rigaer Opernfestival
Erste Junihälfte; www.opera/rof

Grüner Markt
Stadtfest auf dem Domplatz.

Mittsommerfest
Die kurzen hellen Nächte werden überall in der Altstadt und in Freilichtmuseen mit großen Feuern, Feuerwerk, Getränken, Tanz und Gesang gefeiert. Für die Letten sind diese Tage die sommerlichen Höhepunkte, und das lettische Johannisfest ist das schönste im Baltikum. Die Stadt wird mit frischem grünen Eichenlaub geschmückt, überall gibt es Sommerblumenkränze.
23./24. Juni; www.rdkp.lv

Internationales Festival der rhythmischen Musik
Jazz, Swing, R & B, Fusion, Lationo, Afro-Cuban – alle Rhythmen, die ins Blut gehen, sind auf verschiedenen Bühnen in der Altstadt zu hören, auch unter freiem Himmel.
Im Juni und Juli; www.rigasritmi.lv

Juli
Nationales Sängerfest auf der Freilichtbühne in Mežapark.
1873 fand im Rigaer Kaisergarten das »Erste Allgemeine Lettische Lieder-

Alle sind zu Mittsommer in ausgelassener Feierstimmung, und Eichenlaubkränze sind der traditionelle Festschmuck, nicht nur für zarte Mädchenhäupter.

Die großen Sängerfeste waren schon immer auch machtvolle Demonstrationen des nationalen Bewusstseins.

fest« statt, damals schon hatten an die 45 Chöre mit rund 1000 Mitgliedern teilgenommen. Am letzten Liederfest in Mežapark, ein Villenviertel nördlich des Waldfriedhofs, nahmen 381 Chöre mit 14 456 Sängern teil.
www.dziesmusvetki2003.lv; nächstes Sängerfest 2008

August
Internationales Festival für geistliche Musik
www.music.lv/choirs/Latva/Sacred Music

Kirchturmkonzerte in der Altstadt

September
Internationales Festival des Neuen Theaters Homo novus
www.theatre.lv

Internationales Kammerchorfestival »Riga dimd«
www.culture.lv/choirsfestival

Internationales Kammermusikfestival
www.concert.lv/concert.php

Internationales Filmfestival »Arsenāls«
www.arsenals.lv (nur in geraden Jahren)

Kunsthandwerkstage im Freilichtmuseum
www.virmus.com

Oktober
Festival der Neuen Musik Arena
Erste Okt.-Hälfte; www.arenafest.lv

November
Schauspielfest
Alljährlicher Überblick über die besten Aufführungen Lettlands mit einer Langen Nacht der Schauspieler.
www.theatre.lv

Dezember
Weihnachtsmarkt auf dem Domplatz in Riga, Weihnachtskonzerte und traditionelle Feste.
www.rdkp.lv

Ziele in der Umgebung

Ethnografisches Freilichtmuseum (Latvijas etnogrāfiskais brīvdabas muzejs)

→ S. 151, nordöstl. F 1

Geschichte und bäuerliche Tradition Lettlands werden in diesem Museum lebendig. Höhepunkt im Jahresprogramm ist das Johannisfest mit Johannisfeuer und Tanz bis in den Morgen. In der Weihnachtszeit gibt es ein besonderes Veranstaltungsprogramm mit einem Weihnachtsmarkt.

Auf der langen Brīvības iela verlässt man langsam die Vorstadt mit ihren Industriebauten und gelangt an den schönen waldumsäumten Jugla-See. Wenn man will, kann man hier schon aussteigen und die frische harzige Luft genießen. Im Sommer lädt der See zu einem Bad ein.

Vom See aus sind es nur ein paar Schritte zum Eingang ins Freilichtmuseum. Es ist eines der ältesten Freilichtmuseen Europas und wurde schon 1924 gegründet, in der Zeit der nationalen Unabhängigkeit, als erstmalig in der Geschichte die Letten, die ursprünglichen Einwohner, selbst in ihrem eigenen Land herrschten. Und selbstverständlich wollte der junge Staat seine bäuerliche Vergangenheit, seine Kultur dargestellt wissen.

Der Gründer des Museums, Pauls Kundziņš, formulierte seinen Anspruch so: »Es geht um unsere eigene kulturelle Sprache, die sich in unseren Bauernhäusern, ihrer Umgebung und Ausstattung und Alltagsgegenständen manifestiert. Wir wollen unsere Vergangenheit im Original zeigen, möglichst unverfälscht.«

Alle vier Regionen Lettlands werden mit charakteristischen Bauten vorgestellt: Vidzeme – das alte Livland, mit seiner sanften Hügellandschaft im Norden; Kurzeme – das ehemalige Kurland, mit seinen schönen Sandstränden im Westen; Latgale, ehemals Lettgallen, mit seinen tiefen blauen Seen und Wäldern im Osten und Zemgale, ehemals Semgallen, mit seinen saftigen Weiden und Kornfeldern im Süden.

Heute umfasst das Museum ca. 118 Gebäude auf 80 ha, die sich bis zum Ufer des Jugla-Sees erstrecken. Bei allen Gebäuden handelt es sich um Originale, sie wurden in den entsprechenden Regionen abgetragen und im Freilichtmuseum wieder aufgebaut – von der Kirche über Wohnhäuser und Ställe bis zur Windmühle. In der schönen kleinen katholischen Kirche – sie stammt aus Latgale, das in seiner wechselvollen Geschichte einmal zum katholischen Polen gehörte – kann man auch heute noch zumindest den sonntäglichen Gottesdienst besuchen, auch Hochzeiten sind hier sehr beliebt.

Lettland war schon immer ein Bauernland mit ausgedehnten Wäldern. In Reiseberichten aus den damaligen Zeiten liest man von diesem Naturreichtum mit seinen dunklen Wäldern und glitzernden Seen. Bauern leisteten Fronarbeit bei ihren

Nach gerade einer halben Stunde Fahrt aus der quirligen Metropole Riga kann man im Ethnografischen Freilichtmuseum altlettische bäuerliche Kultur und Tradition erleben.

Gutsherren, zumeist baltendeutsche Barone, die sich das Land infolge der Kreuzzüge im 12. und 13. Jh. untertan gemacht hatten. Die lettischen Bauern waren rechtlos und wurden verächtlich »Undeutsche« genannt.

Neben der Feldarbeit arbeiteten die Bauern im Wald, sie rodeten, bauten Hütten und Häuser, Werkzeuge, Möbel aus Holz. Holzhäuser mit ihrer hervorragenden Wärmespeicherung haben in Lettland eine lange Tradition und wurden noch bis ins 20. Jh. gebaut. Auf dem Gelände lassen sich verschiedene Haustypen finden. In bäuerliche Originalkostüme aus der Zeit und der entsprechenden Region gekleidet, trifft man Handwerker beim Schnitzen etwa von Holzlöffeln oder Schalen an. Und wenn man Glück hat, kann man das fertige Produkt zu günstigen Preisen erwerben.

Nach dem Rundgang findet man am Ausgang in einem beeindruckenden Holzbau Stärkung. Das über 100 Jahre alte Wirtshaus aus Zemgale war einst eine Ausspanne an einer Landstraße. Reisende und ihre Pferde, die Kutschen oder Schlitten zogen, wurden hier versorgt. Noch heute wird hier nach alten Rezepten gekocht. Köstlich sind schwarze Erbsen, Sauerkraut mit Schinken und ein frisch gezapftes Bier. Auch zur Winterszeit, wenn man sich aufwärmen muss, bestens geeignet. Aber bitte – für alle Fälle – vorher informieren (Tel. 7 99 45 10), denn eventuell ist der Gasthof für eine Hochzeit reserviert.

Anfahrt: Mit dem Bus 1 (hält z. B. in der Merķeja, in der Nähe des Freiheitsdenkmals) oder mit dem Auto fährt man etwa 30 Minuten die Brīvības iela aus der Stadt hinaus.

Brīvības garve 4 40; Tel. 7 22 13 57; tgl. 10–17 Uhr; im Winter sind allerdings die meisten Häuser geschlossen; Information: www.ltg.lv/brivdabas.muzejs.lv

Nostalgische Noblesse in Jūrmala, dem Seebad an der Rigaer Bucht.

Jūrmala

→ Umschlagkarte vorne, C 5

Parallel zur Küste der Rigaer Bucht fließt der Fluss Lielupe, und auf diesem schmalen Streifen Land lag eine Reihe von kleinen Fischerdörfern. Als man dann zu Beginn des 19. Jh. in Kemeri schwefelhaltige Heilquellen entdeckte, erklärte Zar Nikolai I. das Dorf, nur 15 km von Riga entfernt, zum Kurort. Seit dieser Zeit baute man Sommerhäuser in Strandnähe. 1877 wurde die Eisenbahnstrecke zwischen Riga und Tukums eröffnet, woraufhin ein regelrechter Bauboom einsetzte: Bis zur Jahrhundertwende entstanden mehr als 2000 Häuser. Jūrmalas Ruf als exklusiver Badeort ging schnell um die Welt. Neben dem russischen Adel kam die internationale Highsociety. 1929 genoss der schwedische König Gustav V. hier vom Seepavillon den Blick aufs Meer. Im gleichen Jahr kam auch George F. Kennan, der amerikanische Kremlexperte, der als junger Diplomat in Riga arbeitete. Er schwärmte vom sommerlichen »erotischen Zwielicht« in Jūrmala: »Es war ein wunder-

Mit seinem 30 Kilometer langen Sandstrand avancierte Jūrmala schon zu Beginn des 19. Jahrhunderts zu einer beliebten Sommerfrische.

volles diffuses Dämmerlicht, in dem das Glühen am nördlichen Himmel aus dem Sonnenuntergang sanft in den Sonnenaufgang hinüberglitt.«

Das Licht hat sich nicht verändert, und die stilvollen nostalgischen Villen im Holzbau mit Veranden und Türmchen und aufwendigen Verzierungen sind größtenteils auch noch zu bewundern. Diese idyllischen Exemplare der Bäderarchitektur, oft schon schön restauriert, ducken sich zwischen Sandstrand und Bahn unter Kiefernwäldern. Daneben erheben sich moderne Luxusvillen, die hauptsächlich in russischer Hand sind.

Jūrmala besteht aus den Ortsteilen Lielupe, Bulduri, Dzintari und Majori, das sich zum Touristenzentrum von Jūrmala entwickelte. Die Hauptstraße, Jomas iela, wurde zur Fußgängerzone. Hier liegt auch das Hotel Majori, daneben reihen sich Läden, Cafés und Restaurants aneinander mit schönen Biergärten und Sommerterrassen. In Dzintari, das lange Edinburga genannt wurde, zu Ehren der Hochzeit (1874) von Maria, Tochter von Zar Alexander II., mit dem Herzog von Edinburgh, steht der große Konzertsaal, ein denkmalgeschützter Holzbau aus dem Jahr 1936 mit einer Freilichtbühne. Hier finden sowohl Klassik- als auch Jazz- und Popkonzerte statt.

Ein besonderes Vergnügen, wenn das Meer zum Baden zu kalt ist, ist der 11 000 qm große **Akvaparks** mit künstlichen Wellen, Haifischbecken und speziellem Angebot für Kinder.

Anfahrt: Mit dem Vorortzug vom Rigaer Bahnhof aus (nach Dubulti, Sloka und Tukums) in etwa 30 Minuten für gerade mal 1 Ls (Hin- und Rückfahrt). (Viestura 24; Tel. 7 75 56 36; Mo–Fr 12–20, Sa/So 10–22 Uhr)
Information: www.jurmala.lv, www.akvaparks.lv

Tallinn

Die stolze alte Hansestadt am Meer befindet sich heute auf der Überholspur nach Europa.

Der Aufstieg des alten Reval war mit dem Handel und dem Meer verbunden. Der 159 Meter hohe Turm der Olaikirche war für die Seefahrer ein Navigationspunkt.

Mit seinen verwinkelten mittelalterlichen Gassen in der Altstadt, den spätgotischen Kirchen, mit seinen neuen Museen und mit seiner quirligen Kneipenszene gehört Tallinn heute wieder den Tallinnern, nachdem es über Jahrhunderte von Fremden beherrscht war. Liebevoll wieder aufgebaut wurde die Stadt am Meer mit Hafen, einer mittelalterlichen Festungsburg, mit Wehrtürmen und Stadtmauern. Das ganze historische Ensemble des alten Reval, wie Tallinn einst genannt wurde, ist heute UNESCO-Weltkulturerbe.

Dicke Mauern trennten im Mittelalter die auf dem Toompea, dem Domberg, wohnende Aristokratie und Geistlichkeit von den Kaufleuten, Reedern und Handwerkern. In All-Linn, dem unteren Teil der Altstadt, zeugen stattliche Kaufmannshäuser vom Selbstbewusstsein und Reichtum des Bürgertums. Die spätgotischen Kirchen entfalten im Inneren ihre ganze Pracht mit kostbaren Ausstattungen mit Werken großer Meister des späten Mittelalters. Zu einer anstehenden Stärkung laden viele Gaststätten mit historischem oder hochmodernem Ambiente ein.

Die Spuren, die das russische Imperium in Tallinn hinterlassen hat, sind nicht zu übersehen: auf dem Domberg die Alexander-Newski-Kathedrale oder in Kadriorg, Katharinental, so zu Ehren der Gattin Peter des Großen genannt, wo ein Barockschloss mit herrlichem Park als Sommerresidenz für die seltenen Besuche des russischen Zaren errichtet wurde.

Wenn man in der Stadt genug Mittelalter, Barock, Jugendstil und Neuzeit bewundert hat, sollte man einfach zum Hafen bummeln, auf der Mere puiestee, der Meeresstraße. Hier empfängt einen der weite Blick auf das Mare Balticum, die Ostsee, und man wird bei untergehender Sonne und einer frischen Brise Kraft sammeln für den Abend – der ist noch jung und kann in Tallinn sehr lang werden.

Übernachten

Ob mitten in der historischen Altstadt oder mit freiem Blick über den Finnischen Meeresbusen – Tallinns Hotelszene ist vielfältig und modern.

Alle Hotels bieten Special-Weekend-Rates und Nebensaisonermäßigungen. Über folgende Websites können Hotels – je nach Saison – zu günstigen Preisen gebucht werden.
www.travel-estonia.com, www.de.hotel-tallinn-estland.venere.com, www.hotelsestonia.com, www.tourism.tallinn.ee

Hotels ●●●●

Domina City Hotel ···› S. 153, D 3
Elegantes Hotel für gehobene Ansprüche, in einem repräsentativen Altbau. Hier residierte u.a. die sowjetische Flottengeneralität, und die wusste offensichtlich, was Stil hat. Am Rande der Altstadt, von wo man schnell zum Hafen und ans Meer gelangt.
Vana-Posti 11/13; Tel. 6 81 39 00, Fax 6 81 39 01; www.dominahotels.ee; 68 Zimmer ●●●● CREDIT ♿

Hotel Barons ···› S. 153, D 3
Zu Beginn des 20. Jh. war dieses prachtvolle Jugendstilgebäude eine Bank, heute kann man hier, ganz in der Nähe des Rathausplatzes, großen Komfort und den Blick in die Gassen der Altstadt genießen. Die Suiten verfügen über eigene Saunen.
Suur-Karja 7/Välke-Karja 2; Tel. 6 99 97 00, Fax 6 99 97 10; www.baronshotel.ee; 34 Zimmer ●●●● CREDIT ♿

Hotel St. Petersburg ···› S. 152, C 2
Tolstois Anna Karenina könnte man sich gut in diesem eleganten Ambiente vorstellen. Mit Art-déco-Möbeln und dem exzellenten Restaurant Newski ist es ein Hotel, in dem man sich ver-

wöhnen lassen kann. Von der Sauna im obersten Stock hat man einen schönen Blick über Tallinns Altstadt.
Rataskaevu 7;
Tel. 6 28 65 00, Fax 6 28 65 65;
www.schlossle-hotels.com; 27 Zimmer
●●●● CREDIT ♿

Hotel Schlössle ⇢ S. 153, D 2
Am Rande der Altstadt liegt das Fünf-Sterne-Hotel, in dem schon einige gekrönte Häupter abgestiegen sind. In drei Stadthäusern aus dem 17. Jh. wurde das Luxushotel errichtet und mit viel Liebe zum historischen Dekor ausgestattet. Im Sommer wird das Frühstück auch im Garten serviert, im Winter diniert man im stimmungsvollen Kellergewölbe bei Kerzenschein. Der Service ist perfekt, wie es sich für ein solches Bijoux gehört.
Pühavaimu 13/15;
Tel. 6 99 77 00, Fax 6 99 77 77;
www.schlossle-hotels.com; 24 Zimmer
●●●● CREDIT ♿

MERIAN-Tipp

7 Hotel Three Sisters

Tallinns erstes Designhotel mit fünf Sternen. Drei mittelalterliche Häuser aus dem 15. Jh. – ein reicher Kaufmann ließ sie für seine drei Töchter am Ende der Pikk jalg bauen – wurden in ein Luxushotel verwandelt. Ein junges, mutiges Konzept, verwirklicht von einem geschickten Jungunternehmer und Tourismusberater der estnischen Regierung. Der Gast kann sich in diesem extravaganten Stil-Crossover von modernem Design und Antiquitäten – Mittelalter trifft auf modernste technische Raffinessen – ausgesprochen wohl fühlen. Großzügig ausgestattete Badezimmer mit herrlich großen Badewannen sind echte Verwöhn-Oasen.

Pikk 71; Tel. 6 30 63 00, Fax 6 30 63 01; www.threesistershotel.com; 23 Zimmer ●●●● CREDIT ♿ ⇢ S. 153, D 1

HOTELS ●●●

Domina Ilmarine ⇢ S. 153, D 1
Eine Maschinenfabrik von 1881 in der Nähe des Hafens wurde mit einem neuen Anbau in ein komfortables, extravagantes Hotel umgewandelt. Alle Räume sind sehr großzügig bemessen. Ein guter Ausgangspunkt für Spaziergänge in die Gegend um den Hafen, aber auch in die Altstadt.
Põhja. 23; Tel. 6 14 09 00, Fax 6 14 09 01;
www.dominahotels.ee; 153 Zimmer
●●● CREDIT ♿

Meriton Grand Hotel Tallinn
⇢ S. 152, B 2
Etwa zehn Minuten zu Fuß von der Altstadt und vom Domhügel entfernt, komfortabel und praktisch eingerichtete Zimmer. Schöne Terrasse für einen Kaffee oder einen Snack zwischendurch.
Toompuiestee 27; Tel. 66 77 00,
Fax 6 67 75 55; www.meritonhotels.com;
164 Zimmer ●●● CREDIT ♿

Radisson SAS ⇢ S. 153, E 3
Das absolute Highlight im neuen Hochhaushotel in der Nähe der Altstadt ist der grandiose Blick aus dem Terrassencafé in der 24. Etage. Die Zimmer im geschmackvollen skandinavischen Design, guter Service, wie man ihn von Radisson-Hotels gewöhnt ist.
Rävala 3; Tel. 6 82 30 00, Fax 6 69 00 51;
www.radissonsas.com; 280 Zimmer
●●● CREDIT ♿

Reval Hotel Olümpia ⇢ S. 153, E 4
Einst für die Olympischen Spiele 1980 gebaut, ist das Hotel heute sehr beliebt bei den Touristen aus Finnland. Es beherbergt im 14. Stockwerk eines der besten Restaurants der Stadt. Und im Spa-Bereich im 26. Stock kann man vom Schwimmbad aus über die Stadt schauen.
Liivalaia 33; Tel. 6 31 53 33,
Fax 6 31 53 25; www.revalhotels.com,
E-Mail: revahotels@bestchoice.net;
390 Zimmer ●●● CREDIT ♿

HOTELS ●●

Hotel G9 → S. 153, F 3

Klein aber fein und zudem preiswert – das Hotel G9 im Zentrum von Tallinn, in der Geschäftsstraße Gonsiori. Liegt in der Nähe des Hafens, die Altstadt ist zehn Minuten zu Fuß entfernt.

Gonsiori 9; Tel. 6 26 71 00, Fax 6 26 71 02; www.hotelg9.ee; 23 Zimmer ●● CREDIT

Hotel Shnelli → S. 152, B 2

Dieses neue Hotel, das über einen Gang mit dem neuen Bahnhofsgebäude verbunden ist, gibt ein gutes Beispiel für ein modernes, funktionales Hotel der Mittelklasse.

Toompuiestee 37; Tel. 6 31 01 00, Fax 6 31 01 01; www.gohotels.ee; 124 Zimmer ●● CREDIT ♿

Tatari 53 → S. 153, D 4

Neu, gepflegt und genau das Richtige für Leute, die auch ohne großen Luxus auskommen. Zur Altstadt ist es nicht weit.

Tatari 53; Tel. 6 40 51 50, Fax 6 40 51 51; www.tatari53.ee; 36 Zimmer ●● CREDIT

Valge Viulla → S. 152, südöstl. A 4

Die weiße Villa liegt etwa 4 km vom Stadtzentrum entfernt, ein kleines, komfortables Hotel, geschmackvoll und unaufdringlich mit viel Holz eingerichtet.

Kännu 26/2; Tel. 6 54 23 02, Fax 6 54 23 02; www.white-villa.ee; 12 Zimmer ●● CREDIT

HOTELS ●

Old House → S. 153, D 2

Gästehaus am Rande der Altstadt. Hier kann man sich auch ohne großen Geldbeutel wohl fühlen und nette Leute kennen lernen. Kleine, geschmackvoll eingerichtete Zimmer, besonders freundliches und hilfsbereites Personal. Es gibt auch sehr praktische Apartments für längere Aufenthalte zu mieten, mit Kitchinette und sogar einer Sauna. Nicht alle Zimmer verfügen über eigenes Bad und WC.

Logieren wie ein König: Im Hotel Schlössle hatten auch schon manche gekrönten Häupter geruht.

Uus 22; Tel. 6 41 14 64, Fax 6 41 16 04; www.oldhouse.ee; 12 Zimmer, 6 Apartments ● CREDIT

Pirita Cloister Guesthouse → S. 92, C 1

Neben der pittoresken Klosterruine des Kloster der Heiligen Birgitta, 7 km nordöstlich von Tallinns Altstadt, liegt das neue Gästehaus, von den Nonnen des Klosters betrieben. Einfach und sehr ruhig, in eine schöne Landschaft eingebettet. Es besteht auch die Möglichkeit, am Klosterleben teilzunehmen (→ S. 93).

Merivälja 18; Tel. 6 05 50 00, Fax 6 05 50 10; www.osss.ee, www.piritaklooster.ee; 21 Zimmer ● CREDIT

HOSTELS

Estonian Youth Hostel Association

Tatari 39-310; Fax 6 46 15 95; → S. 153, D 4

www.balticbookings.com/eyha/

Merevaik → S. 152, südöstl. A 4

Sõpruse; Tel. 6 55 37 67, 6 56 11 27; www.hostelmerevaik.ee

Spaziergänge

Spaziergang 1

Entlang der Festung

→ S. 152, C 3–2

Im 16. Jh. war die mächtige Hansestadt Reval berühmt und berüchtigt wegen ihrer Uneinnehmbarkeit. Sie war von Stadtmauern umgeben, fast 3 m dick, an die 16 m hoch und insgesamt 4 km lang, dazu kamen noch über 40 Türme. Von vergangener Macht zeugen heute noch 2 km Stadtmauer und 26 Türme.

Bei diesem Spaziergang kann man die gesamte Festungsanlage der Unterstadt umrunden und dabei viel vom alten Tallinn kennen lernen.

Am **Harju-Tor** – Ausgangspunkt des Spaziergangs – beginnt die Müürivahe, die sich einen knappen Kilometer zwischen der Stadtmauer und Wohnhäusern entlang zieht. Aus der Nähe ist gut zu erkennen, wie die Mauer im Laufe der Geschichte immer wieder aufgestockt wurde.

In der Müürivahe 12 steht neben einem gewaltigen Turm ein bescheidenes, verschlafen wirkendes Museum, es ist das **Museum für Theater und Musik**, das besonders Liebhaber von Klavieren, Drehorgeln, Musikautomaten und Bühnenmodellen erfreut. Man erreicht die Kreuzung am Karjaväräva-Platz, hier stand früher das Viehtor, durch das bis spät ins 19. Jh. Rinder, Schweine und Federvieh auf die Wiesen vor die Stadt getrieben wurden.

Vorbei an einem kleinen, spärlich bepflanzten Hügel, auf dem man noch Reste der Bastion **Viruvärava** aus dem Mittelalter entdecken kann, gelangt man nach wenigen Schritten über die Vana Viru in die idyllische Uus, die »Neue Straße«, die außerhalb der Stadtmauern angelegt wurde. Und hier trifft man einmal kein Mittelalter, die ruhige Straße ist von barocken Gebäuden geprägt.

An der Uus 3 steht ein renovierungsbedürftiges Gebäude, das Haus des Films, Kinomaja genannt. Durch dieses Haus hindurch gelangt man wieder auf die Müürivahe, und dort, im Haus 50, befindet sich der Eingang in den **Hellemann-Turm**, dessen Inneres besichtigt werden kann.

Hellemann-Turm → Dicke Margarete

Durch die Schießscharten im Turmgemäuer hat man einen einmaligen Blick auf die Olaikirche und die Altstadtdächer. Zurück auf die Uus in Richtung Hafen, vorbei an kleinen Antiquitätenläden und einigen netten Gasthäusern, z. B. dem kleinen Café Kibuvits in der Uus 19 – die Soljanka-Suppe dort ist besonders zu empfehlen –, gelangt man an die große Küstentorbastion, Suur Rannavärav, mit der **Dicken Margarete**, dem Kanonenturm Paks Margareta. Diese »Dame« sollte durch ihre Fülle (25 m dick) und ihr Ausmaß vorüberziehende Schiffe beeindrucken und von der Macht der Stadt überzeugen. Die russische Geheimpolizei benutzte die sichere Bastion als Gefängnis für politisch unliebsame Zeitgenossen. Um u.a. das Innenleben eines solchen Turmes zu studieren, sollte man eine Karte für das hier eingerichtete **Estnische Meeresmuseum** (→ S. 100) lösen.

Ein paar Treppenstufen oberhalb der Dicken Margarete liegt ein kleiner verwilderter Hügel, der zu Sowjetzeiten von der Armee als Freilichtbühne benutzt wurde. Natürlich mit reizvoller Hintergrundkulisse: Wehrtürme, die Hafenanlagen und in der Ferne das Meer.

In Richtung Hafen erkennt man einen großen eisernen, in der Mitte gebrochenen Bogen, der sich über die viel befahrene Rannamäe tee spannt. Er ist das **Denkmal für die Opfer der Estonia**, bei deren Untergang am 28. September 1994 852 Menschen ums Leben kamen.

Lai → Platz der Türme

Die Treppe wieder hinab, liegt gleich das **Meriton Old Town Hotel** in der

Lai 49. In der Lobby wird ein guter Kaffee geboten, und man kann sich von gekonnter Gestaltung überzeugen: Teile der alten Stadtmauer sind in die Innenausstattung integriert. Ans Hotel grenzt eine alte **Getreidemühle** noch aus dem 15. Jh., die mit Pferden angetrieben wurde und immer dann in Betrieb war, wenn die mit Wasser betriebenen Mühlen außerhalb der Stadtmauern wegen feindlicher Angriffe nicht benutzt werden konnten. Immer an der Stadtmauer entlang, vorbei an drei Türmen, gelangt man zur Suurtüki.

Eine Lücke im Gemäuer führt in einen Park, den **Tornide Väljak** (Platz der Türme). Das Ende des Rundgangs wird mit einer herrlichen Aussicht auf sieben Wehrtürme und die Stadtmauer belohnt. Zu den Türmen **Sauna und Kuldjala** gelangt man an der Suur-Kloostri/Ecke Vaike-Kloostri. Sie sind nur im Sommer zugänglich (Mo–Fr 12–19, Sa und So 11–16 Uhr).

Dauer: 1–2 Stunden

Spaziergang 2

Von Kadriorg nach Pirita

→ S. 92, a 3–c 1

Zarenschloss mit Park, russische Holzdatschen, Promenade am Meer, das gerade erbaute, sehenswerte Neue Kunstmuseum, in der Ferne Klosterruinen – das alles kann man bei diesem Spaziergang genießen. Kadriorg, Katharinental, genannt nach Katharina, der geliebten Gattin von Zar Peter dem Großen, ist bis heute ein vornehmer Tallinner Villenvorort. Hier hatte sich die russische Hautevolee niedergelassen, um den Sommer am Meer zu verbringen, und auch heute noch liegt hier etwas durchaus Aristokratisches in der Luft. Es gilt bis heute als sehr exklusiv, hier zu wohnen. Davon zeugen Residenzen der Regierung und Botschaften.

Vom Tallinner Stadtzentrum fährt die Straßenbahn 1 oder 3 ganz gemütlich ca. 15 Minuten nach **Kadriorg-Endstation**: Die ersten Holzhäuser kommen in Sicht.

In der Weizenbergi findet man wunderschönen Jugendstil, besonders die Häuser Nr. 10, Nr. 12, Nr. 14. Der berühmte Tallinner Architekt Erich Jakoby, deutschbaltischer Abstammung, baute sich 1932 sein eigenes Wohnhaus im funktionalistischen Baustil in der **Weizenbergi 23**, man erkennt seine Auseinandersetzung mit der Architektur eines Adolf Loos.

Schloss → KUMU

Von der Straße aus geht man direkt in den Park, und unübersehbar leuch-

Der massive Kanonenturm im Norden der Stadt wird »Dicke Margarete« genannt. Er beherbergt heute das Estnische Meeresmuseum.

tet das in Estland einzigartige **Barockschloss**, Zar Peters I. Sommerresidenz, farbenfroh und majestätisch in dunklem Rosa, mit Weiß abgesetzt, ganz à la russe. Das im Jahr 1725 fertig gestellte Schloss kann besichtigt werden. Neben dem überwältigenden Weißen Saal mit seinen großartigen Stuckverzierungen und Deckengemälden beherbergt es eine staatliche Sammlung westlicher Kunst mit Werken u. a. von Breughel und Cranach. Der heutige Star unter den Museen ist jedoch das kürzlich eröffnete **KUMU**, direkt hinter dem Palast gelegen, das die besten Sammlungen estnischer und ausländischer Kunst präsentiert (→ S. 101).

Der bis zum Meeresufer reichende **Park** mit seinen Teichen und seinem alten Baumbestand lädt zum Spaziergang und zum Verweilen auf den Bänken ein. Sollte man Hunger oder Durst verspüren, ist am Ende des Parks das nette **Kadriorg Palast-Café** mit hauseigenen süßen Spezialitäten genau das Richtige.

Narva maantee ···> Pirita

Auf den gepflegten Parkwegen Richtung Meer gelangt man über die Narva mantee an das **Russalka-Denkmal** (das russische Wort für Nachtigall): Eine bronzene Engelsskulptur über einem Schiffsbug aus Granit erinnert an den Untergang des gleichnamigen Kriegsschiffs mit 177 Menschen an Bord im Jahre 1893.

Die riesige Muschel der 1960 erbauten, 20 000 Sänger fassenden **Sängerbühne** auf der Narva maantee 95 leuchtet schon von weitem, und man sollte einen Abstecher an den Ort der »singenden Revolution« machen: 1988 hatten sich an die 300 000 Menschen im riesigen Amphitheater versammelt, um gegen die sowjetische Okkupation anzusingen. Hier finden alle fünf Jahre die berühmten Sängerfeste statt.

Zurück ans Meer. Die Pirita tee führt als Schnellstraße direkt in den gleichnamigen kleinen, aber mondänen Küstenort Pirita. Man wandelt auf der Strandpromenade, mit Spuren für Fahrräder, Skater, mit Bänken und mit Blick aufs Meer. Wenn man sich umschaut, sieht man die beeindruckende Skyline Tallinns. Was hier noch fehlt, sind Einkehrmöglichkeiten.

Es geht vorbei an einer Villa, die sich ein russischer Industrieller 1874 nach eigenen Plänen bauen ließ. Hier ist heute die **Filiale des Museums für estnische Geschichte** untergebracht, das dem 20. Jh. gewidmet ist.

In der Ferne ragt ein 35 m hoher **Obelisk** in die Landschaft. Ein merkwürdiger Anblick, typische sowjetische Monumentalarchitektur mit einem Touch Siebzigerjahre. Diese Gedenkstätte für die »Kämpfer der Sowjetmacht« war eine Auftragsarbeit des ZK der UdSSR. Heute liegt die Anlage recht verlassen da, von den Esten nicht sonderlich geliebt. Die Tallinner Jugend allerdings benutzt sie als Location für geheime Partys und ungewöhnliche Veranstaltungen.

Pirita ⇢ Pirita-Kloster

In **Pirita** angekommen, kann man sich gar nicht mehr vorstellen, dass dieser Ort zu Sowjetzeiten mit einer nächtlichen Ausgangssperre belegt war und ein Dolce Vita höchstens in sowjetischen Bonzenvillen stattfand.

Heute kauft oder mietet jeder, der Rang und Namen in Estland hat, eine Villa oder Datsche in Pirita. Strandcafés laden zum Verweilen ein. Auch der eher schlichte **Yachthafen** ist jetzt belebt, im Sommer legen hier viele Segelschiffe aus den skandinavischen Ländern an, aber auch die russischer Oligarchen. Der Hafen wurde zu den Olympischen Spielen 1980 ausgebaut.

Man spaziert zur malerischen Mündung des kleinen Flüsschens Pirita, in der Ferne sieht man die einzigartige Ruinenkulisse der **Klosteranlage der Heiligen Brigitta** (Pirita Klooster) mit hoch aufragendem Westgiebel der Klosterkirche. Der schwedische Orden der Heiligen Birgitta erbaute im Jahr 1436 das Kloster, das 1577 von den Truppen Iwan des Schrecklichen im Livländischen Krieg zerstört wurde. In den Ruinen des Kreuzgangs finden Konzerte und Theateraufführungen statt (→ S. 109). Im neu erbauten Kloster gibt es ein Gästehaus (→ S. 89).

Kloostri tee 9; Tel. 6 05 50 00; www.piritaklooster.ee; Mai–Okt. tgl. 10–18, Nov.–April tgl. 12–16 Uhr
Dauer: 2–3 Stunden

Sehenswertes

Den schönsten Blick auf Tallinn hat man vom Turm der Olaikirche. Das Panorama, das sich hier bietet, ist einzigartig: die Altstadt mit ihren verwinkelten Gässchen, mit mächtigen mittelalterlichen Türmen, die Geschäftsstraßen um die Altstadt herum, die grünen Vorstädte, die Hafenanlagen und das weite Meer. Die Sehenswürdigkeiten der Tallinner Altstadt liegen sehr zentral und sind in maximal 15 Minuten Fußweg vom Rathausplatz aus zu erreichen.

Alexander-Newski-Kathedrale

⇢ S. 152, C 3

Die gewaltige Alexander-Newski-Kathedrale wurde Ende des 19. Jh. vom russischen Architekten Michail T. Preobrashenski als Zeichen imperialistischer Russifizierungspolitik mitten auf den Schlossplatz gebaut, angeblich über dem Grab des estnischen Nationalhelden Kalev. Die Russen haben die Kirche mit großer Pracht ausgestattet, um ihre Macht und die der Orthodoxie zu demonstrieren.

Lossi plats 10; tgl. 8–19 Uhr

Das »Lange Bein« (Pikk jalg) führt zwischen den Mauern des Dombezirks durch ein Tor in die Unterstadt hinab.

Apotheke (Raeapteek) S. 153, D 2
Die schon 1422 erwähnte Ratsapotheke ist die älteste der Welt und wurde über drei Jahrhunderte von der aus Ungarn stammenden Familie Johann Burchart geführt. Vom legendären Ruf des Pharmazeuten wollte sich auch Zar Peter überzeugen und ihn an sein Krankenbett nach St. Petersburg holen lassen. Zu spät, der Zar starb zuvor.

Heute kann man in der Apotheke neben alten Utensilien auch noch historische Rezepturen bewundern. Hier gibt es auch eine besondere Spezialität, den nach einem Geheimrezept hergestellten Gewürzwein »Klarett«, ein erprobtes Mittel, wenn zu viel estnische Speisen dem Magen zu schaffen machen sollten. Auch im mittelalterlichen Roman »Das Leben des Balthasar Rüssow« (→ S. 144) von Jaan Kross wird dem Klarett zugesprochen.

In der Nähe vom Rathaus, Raekoja plats 11; Tel. 6 31 48 60; www.raeapt.ee; Mo–Fr 9–19, Sa und So 9–16 Uhr

Domberg (Toompea) S. 152, C 3
Im 11. Jh. stand hier auf dem Domberg eine estnische Siedlung in strategisch wichtiger Position, konnte man doch den gesamten Finnischen Meerbusen überblicken. Der Domberg ist ein Ort von besonderer historischer und mythologischer Bedeutung für die Esten, denn er ist auch Schauplatz im Nationalepos »Kalevipoeg«.

Die Burg und die Siedlung wurden 1219 vom dänischen König Waldemar II. zerstört. Er ließ eine neue **Burg** bauen, und die Zeit der über 770-jährigen Fremdherrschaft der Dänen, Schweden, Deutschen, Russen nahm hier ihren Ausgang. Heute ist nur noch wenig von der gewaltigen Burganlage geblieben, die unter den jeweiligen Herrschern – ob der deutsche Ritterorden oder das russische Imperium – über Jahrhunderte ausund umgebaut wurde. Lediglich die West- und die Nordmauer und drei Wehrtürme zeugen von den Dimensionen, die die Anlage einmal gehabt haben muss. Auf dem imposanten, 45 m hohen Bergfried der Festung aus dem 13. Jh., dem **Langen Herrmann**, weht heute wieder die estnische Nationalflagge.

Die Zarin Katherina die Große ließ Teile der Burg abreißen und einen Barockpalast wie in ihrem geliebten St. Petersburg errichten. Das **Schloss**, elegant in weiß und rosa mit neoklassizistischer Fassade, war mehrfach zerstört und umgebaut worden und ist heute der Regierungssitz am Lossi plats (Schlossplatz).

Der Domberg war einst Adel und hoher Geistlichkeit vorbehalten. Heute sind viele der renovierten klassizistischen Adelspalais von ausländischen Vertretungen und Regierungsinstitutionen bezogen. In der **Kohtu**, der Gerichtsstraße, sind besonders stattliche Häuser zu sehen, im Haus

Nr. 6, das der Großonkel von Walter Gropius, der Architekt Martin Philipp Gropius, erbaut hatte, residierte die Familie von Ungern-Sternberg.

Wollte man vom adligen Domberg in die bürgerliche Unterstadt, musste man ein Stadttor passieren, denn Unterstadt und Oberstadt waren streng voneinander getrennt, hatten sogar eigene Rechtsprechungen. Bis zum heutigen Tag hat sich das Tor erhalten im **Turm zum Langen Domberg**, Pikka Jala Torn, durch das man in die Unterstadt hinabsteigt.

Dominikanerkloster ⋯> S. 153, D 2

Zwischen der Vene (der Russenstraße, weil sich hier viele russische Händler niedergelassen hatten) und der Müürivahe sind die Überreste eines der hl. Katharina geweihten Dominikanerklosters aus dem 13. Jh. zu besichtigen. Das Kloster wurde 1531 in der wirren Zeit nach der Reformation durch ein Feuer zerstört, erst vor einigen Jahren wurden der Innenhof, der Kreuzgang und das Refektorium teilweise rekonstruiert. Der schöne, von alten Klostermauern umfriedete Hof ist ein beschaulicher Ort, wo im Sommer auch Konzerte stattfinden. An den Mauerresten der Kirche sind noch Grabsteine aus dem 16. und 17. Jh. zu sehen. Ein zumeist jugendlicher Führer in einer Mönchskutte prägt als Eintrittsbillet dem Besucher eine Kupfermünze. Auf dem Gelände des Klosters hat der aus Italien stammende St. Petersburger Architekt Carlo Rossi eine kleine Kirche mit klassizistischer Fassade gebaut, heute finden dort katholische Gottesdienste statt.

Vene 16; Tel. 6 44 46 06; tgl. 10–18 Uhr

Domkirche (Toomkirik)

⋯> S. 152, C 3

Die Kirche nimmt sich gegen die russische Prachtentfaltung der Alexander-Newski-Kathedrale geradezu bescheiden aus. Dabei ist sie, im 13. Jh. von der deutschen Ritterschaft gegründet, eines der ältesten Gotteshäuser Estlands. Ihre heutige Gestalt erhielt sie in verschiedenen Bauphasen seit dem Ende des 13. Jh. Seit dem 17. Jh. ist sie eine evangelische Kirche. Im barock ausgestatteten Inneraum sind 107 holzgeschnitzte, zumeist farbige **Wappenepitaphe** des deutschbaltischen Adels aus dem 14. bis 18. Jh. zu bewundern, die sich eindrucksvoll von den weißen Wänden und Pfeilern abheben und auf ihre Art von der Geschichte des Landes erzählen. Eine adlige Familie musste für das Recht, hier eine Grabplatte in den Kirchenboden einzulassen und das Wappen nach der Beerdigung an die Wand zu hängen, bedeutende Summen an die Kirche zahlen.

Toomkooli 6; Tel. 6 44 41 40; www.eelk.ee/Tallinna.toom

Festungsmauer

⋯> S. 152/153, C/D 2/3

Die gewaltige Festungsanlage Tallinns (→ S. 90), die Domberg und Unterstadt gemeinsam umfasste und

Das Wappen des hl. Mauritius, des Patrons der Schwarzhäupterbruderschaft, krönt das Portal ihres Gildehauses.

trennte, war eine der mächtigsten in Nordeuropa. 2 km der ehemals doppelt so langen Stadtmauer sind erhalten und 26 der 46 Wehrtürme, was jedoch immer noch sehr beeindruckend ist. Einen schönen Blick über die nordwestliche Stadtmauer mit der Reihe der spitz behelmten Türme zum Hafen hat man vom Domberg aus, wo man von der Rahukohtu durch eine Toreinfahrt auf eine Aussichtsplattform gelangt.

Gildehäuser in der Pikk

→ S. 152/153, C/D 2

Im Leben der in Osteuropa gegründeten Hansestädte spielten Gilden und Zünfte eine besondere Rolle. Neben ihrer Funktion als Genossenschaften, die die Interessen des jeweiligen Berufszweiges vertraten, hatten sie auch die Aufgabe, den katholischen gegenüber dem orthodoxen Glauben zu verteidigen, auch mit Waffengewalt. Jeder männliche Einwohner Tallinns konnte, wenn er nicht Bediensteter war, einer Gilde beitreten.

Die bedeutendsten Gildehäuser stehen in der Pikk. Die »Lange Straße« führte vom Domberg hinab zum Hafen, vorbei an mittelalterlichen Handelshäusern und an den Niederlassungen weit verzweigter Firmen.

Die ebenso elitäre wie mächtige **Schwarzhäuptergilde**, in die nur deutschstämmige Junggesellen aufgenommen wurden, hatten als Patron den hl. Mauritius aus Afrika. Das Wappen trägt daher den Mohrenkopf. Ihr Gildehaus in der Pikk 26 mit einer für Tallinn einzigartigen Renaissancefassade von 1597 zeugt vom Reichtum ihrer Mitglieder, aber auch von ihren internationalen Handelsnetzen, repräsentiert durch Wappen der Partnerstädte wie Brügge, Nowgorod, London oder Bergen.

Pikk 20 beherbergte die **Kanutgilde**, eine Handwerkergilde, der überwiegend deutsche Handwerker, Goldschmiede, Schuhmacher und Schneider angehörten. Heute ist in diesem Gebäude im Tudorstil mit gewaltigen Statuen von Martin Luther und dem Schutzheiligen der Gilde, Kanutus (der heilige Knut), ein Theater untergebracht, bekannt für seine Gastspiele internationaler renommierter Tanzensembles (→ S. 109). Einen abendlichen Besuch des Hauses zu einem Ballettabend kann man gut mit einer Hausbesichtigung verbinden.

Der Hauptaltar der Nikolaikirche von Hermen Rode aus dem Jahr 1481 zeigt die Legende des hl. Nikolaus. Die Kirche ist heute ein Museum und birgt Schätze sakraler Kunst.

Die **Große Gilde** hatte sich 1410 in der Pikk 17 ein prächtiges Haus bauen lassen, hier verkehrte die feine Gesellschaft. Denn nur aus dieser einflussreichen Gilde konnten die Ratsherren gewählt werden. Heute kann man das Innere besichtigen, denn in den ehemaligen Gesellschaftsräumen der Gilde ist das Estnische historische Museum untergebracht, das seine Exponate allerdings interessanter präsentieren könnte.

Heiliggeistkirche (Pühavaimu)

S. 153, D 2

Die zweischiffige gotische Heiliggeistkirche wurde von der Bruderschaft des Heiligen Geistes in der ersten Hälfte des 13. Jh. gegründet, ganz in der Nähe des Rathauses. Die Kirche war ursprünglich mit einem Spital verbunden, das aber nicht erhalten ist, und diente auch als Ratskapelle. Für die Esten hat diese schlichte Kirche eine besondere Bedeutung: Hier wurde nach den Wirren der Reformation im 16. Jh. erstmals der Katechismus in ihrer eigenen Sprache von der Kanzel verkündet. Der historische Roman »Das Leben des Balthasar Rüssow« des berühmten Schriftstellers Jaan Kross, der auch der estnische Dostojewski genannt wird, vermittelt einen Einblick in genau diese Zeit der sozialen Unruhen, politischen Intrigen – den langen Weg Estlands in die Unabhängigkeit (→ S. 144).

Neben der Eingangstür sieht man außen die schöne Uhr aus dem 17. Jh. Sie ist eine der ältesten der Stadt und ein beliebter Treffpunkt.

Das schlichte Äußere lässt die reiche künstlerische Ausstattung des Innenraums nicht vermuten. Das Glanzstück ist der **Flügelaltar** aus dem Jahre 1483, den der Lübecker Künstler Bernt Notke mit seinen Gesellen als Auftragsarbeit des Tallinner Magistrats geschaffen hat. Notke erweist sich hier als Meister des Tafelbildes und der Holzplastik. Auf dem Mittelbild ist ein Ratsherr als Apostel abgebildet, bei dem es sich um einen der Stifter des Bildes handelt. Allerdings hat sich der Magistrat beim Bezahlen des Bildes viel Zeit gelassen. »Würdet ihr, ehrwürdige und fromme Leute und Kirchenherren aus demselben Reval, mir freundlich mitteilen, wann ich das mir geschuldete Geld entgegen nehmen kann, denn ich habe es bis heute nicht bekommen«, so Notke aus Lübeck an seine Auftraggeber in Tallinn.

Pühavaimu 2; tgl. 10–16 Uhr

Kiek in de Kök

S. 152, C 3

1475 wurde der 45 m hohe, mächtige Kanonenturm auf dem Domberg erbaut, aus dessen Schießscharten die Soldaten in die Küche der Bürgerhäuser »kieken« konnten (daher der niederdeutsche Name). Der Turm hielt so mancher Belagerung stand, so auch den russischen Angreifern während des Livländischen Krieges (1558–1582); die Einschläge der Kanonenkugeln sind noch heute sichtbar. Im Turminneren ist ein kleines **Museum** eingerichtet, das der Militärgeschichte Tallinns gewidmet ist.

Komandandi 2; Tel. 6 44 66 86;
Di–So 11–17 Uhr

Nikolaikirche (Niguliste Muuseum-Kontsertisaal)

S. 152, C 3

Die Nikolaikirche (Niguliste kirk) wurde im 13. Jh. von Kaufleuten vom Niederrhein gebaut, die es in Tallinn zu Ansehen und Reichtum gebracht hatten und – wie es in den Kirchen an der Ostsee häufig zu finden ist – im Dachstuhl der Kirche auch ihre Waren lagern konnten. Die reichen Kaufleute stifteten ihrer Kirche wertvolle Kunstschätze, die sie meist selbst im Ausland aussuchten oder eigenständig in Auftrag gaben. 8

Der heutige eher schlichte Bau wurde nach der Kriegszerstörung wieder aufgebaut. Er beherbergt das Museum für sakrale Kunst, in dem wahre Schätze zu entdecken sind, und dient als Konzertsaal (→ S. 109).

Der **Totentanz**, dem Lübecker Meister Bernt Notke zugeschrieben, ist ein Meisterwerk, das die Kaufleute aus Reval Ende des 15. Jh. für ihre Kirche erworben hatten. Ursprünglich soll Notke 48 Figuren – die Geistlichkeit, den Adel, die einfachen Bürger – gemalt haben, heute ist nur noch ein Fragment mit 13 erhalten, unter ihnen die anmutige junge Kaiserin, der gestrenge Kardinal und sogar der Papst in weiß-rotem Gewand; sie alle tanzen mit einem verhüllten Skelett – dem Gevatter Tod, der trotz Bitten keine Ausnahme kennt und niemanden verschont. Die ergreifenden Dialoge mit dem Tod sind im niederdeutsch geschriebenen Text am unteren Bildrand nachzulesen. So hat man auch in Zeiten des Wohlstandes in Anbetracht von Tod und Vergänglichkeit immer Demut und Gottesfurcht angemahnt.

Der **Hauptaltar** der Kirche ist dem hl. Nikolaus, dem Schutzpatron der Kaufleute, geweiht. Die Tafelbilder auf den Flügeln mit 16 Szenen aus dem Leben des hl. Nikolaus haben sich den damals oft leseunkundigen Menschen wie ein aufregendes Bilderbuch aufgetan. Mitglieder der Großen Gilde und der Schwarzhäupterbruderschaft hatten den Altar bei dem Lübecker Maler Hermen Rode bestellt, und als er in Reval 1481 eintraf, wurde jeder Bürger zur Kasse gebeten. Auf der Rückseite des Altars ist das Symbol der Schwarzhäuptergilde, der Mohrenkopf, gemalt.

Ende des 15. Jh. hatten Kaufleute der gut betuchten Schwarzhäuptergilde in Brügge, dem Zentrum der schon damals hoch gerühmten altniederländischen Malerei, einen einzigartigen **Marienaltar** in Auftrag gegeben. Der »Meister der Lukaslegende«, wie der namentlich nicht bekannte Künstler genannt wird, stand mit dem berühmtesten Künstler in Brügge, Hans Memling, in Verbindung. Auf einem der Flügel der Altarbilder haben sich reiche Kaufleute nach üblichem Brauch darstellen lassen: Vor der Maria mit entblößter Brust knien 15 Mitglieder der Gilde. Das Altarbild schmückte im späten Mittelalter die Kirche des Dominikanerklosters. 1524 ließen es die Gildemitglieder in ihr Haus in die Pikk 26 (→ S. 96) transportieren, um es vor Bilderstürmern der Reformation zu schützen. Dort sollte es die nächsten vier Jahrhunderte bleiben, bis es nach dem Zweiten Weltkrieg in Museumsbesitz überging.

In den Seitenschiffen der Kirche ist der wertvolle **Silberschatz** der Gilden und Zünfte ausgestellt, der erstaunlicherweise die Wirren des 20. Jh. überstand.

Niguliste 3; Tel. 6 44 99 11; www.ekm.ee; Mi–Fr 10–18, Sa und So 12–18 Uhr

Olaikirche (Oleviste Kirik)

→ S. 153, D 1/2

Beeindruckend ist der hohe Turm der Olaikirche. Im 16. Jh. soll es sich mit seinen 159 m um das höchste Gebäude Europas gehandelt haben. Weitsichtige Stadtväter hatten ihn im 15. Jh. bauen lassen, um die an der Küste vorbeifahrenden Schiffe auf die Hansestadt Reval und den östlichsten Hafen im Hansebund aufmerksam zu machen. Die Mühe des Aufstiegs über die schmalen Turmstiegen lohnt sich, denn es bietet sich ein faszinierender Blick über die Altstadt mit ihren Festungsmauern und Türmen, die grünen Vorstädte und den Finnischen Meerbusen.

Die Kirche, erstmals 1267 erwähnt, wurde nach dem norwegischen König Olaf II. (der »Heilige«), benannt, der im 10. Jh. das Christentum in ganz Skandinavien verbreiten ließ. Und so wurde sie besonders von skandinavischen Kaufleuten aus der Nachbarschaft besucht. Im 19. Jh. schlug der Blitz mehrfach in den hohen Turm ein, und es kam zu großen Feuerschäden an Turm und Kirche. Die russischen Besatzer zeigten sich sehr großzügig: 1840 spendete Zar Nikolaus I. eine halbe Million Rubel für den Wiederaufbau der Kirche, wobei viel Wert auf die mittelalterliche Ausstattung gelegt werden sollte. Heute ist das Innere sehr schlicht und wird von einer freikirchlichen Gemeinde genutzt.

Lai 50; tgl. 10–14 Uhr

Rathaus und Rathausplatz (Raekoda/Raekoja plats) ····> S. 153, D 2

Der Rathausplatz mit seinen vielen Gaststätten und Geschäften war und ist Dreh- und Angelpunkt städtischen Lebens. Auf dem Kopfsteinpflaster finden sommers wie winters verschiedene meist folkloristische Märkte statt.

Das **Rathaus** zählt zu den ältesten gotischen Bauwerken im Baltikum. Es wurde im Jahr 1322 erstmals in den Quellen erwähnt. Die heutige Gestalt erhielt es nach einem großzügigen Umbau zu Beginn des 15. Jh. Tallinn war damals eine blühende Hansestadt, und diese leistete sich eine großzügige Erweiterung ihres wichtigsten Gebäudes: Im ersten Stock entstanden repräsentative Festsäle, offene Arkaden und dazu ein Turm, der im 16. Jh. eine Wetterfahne in Form eines Stadtknechts erhielt, sie stellt den alten Thomas (Vana Toomas) dar, der nun schon über 500 Jahre vom Turm herunterschaut.

9

Unbedingt sehenswert sind die Innenräume des Rathauses: Da gibt es den Kellersaal mit seinem Ratsweinkeller; hier wurden Kostbarkeiten gehortet, Wein galt nämlich als Luxusgut, und dessen Verkauf war ein gehütetes Privileg des Stadtrats.

Im ersten Stock residierte der Rat. Die Ratsherren waren reiche Kaufleute und gehörten ausschließlich der exklusiven Großen Gilde an, aus der auch der Magistrat mit 14 Stadträten und vier Bürgermeistern gewählt wurde. Der Bürgersaal diente schon im Mittelalter der Geselligkeit. Hier veranstalteten die Mitglieder des Stadtrates rauschende Feste und Bankette, bei denen Schauspieler, Gaukler und Musikanten auftraten. Ausgestattet war der Raum mit feinsten holländischen Wandteppichen, so ein Chronist im 16. Jh. Heute kann man noch die farbenfrohen Schnitzereien an den Pfeilern bewundern.

Munteres Treiben auf dem Platz vor dem alten gotischen Rathaus Tallinns.

Der Ratssaal mit seinen schönen Holzschnitzereien am Ratsgestühl ist der wichtigste Raum des Hauses. Das Schnitzwerk zeigt Szenen aus der Geschichte von Tristan und Isolde und auch biblische Motive wie Simsons Kampf mit dem Löwen.

Raekoja plats 1; Tel. 6 45 79 00; Di–So 12–18 Uhr

Vabaduse Väljak ····> S. 152, C 3

Der einstige Holz- und Heumarkt ist heute ein belebter repräsentativer Platz südlich der Altstadt und heißt Friedensplatz. Er ist von architektonisch bedeutenden Gebäuden aus den Zwanziger- und Dreißigerjahren umgeben, wie das Geschäftshaus

Vor den Toren Tallinns baute Zar Peter I. seine Residenz und nannte sie zu Ehren seiner Gemahlin »Katharinental«. Ganz in der Nähe entstand das neue Museum KUMU.

(Nr. 7) in norddeutsch anmutendem Backsteinexpressionismus. Beachtenswert sind die Laternenträger in estnischen Volkstrachten. Das Haus ist heute Sitz der Stadtverwaltung. Das ehemalige Kino Gloria Palace (Nr. 5) aus dem Jahr 1926 beherbergt das nicht mehr so populäre russische Theater und das Restaurant Astoria. Das **Kunsthaus** (Nr. 8) (→ S. 101), 1933 erbaut, ist ein bemerkenswertes Beispiel des Funktionalismus in der Architektur. Unbedingt sollte man sich den Ausstellungssaal mit seinen bizarren Plastiken anschauen. Gleich daneben (Nr. 10) steht das noble Geschäftshaus aus dem Jahr 1937 mit dem Clubrestaurant Metropol.

Museen und Galerien

Tallinns Museumslandschaft ist reich und lebendig, besonders das neue estnische Kunstmuseum KUMU hat zur Vielfalt beigetragen. Die meisten Museen liegen in der Altstadt und sind zu Fuß zu erreichen. Die Eintrittspreise sind vergleichsweise gering (20–30 EEK). Viele Museen sind auch attraktiv für Kinder und Jugendliche. Eine Übersicht über die Museen findet man im Internet unter: www.tallinn.ee.

Estnisches Architekturmuseum (Eesti Arhitektuurimuuseum)

→ S. 153, E 2

1996 wurde ein ehemaliger Salzspeicher im Hafenviertel, den der mächtige Unternehmer Christian Barthold Rotermann zu Beginn des 20. Jh. bauen ließ, als Architekturmuseum eingeweiht. Schwerpunkt ist die zeitgenössische skandinavische und estnische Architektur, besonders auch im Hinblick auf Tallinn. Viele interessante Modelle, sehenswerte Wechselausstellungen.

Rotermanni Sooaladu, Ahtri 2;
Tel. 6 25 70 03;
www.arhitektuurimuuseum.ee;
Mi–Fr 12–20, Sa und So 11–18 Uhr

Estnisches Meeresmuseum (Eesti Meremuuseum) → S. 153, D 1

Ein originelles Museum im dicksten Wehrturm Tallinns aus dem 15. Jh., der Dicken Margarete, wo man Estland als ein Seefahrerland entdecken kann. Die Sammlung eines estländischen Kapitäns, der die Meere der Welt befuhr, ist hier ausgestellt: Modelle diverser Segelfregatten, Eisbrecher, Kanonen, Fischfanggeräte. Es wird auch an den Untergang der Fähre Estonia im Jahr 1994 erinnert (→ S. 90).

Pikk 70; Tel. 6 41 14 08;
www.meremuuseum.ee;
Mi–So 10–18 Uhr

Fotomuseum (Raevangla Fotomuuseum) → S. 153, D 2/3
Eine Filiale des Stadtmuseums, im ehemaligen Gefängnis aus dem 14. Jh., in Rathausnähe zeigt eine bemerkenswerte Fotosammlung zur Geschichte Estlands und Tallinns, auch besonders während der beiden Weltkriege.
Raekoja tänav 4–6; Tel. 6 44 87 67;
Mi–Mo 11–18 Uhr

Kadriorg Palast Museum → S. 92, a 3
In der ehemaligen Sommerresidenz von Zar Peter dem Großen ist eine staatliche Sammlung westeuropäischer Kunst des 16. bis 19. Jh. untergebracht (→ S. 91).
Weizenbergi 37; Straßenbahn 1, 2;
Tel. 6 06 64 00; www.ekm.ee;
Mi–So 10–17 Uhr

KUMU Kunstmuseum (Eesti Kunstimuuseum) → S. 92, b 3
Das neue estnische Kunstmuseum, kurz KUMU genannt, eröffnete im 10 März 2006 seine Pforten und vereint alle Sammlungen estnischer Kultur. Nach Plänen des finnischen Architekten Pekka Vapaavuori entstand ein geschwungenes Gebäude auf einem Hügel in Kadriorg in der Nähe des Schlosses (→ S. 92). Die zweite Etage ist eine Dauerausstellung der Klassiker der estnischen Kunst, von deutschbaltischer Porträtkunst bis zu verschiedenen estnischen Kunstschulen des 19. Jh., und lässt den Weg der estnischen Kunst in ihre Eigenständigkeit erkennen.

Die dritte Etage ist der Kunst in Estland nach 1945 gewidmet, zwischen sozialistischem Realismus, Underground und neuesten Tendenzen in Malerei, Foto und Video.

Zeitgenössische Kunst und Sonderausstellungen werden in der vierten Etage gezeigt; die Sammlung wird weiter ausgebaut. Das Museum bietet ein spezielles Programm für Kinder und Jugendliche an.
Weizenbergi 34/ Valge 1; Straßenbahn 1 oder 3 vom Stadtzentrum nach Kadriorg, Bus 1, 1A, 19, 29, 29A, 34A, 38, 44 ab Viru keskus; Tel. 6 44 91 39; www.ekm.ee; im Sommer Di–So 11–18, im Winter Mi–So 11–18 Uhr (an vielen Feiertagen ist das Museum geschlossen, zuvor informieren)

Kunsthaus (Kunstihoone) → S. 152, C 3
Das Kunsthaus wurde 1933 mit einer eindrucksvollen Fassade im funktionalistischen Stil in Anlehnung an den russischen Konstruktivismus errichtet. Im ersten Stock liegt ein repräsentativer Ausstellungssaal mit bemerkenswerten Plastiken aus den späten Dreißigerjahren. Das Gebäude beherbergt die Tallinner Kunsthalle, die städtische Kunstgalerie mit wechselndem Ausstellungsprogramm, den estnischen Künstlerverband und das

MERIAN-Tipp

8 Museum für Angewandte Kunst (Tarbekunstmuuseum)

Ein modern gestaltetes Museum in einer ehemaligen dreistöckigen Kornkammer aus dem 17. Jh. Der riesige Speicher wurde in den Achtzigerjahren behutsam in ein Museum umgewandelt. Im Mittelpunkt steht estnisches zeitgenössisches Design und seine wichtigste Quelle, die einheimische Volkskunst. Keramik, Glas, Schmuck, auch originelle Entwürfe modernster Kleidung, avantgardistische Schuhkollektionen. Interessante Wechselausstellungen in der Ausstellungshalle im Erdgeschoss, internationalem Design gewidmet.

Lai 17; Tel. 6 27 46 00; www.etdm.ee;
Mi–So 11–18 Uhr → S. 153, D 2

estnische Zentrum für zeitgenössische Kunst. Es gibt also viele Gründe für Liebhaber moderner Kunst, das Gebäude von innen und außen zu besichtigen.
Vabaduse väljak 8; Tel. 6 44 28 18; Mi–So 12–18 Uhr

Okkupationsmuseum (Okupatsioonide Muuseum) ⇢ S. 152, C 3
Wenige Schritte von der Altstadt entfernt befindet sich in einem modernen Bau das Okkupationsmuseum. Die Zeit der sowjetischen Okkupation, auch die deutsche Besatzungszeit mit ihren Deportationen während des Zweiten Weltkrieges werden dargestellt. Das Museum ist noch im Aufbau. Es werden gute Dokumentarfilme, auch auf Englisch, gezeigt.
Toompea 8; Tel. 6 68 02 50; www.okupatsioon.ee; Di –So 11–18 Uhr

Tallinner Stadtmuseum (Tallinna Linnamuuseum) ⇢ S. 153, D 2
Das sehenswerte Stadtmuseum, in einem mittelalterlichen Kaufmannshaus eingerichtet, vermittelt sehr lebendig Tallinner Stadtgeschichte, auch anhand von Filmen, Tondokumenten und einem riesigen Stadtmodell, an dem man sich bestens orientieren kann. Es ist thematisch gegliedert und veranschaulicht das Leben im Mittelalter auf dem Domberg und in der Unterstadt sowie am Hafen, Tallinn im 19. Jh. bis zur »singenden Revolution« in der Gegenwart.
Vene 17; Tel. 6 64 65 53; www.linnamuuseum.ee; Mi–Mo 11–17 Uhr

Galerien

Draakoni Galerii ⇢ S. 153, D 2
In einem wunderschönen ehemaligen Handelskontor, dessen Jugendstilfassade expressive Drachen zieren, ist die Galerie des estnischen Künstlerverbandes untergebracht. Es werden Gemälde, Grafik, Design und estnische Kunst ausgestellt und verkauft, die Bilder auf Wunsch auch gerahmt.
Pikk 18; Tel. 6 27 67 77; www.eaa.ee; Mo–Fr 10–18, Sa 10–17 Uhr

Gaalerii Kaks ⇢ S. 152, C 3
Modernes Design, Glas, Schmuck – die Galerie vertritt Künstler, die im Museum für Angewandte Kunst (→ MERIAN-Tipp, S. 101) ausstellen.
Lühike jalg 1; Tel.6 41 83 08; www.kaks.ee; Mo–Fr 10–18, Sa 10–17 Uhr

Hobusepea Galerii ⇢ S. 153, D 2
Zeitgenössische Kunst aus Estland, darunter auch Künstler, die auf der Biennale in Venedig vertreten waren.
Hobusepea 2; Tel. 6 27 67 77; www.eaa.ee; Mo–Fr 10–18, Sa 10–17 Uhr

Essen und Trinken

Hinter mittelalterlichen Fassaden verbergen sich oft erstklassige Restaurants, aber auch Gasthäuser, in denen man unter Tallinnern ganz einfach estnisch oder international speisen kann. Törtchen und Kuchen in traditionellen Kaffeehäusern sind einfach köstlich. Im Sommer sitzt man gern draußen. Die gängigen Kreditkarten werden fast überall akzeptiert.

Restaurants ●●●

Bocca ⇢ S. 153, D 2
Der angesagteste Italiener in Tallinn, das Essen ist wirklich von höchster Qualität, die natürlich ihren Preis hat. Sehr schickes Interieur, raffiniert ausgeleuchtet. Unbedingt vorher für den Abend reservieren.
Olevimägi 9; Tel. 6 41 26 10; www.bocca.ee; tgl. 12–24 Uhr ●●●

Le Bonaparte ⇢ S. 153, D 2
Beste französische Küche mit leicht baltischem Einschlag in historischem Interieur aus dem 17. Jh. Hier dinieren selbst Politiker mit Staatsgästen. Köstliche Desserts und selbst gemachte Süßigkeiten.
Pikk 45; Tel. 6 46 44 44; www.bonaparte.ee; Mo–Sa 12–15 und 19–24 Uhr ●●●

Gloria → S. 152, C 3
Ein alter Nachtwächter prangt über dem Eingang in das feine Restaurant an der mittelalterlichen Stadtmauer. Im nostalgisch eingerichteten Gourmet-Restaurant steht klassische französische und russische Küche auf der Karte. Verfügt über einen viel gerühmten Weinkeller mit über 700 verschiedenen Weinen.
Müürivahe 2; Tel. 6 44 69 50; www.gloria.ee; tgl. 12–23.30 Uhr ●●●

Pegasus → S. 152, C 3
Restaurant mit Café und Bar, über drei Etagen im Haus des Schriftstellers. Hier hat alles Stil: minimalistisches Dekor und beste Backgroundmusik. Internationale Küche. Super-Frühstück. Der Chefkoch ist »Chef of the Year 2005« und schaut gern selbst nach den Gästen.
Harju 1; Tel. 6 31 40 40; www.restoranpegasus.ee; Mo–Sa 8–23 Uhr ●●●

Troika → S. 153, D 2
Im stimmungsvollen Kellergewölbe findet man eines der besten russischen Restaurants in der Stadt. Die Blinis mit Kaviar sind kaum zu überbieten. Und erst einmal die Desserts ...
Raekoja plats 15; Tel. 6 27 62 45; www.bonaparte.ee; Mo–Sa 10–19 Uhr ●●●

Restaurants ●●

Controvento → S. 153, D 2
Romantischer traditionsreicher Italiener mit der besten Pasta in Tallinn. Unbedingt vorher reservieren, falls man abends im italienischen Stil und in rustikalem Ambiente dinieren will.
Vene 12; Tel. 6 44 04 70; www.controvento.ee; 12–23 Uhr ●●

Kuldse Notsu Körts → S. 152, C 2
Authentische estnische Küche mit typischen Schweinefleischspezialitäten.
Dunkri 8; Tel. 6 28 65 67; www.schlossle-hotels.com; tgl. 12–24 Uhr ●●

Maikrahv → S. 153, D 2
Etwas versteckt am Rathausplatz, gediegenes Restaurant mit ländlicher Küche, mittelalterliches Ambiente im angenehmen Rahmen.
Raekoja plats 8; Tel. 6 31 42 72; www.Maikrahv.ee; tgl. 12–24 Uhr ●●

Olde Hansa → S. 153, D 3
Gastlichkeit wie zu Hanse-Zeiten in einem mittelalterlichen Kaufmannshaus. Gute deftige estnische Speisen, auch nach originalen historischen Rezepten. Das Restaurant wird allerdings von den Esten selbst weniger häufig besucht.
Vana turg 1; Tel. 6 27 92 20; www.oldehansa.ee; tgl. 11–24 Uhr ●●

Im Restaurant Olde Hansa, in der Nähe des Rathauses, tafelt man wie zu Hanse-Zeiten bei deftigen estnischen Gerichten und kräftigen Gewürz- oder Honigbieren.

Peppersack S. 153, D 3
In dem alten Kaufmannshaus in Nähe des Marktplatzes, an dessen Kranbalken als Zeichen ein Pfeffersack hängt, speist man in gemütlich historischer Atmosphäre, wenn man mag, auch auf einem Balkon im Gastraum. Vorzüglichen Kuchen gibt es auch im Straßenverkauf.
Viru 2; Tel. 6 46-68 00; www.peppersack.ee; tgl. 11–24 Uhr ●●

Restaurant Ö S. 153, E 2
In einem ehemaligen Lagerhaus am Hafen wurde das Restaurant extravagant und ultramodern, ganz in warmen Brauntönen eingerichtet. Exzellentes Essen. Europäisch und auch asiatisch.
Mere pst. 6a; Tel. 6 61 61 50; www.restoran-o.ee; Mo–Sa 12–24, So 13–23 Uhr ●●

Sisalik S. 153, D 2
Der Name des Restaurants – Eidechse – steht für mediterrane Küche. Kleines, hoch gelobtes und auch schon ausgezeichnetes Restaurant, mittags mediterrane Speisen zu günstigen Preisen.
Pikk 30; Tel. 6 31 58 70; www.sisaliku.ee; Mo–Sa 12–23 Uhr ●●

Stereo S. 152, C 3
Futuristisch wie im Raumschiff Enterprise: ultramoderne Lounge, ganz in weißem coolen Design. Nur die rot bekleidete Bedienung, die bunten Flaschen hinter dem langen Bar-Tresen und – natürlich – ein buntes Publikum sind Farbpunkte. Beliebt ist auch das Frühstück.
Harju 6; Tel. 6 31 05 49; www.stereolounge.ee; Mo–Do 8–11, Sa 11–3, So 11–1 Uhr ●●

Sushihouse S. 152, C 2
Das darf im heutigen Tallinn nicht fehlen: Mitten in der Altstadt, am Rathausplatz, liegt das japanische Sushi-Restaurant, wo auch verwöhnte Sushi-Zungen mit Sicherheit nicht enttäuscht werden.
Rataskaevu 16; Tel. 6 41 19 00; www.sushihouse.ee; Mo–Sa 11–23, So 11–21 Uhr ●●

Turg S. 153, D 3
Im Kellergewölbe des Restaurants Turg (Markt) herrscht Markthallenatmosphäre. Das Preis-Leistungs-Verhältnis stimmt! Estnische und internationale – reichhaltige – Küche.
Mündi 3; Tel. 6 41 24 56; www.turg.ee; tgl. 12–24 Uhr ●●

Stimmungsvolles Licht verheißt einen netten langen Abend in Tallinns Altstadt.

Restaurants ●

Baieri Kelder S. 152, C 4
Die Würstchen sind nicht zu überbieten, die im Keller des Scandic Hotel St. Barbara in Bierkelleratmosphäre angeboten werden. Auch von Einheimischen wird das Lokal gern besucht.
Roosikrantsi 2a; Tel. 6 40 74 25; www.scandic-hotels.com; Mo–Sa 11–23 Uhr ●

Eesti Maja S. 153, E 4
Das erste und beste Restaurant mit nationaler Küche in Tallinn überhaupt. Hier sollte man unbedingt estnische Spezialitäten probieren.
Lauteri 1; Tel. 6 45 52 52; www.eestimaja.ee; tgl. 11–23 Uhr ●

Kibuvits S. 153, D 2
Kleines, anspruchsloses Lokal mit Buffet für den Hunger zwischendurch, etwas abseits von den Touristenwegen, mit besonders empfehlenswerter Soljanka-Suppe. Sehr preiswert.
Uus 19; Tel. 6 41 20 96; tgl. 9–19 Uhr ●

Kompressor S. 152, C 2
Für den ganz großen Hunger und kleinen Geldbeutel.
Rataskaevu 3; Tel. 6 46 42 10; Mo–Do 11–23, Fr, Sa, So 11–2 Uhr ●

Must Lammas S. 153, D 3
Im »Schwarzen Schaf« kann man vorzüglich kaukasisch speisen, besonders empfehlenswert sind die gegrillten Lammspieße, die von flinkem Personal am Tisch zubereitet werden.
Sauna 2; Tel. 6 44 20 31; www.mustlammas.ee; Mo–Sa 12–23, So 12–18 Uhr ●

Von Krahl S. 152, C 2
Beliebte Theater-Kneipe und Restaurant mit großzügigen Portionen, neben dem berühmten Avantgarde-Theater, in Rathausnähe ein Treffpunkt der Boheme, Livemusik.
Rataskaevu 10/12; Tel. 6 26 90 96; www.vonkrahl.ee; tgl. 12–2 Uhr ●

Cafés

Kalev S. 152, C 2
Im Café Kalev werden verführerische Konfekte, Marzipan und Schokoladen auf silbernen Tablettchen angerichtet.
Pikk 17; Tel. 6 46 41 94; www.kalev.ee

Kehrwieder S. 153, D 2
Die Tallinner schwören, dass es hier, etwas versteckt in einem Keller direkt neben dem Rathaus, den besten Cappuccino gibt. Im Sommer mit Terrasse.
Saiakang 1; tgl. 11–24 Uhr

Kuku Kohvik S. 152, C 3
Noch heute Tallinns beliebter Treffpunkt für Künstler. Hier soll in den Dreißigerjahren der estnische Künstler E. Würalt verkehrt haben, dessen Grafiken heute weltweit bekannt sind. Angenehme Atmosphäre.
Vabaduse Väljak 8; Tel. 6 44 59 26; tgl. 8–21 Uhr

MERIAN-Tipp

9 Estnische Volkskunst

Die Gründung der Volkskunstvereinigung (Kodukäsitöö) geht auf die Zwanzigerjahre zurück, und heute bemühen sich die Mitglieder wieder intensiv um die Authenzität und das Niveau estnischer Volkskunst und estnischen Handwerks. In den vier Läden der Kunsthandwerkervereinigung kann man mit fachkundiger Beratung hochwertige Volkskunst und Kunstgewerbe wie Strickwaren mit traditionellen Mustern, Kleidung, Webwaren, Holzspielzeug u. v. m. kaufen und dabei sicher sein, dass man etwas Echtes und Einmaliges erworben hat.

Büro: Tel. 6 60 47 72; www.crafts.ee
Pikk 22; Tel. 6 31 40 76
Kuninga 1; Tel. 6 44 88 73
Raekoja plats 17; Tel. 6 31 40 75
Viru Shopping Centre/Viru Väljak 4; Tel. 6 67 51 23 S. 153, D/E 3

Bummeln, shoppen und einkehren kann man wunderbar in der Mere-Straße.

Mademoiselle → S. 152, B 3
Köstliche Torten, Petit Fours, Schokoladen. »Leider« viel zu gut ...
Toompuiestee 27; Tel. 6 67 71; www.grandhotel.ee; tgl. 7–22 Uhr

Maissasmokk → S. 153, D 2
Ältestes Café Tallinns in geschmackvollem alten Interieur – verführerische Torten und viel Marzipan. Ein stilvoller Genuss.
Pikk 16; Tel. 6 46 40 66; tgl. 8–18 Uhr

Reval
Es gibt vier Cafés dieser Kette in Tallinn. Preiswert, doch von guter Qualität kann man hier Kaffee trinken und sich einen kleinen Snack gönnen.
Vana-Viru 14; Tel. 6 82 81 12; tgl. 8–23 Uhr → S. 153, E 2
Aia 3; Tel. 6 27 12 29; tgl. 9–21 Uhr → S. 152, C 3
Müürivahe 14; Tel. 6 41 81 00; tgl. 7–24 Uhr → S. 153, D 2
Vene 1; Tel. 6 44 64 73; tgl. 8–22 Uhr; www.revalcafe.ee → S. 153, D 3

Einkaufen

Antiquitäten

Jaanus Idla Antiik → S. 153, D 2
Ikonen, viel Silbergerät – Kostbares aus vergangener Zeit.
Pikk 43

Buchhandlungen

Antikvariaat → S. 153, D 2
Eine wahre Fundgrube für Sammler historischer Landkarten und für Liebhaber bibliophiler Ausgaben.
Uus 11; Tel. 6 48 43 18

Apollo Raamatumaja → S. 153, D 3
Tallinns Buchladen und Intenetcafé, zentral in der Altstadt, gut sortiert, große Abteilung englischsprachiger Bücher.
Viru 23; Tel. 6 54 84 85

Felix&Fabian → S. 152, C 3
Buchhandlung in Tallinns »Literatureck«, neben dem Café Pegasus. Gute Auswahl an estnischer Gegenwartsliteratur, auch auf Englisch.
Harju 1; Tel. 6 83 07 58

Geschenke

Rahva Raamat → S. 153, D 3
Bücher über Estland in allen Sprachen.
Pärnu mnt.10; Tel. 6 44 36 82

NU nordik → S. 152, C 3
Estnisches Design – kühl nordisch, von Bekleidung bis Küchendesign, exklusiv im zentral gelegenen Laden.
Vabaduse Väljak 8; Tel. 6 44 93 92; www.nunordik.ee

Sepa Äri → S. 153, D 3
Hier gibt es Schmiedeeisernes für Haus, Küche und Kamin, alles erstklassige Handarbeit.
Olevimägi 11; Tel. 6 80 09 71; www.ross.ee

Kaufhäuser

Viru Keskus → S. 153, E 3
In diesem Kaufhaustempel gibt es alles, was das Herz begehrt. Er gilt als

Tallinns Mode-Mekka. In der dritten Etage estnisches Design. Beeindruckende Lebensmittelabteilung. Nette Cafés.
Viru Väljak 4; Tel. 6 10 14 44; www.virukeskus.com; Mo–So 9–21 Uhr, Lebensmittelabteilung 9–22 Uhr

Stockmann ⋯> S. 153, E 4
Es war das erste Einkaufscenter in Estland mit westlichem, zumeist finni schem Angebot.
Liivalaia 53; Tel. 6 33 95 00; www.stockmann.ee; Mo–Fr 9–21, Sa, So 9–20 Uhr

Mode

Ivo Nikkolo
Er gilt als der junge Lagerfeld Tallinns. Wertvolle Stoffe, raffinierte Muster – aber auch heiße T-Shirts für die Jeunesse dorée.
Hauptladen: Suur-Karja 14; ⋯> S. 153, D 3
Tel. 6 44 48 34; www.ivonikkolo.com; Mo–Fr 10–19, Sa 10–17, So 10–16 Uhr
Outlet: Tulika 19; Tel. 6 50 51 01; ⋯> S. 152, westl. A 4
Mo–Fr 1–19, Sa 11–15 Uhr

Lai 10 ⋯> S. 153, D 2
Quirliger Szeneshop in der Altstadt. Secondhand-Kleider, Taschen, Tücher, auch von internationalen Designern, zu sehr moderaten Preisen. Im Laden kann man sich auch ein trendy Make-up verpassen lassen.
Lai 10; Tel. 6 41 17 43; www.lai10secondhand.ee; tgl. 11–19 Uhr

Märkte

Kesk Turg (Zentralmarkt) ⋯> S. 153, F 4
Blumen, Obst, Fleisch, kleine Abteilung mit frischem Ostseefisch.
Keldimäe 9; Tel. 6 60 63 04; 8–18 Uhr

Musik

Do-Re-Mi ⋯> S. 152, C 2
Spezialisiert auf CD's estnischer Komponisten, viel Jazz.
Nunne 1; Tel. 6 44 04 80

Spirituosen

Ararat
Ein Geheimtipp: Den beliebten Wacholdergin von der Insel Saaremaa und Wodka aus Estland gibt es in den Geschäften in:
Suur-Karja 17/19; Tel. 6 31 31 40 ⋯> S. 153, D 3
Viru 23; Tel. 6 31 31 60 ⋯> S. 153, D 3

Wein

Gloria Veinikelder ⋯> S. 152, C 3
Schickes Geschäft mit großer Auswahl an Weinen und Spirituosen, auch als Treffpunkt Tallinner Intellektueller beliebt, die sich auf ein Glas Beaujolais hier verabreden. Kundige Bedienung.
Müürivahe 2; Tel. 6 44 88 46

Süssigkeiten

Café Kalev ⋯> S. 153, D 2
Im Café Kalev mit seinem angeschlossenen kleinen Schokoladenmuseum sind süße Verführungen der estnischen Traditionsmarke zu erwerben: Konfekt, Marzipan, Schokolade.
Pikk 17; Tel. 6 46 41 94; www.kalev.ee

Le Bonaparte Delicatessen Shop ⋯> S. 153, D 2
Handgemachte Süßigkeiten, Kuchen, Petit Fours, denen man einfach nicht widerstehen kann.
Pikk 45/47; Tel. 6 46 44 44; www.bonaparte.ee

Zigarren

La Casa Del Habano ⋯> S. 152, C 3
Havanna-Zigarren, exklusiv angeboten im kubanischen Loungestil-Ambiente.
Dunkri 2; Tel. 6 44 56 47

Sigari Maja ⋯> S. 153, D 2
In einem Gebäude aus dem 16. Jh. am Rathaus wird der Kauf edler Davidoff-Zigarren und anderen Tabakwaren zum Genuss. Dazu wird ein guter Cognac angeboten.
Raekoja plats 16; Tel. 6 31 47 35

Am Abend

Eine Vorstellung in der estnischen Oper, im schönen Opern- und Konzerthaus und in der Pause ein Glas Champagner im beeindruckenden Foyer: Das kann ein opulenter Einstieg in einen Tallinn-Aufenthalt sein.

Für die Esten ist Musik ein nationales, beinahe mystisches Ereignis und Ausdruck ihrer kulturellen Identität. Man denke nur an die Kraft der »singenden Revolution« oder an den weltberühmten, von seinen Landsleuten hoch verehrten Komponisten Arvo Pärt. Der mittelalterliche Charakter der Stadt spiegelt sich natürlich auch im Konzertrepertoire wider: Es steht viel alte und traditionelle Musik auf dem Programm.

Den Esten wird aber auch ein besonderes Verhältnis zur darstellenden Kunst nachgesagt. Klassisches Repertoire wird im Estnischen Dramentheater geboten und auch im zauberhaften Linnateater (Stadttheater), das in einem ehrwürdigen Altstadthaus aus dem Mittelalter untergebracht ist.

In letzter Zeit hat sich Tallinn zu einem international beachteten Zentrum der Tanzavantgarde und des experimentellen Theaters gemausert. Besonders empfehlenswert, denn in den meisten Fällen gibt es keine Sprachbarrieren!

Ballett, Konzert, Oper, Theater

Eesti Draamateater (Estnisches Dramentheater) → S. 153, D 3

Im Estnischen Dramentheater, 1910 als Deutsches Theater gegründet, stehen oft russische Klassiker im Repertoire, zunehmend auch zeitgenössisches Stücke.

Pärnu mnt. 5; Tel. 6 80 55 55; www.dramateater.ee

Estonia Kontserdisaal (Konzertsaal) und Estonia National Opera (Opern- und Balletttheater) → S. 153, D 3

Das Gebäude wurde 1910 mit zwei großen Bühnen für Konzert und Oper errichtet, 1944 zerbombt und großzügig, ganz im Sowjet-Stil der Fünfzigerjahre, neu aufgebaut. Allein die Deckengemälde sind einen Besuch wert. Der weltweit bekannte Dirigent Eri Klaas ist heute auch Chef der Oper in seiner Heimatstadt und bringt frischen Wind in die Oper.

Estonia pst. 4; Tel. 6 26 02 60; www.eestikontsert.ee
Estonia pst. 4; Tel. 6 83 12 01; www.opera.ee

Festplatz Lauluväljak → S. 92, b 2

Hier, zwischen Kadriorg und Pirita, findet alle fünf Jahre im Juli das große Sängerfest statt. Das nächste 2009.

Vor der mittelalterlichen Ruinenkulisse des Pirita-Klosters wird im Sommer Theater gespielt, durchaus auch avantgardistisch modern.

In der riesigen Arena treten auch Rockgruppen auf (→ S. 92).
Narva mnt. 95; Tel. 6 11 21 00; www.lauluvaljak.ee

Kanuti Gildi Saal ⇢ S. 153, D 2
Eine kleine Bühne im ehemaligen Festsaal der Kanuti-Gilde für viele internationale Tanzgastspiele und Performances (→ S. 96).
Pikk 20; Tel. 6 46 47 04; www.saal.ee

Linnateater ⇢ S. 153, D 2
Die Tallinner lieben ihr Stadttheater in den historischen Mauern. Neben Klassikern stehen zeitgenössische Stücke im Programm.
Lai 23; Tel. 6 65 08 00; www.linnateater.ee

Mustpeade Maja ⇢ S. 153, D 2
Klassische Musik im mittelalterlichen Ambiente, im Festsaal des altehrwürdigen Gildehaus der Schwarzhäupterbruderschaft (→ S. 96).
Pikk 26; Tel. 6 31 31 99; www.mustpeademaja.ee

Niguliste Museum. Konzert Hall ⇢ S. 152, C 3
In der gotischen Nikolaikirche finden Konzerte statt, besondere Erlebnisse sind die Orgelkonzerte (→ S. 97).
Niguliste 3; Tel. 6 31 43 30; www.ekm.ee

Pirita Klooster ⇢ S. 92, C 1
Die Theateraufführungen zwischen Mittelalter und Avantgarde finden im Sommer im Klosterhof unter freiem Himmel vor romantischer Ruinenkulisse statt (→ S. 93).
Merivälja 18; Tel. 6 05 50 44; www.piritaklooster.ee

Väravatorn ⇢ S. 152, C 3
Unbedingt Karten für das auf alte Musik spezialisierte Ensemble Hortus Musicus besorgen, das hier zauberhafte Konzerte in einem mittelalterlichen Turm mit einmaliger Akustik gibt.
Lühike 9; Tel. 6 44 07 19; www.concert.ee

Von Krahli Teater ⇢ S. 152, C 2
Estlands ältestes freies Theater mit Restaurantbetrieb, geprägt von der Kreativität des Avantgarderegisseurs und Theatergründers Peeter Jalakas. In der Bar sieht man Schilder, die anmahnen: »Kauft Getränke – unterstützt das Theater« und »Ohne Ideen kein Einlass«. Besonders beliebt ist das Sommertheater mit Aufführungen außerhalb der üblichen Theater-Räumlichkeiten.
Rataskaevu 10; Tel. 6 26 90 90; www.vonkrahl.ee

Bars, Diskotheken, Clubs

Tallinn ist für seine Bar- und Kneipenszene berühmt. Ob Szenetreff, Bierkeller, feine Weinstube oder schräge Bar – die Nächte von Tallinn können sehr lang werden. Und das natürlich im Sommer, während der hellen Nächte, wenn die Stadt in ein besonderes Licht getaucht ist. Aber auch, wenn es schon früh dunkel wird und es regnet oder bitterkalt ist, fühlt man sich in die Lokale gezogen.

Die Tallinner gehen gerne aus und lassen nichts über ein gutes Bier oder etwas noch Stärkeres kommen. Sie sind stolz auf ihr Bier. Das beliebte Saku Original wird seit 1820 gebraut, und die Sorte »A le coq« kommt schon seit 100 Jahren aus Tartu, dem ehemaligen Dorpat. Beide Biere sind bestens als morgendliche »Stützbiere« geeignet, wenn die Nacht einmal zu lang geworden ist. Eine Polizeistunde gibt es nicht. En vogue sind im Augenblick die Weindegustationen, bei denen man den herrlichen Wein der letzten Reise in ferne warme Länder noch einmal probiert.

In vielen Lokalen treten Livemusiker auf – Jazzmusiker aus Tallinn sind weltweit populär. Sie lassen es sich deshalb aber nicht nehmen, auch zu Hause zu spielen. Die angesagtesten Lokalitäten in Tallinn kann man auf einer Website finden: www.stereo88.com

Hell Hunt ⇢ S. 153, D 2
Hier kann man den Abend mit gutem, auf der Insel Saaremaa gebrautem Bier beginnen oder auch enden lassen. Oft bei Livemusik und im Sommer auf der Holzterrasse.
Pikk 39; Tel. 6 81 83 33; www.hellhunt.ee; tgl. 12–2 Uhr

Kahheksa ⇢ S. 153, D 3
Die Tallinner Jeunesse dorée schlürft hier Cocktails aus langen Stielgläsern. Eine Lounge, im Sõprus Filmtheater im feinsten Fünfzigerjahre-Ambiente.
Vana 8; Tel. 6 27 47 70; Mo–Do 12–24, Fr–So 12–2 Uhr

Kolumbus Krisostomus ⇢ S. 153, D 3
In der Altstadt eine Bar, eine Kneipe, die von Tallinnern bevorzugt wird und oft ziemlich voll sein kann. Relativ einfache, preiswerte Drinks. Es treten estnische Musiker auf. Der Besitzer spielt selbst in einer Band.
Viru 24; Tel. 56 15 69 24; www.kolumbus.ee; So und Mo 12–23, Di–Do 12–24, Fr und Sa 12–1 Uhr

Moskva ⇢ S. 152, C 3
Einer der angesagtesten Clubs in Tallinn, um zu sehen und gesehen zu werden – natürlich mit einem Cocktail in der Hand.
Vabaduse Väljak 10; Tel. 6 40 46 94; www.moskva.ee; Fr und Sa 22–4 Uhr

Nimeta ⇢ S. 153, D 3
Die »Bar ohne Namen« ist eine der ersten Discos Tallinns noch aus der Nach-Sowjet-Ära. Man lernt sich hier in netter Atmosphäre kennen.
Suur-Karja 4/6; Tel. 6 41 15 15; So–Do 11–2, Fr und Sa 11–4 Uhr

R. I. F. F. ⇢ S. 153, E 3
Cool, very cool. Trendiges Design, bemerkenswerte Beleuchtung, gute Cocktails, gute Musik auf zwei Etagen. Nicht verpassen.
Viru Keskus, Viru Väljak 6; www.riff.ee; Mi–Sa 22–2 Uhr

Rock Café ⇢ S. 153, F 3/4
Eine neue Location in einem ehemaligen Fabrikgebäude auf zwei Stockwerken. Rock, Soul und Funk. Livemusik.
Tartu mnt. 80d, 3. Stock; Mi, Fr, Sa 22–4 Uhr

Scottish-Club ⇢ S. 153, D 1
Hier findet man die größte Whisky-Auswahl der Stadt. Im Garten kann man die illuminierten Pflanzen bewundern und mit dem Besitzer im Schottenrock über – natürlich – Whisky plaudern. Nebenbei gibt es gute Snacks.
Uus 33; Tel. 6 41 16 66; So–Mo 11–2, Fr und Sa 11–4 Uhr

Scotland Yard ⇢ S. 153, E 3
Schon beim Eintritt wird man von einem englischen Bobby verhaftet – der englische Pub, als Scotland Yard-Office getarnt, hat die Herzen der Tallinner erobert. In der Nähe des Hafens, im restaurierten Rotermanni-Industriekomplex gelegen, nachts wird getanzt.
Mere pst. 6e; Tel. 6 53 51 90; www.scotlandyard.ee; So–Mi 9–24, Do–Sa 9–3 Uhr

Tapas & Vino ⇢ S. 153, D 3
Man fühlt sich in Madrids Tapas-Bars versetzt, wenn man das Lokal betritt. Am Tresen kann man köstliche Tapas bestellen. Das Lokal brummt, die freundliche Bedienung behält dennoch die Übersicht. Tagsüber kann man bei einem guten Glas Rioja in allerlei Zeitschriften schmökern.
Suur Karja 4; Tel. 6 31 32 32; tgl. 12–24, Fr und Sa 12–2 Uhr

Tristan ja Isolde ⇢ S. 153, D 3
Für einen Night-cup geeignet, unter den Arkaden des Rathauses, in dessen Inneren man tagsüber Tristan und Isolde geschnitzt bewundern sollte. Für Verliebte.
Raekoja plats 1; Tel. 6 44 08 18; tgl. 8–24 Uhr

Von Krahli Bar → S. 152, C 2
Neben dem berühmten Avantgarde-Theater – in Rathausnähe –, preiswert und witzig, dazu noch Livemusik.
Rataskaevu 10; Tel. 6 26 90 90; www.vonkrahl.ee; So und Mo 12–1, Fr und Sa 12–3 Uhr

Feste und Events

Es hat sich inzwischen herumgesprochen, dass in Tallinn heute hochkarätige Festivals klassischer oder zeitgenössischer Musik stattfinden sowie renommierte Jazz-Festivals im April und Mai mit internationalen Stars. Selbst in der dunklen Jahreszeit gibt es einige kulturelle Highlights: anspruchsvolle weihnachtliche Konzerte um den hell erleuchteten Weihnachtsbaum auf dem Marktplatz. Informationen: Eesti-Konsert (Tel. 6 41 77 60), www.concert.ee

Januar
1. Januar (Neujahr)
In der Nacht zum 1. Januar wird besonders auf dem Marktplatz in der Altstadt kräftig gefeiert.

Februar
Tage der Barockmusik
Konzerte u. a. mit dem renommierten Ensemble Hortus Musicus, an verschiedenen Orten in der Altstadt.
2.–21. Februar; www.concert.ee

April
Jazzkaar (Jazz-Regenbogen)
Internationale Stars von Avantgarde zu Mainstream.
21.–30. April; www.jazzkaar.ee

Mai
Stadtfest
Zu Ehren der Tallinner Hansemitgliedschaft seit 1248. In der Altstadt wird mit Volksmusikkonzerten unter freiem Himmel gefeiert.
15. Mai

Internationales Jazzfestival »Narva Jazz«

Ein Höhepunkt in Tallinns Festkalender ist das Stadtfest im Mai.

Juli
Großes Sänger- und Tanzfest
Das legendäre Fest, an dem tausende Sänger auftreten, ist von großer nationaler und politischer Bedeutung und wurde in das UNESCO-Weltkulturerbe aufgenommen; es findet im Sängerstadion Lauluväljak statt.
Das nächste Fest findet 2009 statt

Mittsommernachtsfest
In der Mittsommernacht wird überall in der Stadt, aber auch am Strand und in den Freilichtmuseen mit Feuerwerk, Gesang und Tanz gefeiert.
23./24. Juni

Juli
Bier-Festival
Hunderte verschiedene Biersorten werden in der ganzen Stadt angeboten, dazu gibt es auch ein Kulturprogramm. Familienfreundliche Veranstaltungen im Sängerstadion.
Mitte Juli

August
Internationales Tanzfestival
Internationalen Stars des modernen Tanzes im Kanuti Gildi Saal. Es ist schon lange kein Geheimtipp mehr, deshalb sollte man frühzeitig Karten reservieren (→ S. 96, 109).
Pikk 20; Tel.6 46 47 04; www.saal.ee

Birgitta-Fest
In den Ruinen des Klosters der Heiligen Birgitta (Pirita Klooster) finden klassische Konzerte unter freiem Himmel statt, veranstaltet von der Tallinner Philharmonischen Gesellschaft (→ S. 93, 109).
www.filharmoonia.ee

September
Credo
Internationales Festival sakraler Musik in den Kirchen Tallinns.
www.viivomuusika.ee

Oktober
Festival für neue elektronische Musik
Ein neues avantgardistisches Festival an verschiedenen Orten in der Stadt.
www.concert.ee

November/Dezember
St. Martinstag
Die ganze Altstadt feiert den St. Martinstag mit traditionellen Umzügen.
9.–12. November

Filmfestival der schwarzen Nächte
In der dunklen Jahreszeit: Tallinns renommiertes Filmfestival mit vielen neuen Filmen aus dem Baltikum, Uraufführungen estnischer Filme und Kinderfilme. In verschiedenen Kinos.
www.poff.ee; 23. November–10. Dezember

Weihnachtsmarkt auf dem Rathausplatz
Alte Weihnachtsbräuche werden wieder entdeckt. Auf dem Rathausplatz Weihnachtsmarkt.
www.schlossle-hotels.com/christmas; 19. November–24. Dezember

Ziele in der Umgebung

Aegna

→ Umschlagkarte vorne, D 1

Reif für die Insel? Auf Aegna ist man der Welt und Zeit entrückt.

Einmal auf einer kleinen ehemaligen Fischerinsel Ruhe und Natur pur genießen – das sollte man auf keinen Fall versäumen, auch wenn man nur drei Tage in Tallinn ist. Barfuß lässt es sich höchst angenehm auf dem Sand des kleinen Strandes von Aegna entlangspazieren. Auf der anderen Seite der Insel ragt die rotbraune Steilküste majestätisch ins Meer.

Ein Picknick am Strand, im Wald oder auf einer Kleewiese ist eine gute Idee für den Ausflug, denn es gibt nur bescheidene Einkaufs- und keine Einkehrmöglichkeiten auf diesem einsamen Eiland. Dafür bietet der Wald reichlich Pilze und Blaubeeren. Entspannt kehrt man ins Stadtleben zurück.

Anfahrt: Mit dem Bus (vom Busbahnhof) nach Pirita, dort vom Hafen mit der alle zwei Stunden verkehrenden Fähre übersetzen. Im Winter verkehrt die Fähre nach Bedarf.

Nõmme → S. 152, südöstl. A 4

Bei einem Ausflug nach Nõmme, einem südlich des Stadtzentrums gelegenen Vorort im Grünen, begegnet man exklusiven Villen und alten Wochenendhäusern der wohlhabenden Bürger von Tallinn.

Nõmme bedeutet Wald, und nach Kiefernwäldern duftet es hier auch. Nõmme verdankt seine Gründung dem Bau der Vorortbahn im Jahr 1872. Der wohlhabende deutschbaltische Gutsherr Nikolai von Glehn war im Besitz größerer Ländereien südlich von Tallinn, die er in den Siebzigerjahren des 19. Jh. verkaufen wollte. Mit viel Geschäftssinn lockte der als etwas sonderlich geltende Adlige reiche Tallinner in die landschaftlich reizvolle Gegend vor den Toren der Stadt. Bald galt es als schick, in Nõmme eine Zweitvilla zu unterhalten und den Sommer in einem geräumigen Holzhaus inmitten von Kiefernwäldern zu verbringen.

1926 erhielt der Ort das Stadtrecht. In den Dreißigerjahren boomte das Städtchen, es zog die Nouveaux-Riches aus der Stadt an, aber auch Künstler, Schriftsteller und Bohemiens, deren geschmackvolle Villen im Art-déco- und funktionalistischen Stil man heute bewundern kann.

Wenn man in Nõmme auf dem kleinen, etwas verschlafenen Bahnhof ankommt, dann kann man sich schon recht gut vorstellen, was von Glehn bewogen hat, hier einen Herrensitz zu bauen und den exklusiven Villenort zu gründen: Der Ort liegt inmitten einer anmutigen, zum Teil leicht hügeligen Parklandschaft mit Kiefernwäldchen. Vom Bahnhof sind es lediglich ein paar Schritte, und schon ist man auf dem **Hauptplatz Jaama**, wo man Zeugen der Moderne begegnet: interessante Häuser aus den Dreißigerjahren in klar gegliederter, sachlicher Architektur. Ein nettes Lokal am Hauptplatz, der **Buldogi Pub**, lädt zur Einkehr ein.

Man sollte vom Hauptplatz aus einfach durch die Straßen flanieren und den Blick auf die schönen Villen mit ihren Holzverzierungen und Glasveranden genießen. Besonders das **Schloss** des Stadtgründers von Glehn in der Vana-Mustamäe 48 zeugt von vergangener Pracht. Im ehemaligen **Schlosspark** hat er skurrile Skulpturen aufstellen lassen – unter ihnen einen komischen Drachen. Offensichtlich hat es der Deutschbalte mit der Kunst nicht allzu ernst genommen.

Das **Holzhaus des estnischen Malers Kristjan Raud** (1865–1943), der den Ort wie kein anderer liebte und ihn in seinen dem Symbolismus nahe stehenden Bildern verewigte, ist zu besichtigen und gibt ein typisches Beispiel für den Lebensstil, der in Nõmme zwischen den Kriegen kultiviert wurde. Im Inneren sind u. a. seine Illustrationen zum nationalen Epos »Kalevipoeg« ausgestellt (Raua 8; Tel. 6 70 00 23; Mi–So, 10–18 Uhr). Will man sich noch intensiver mit dem Ort beschäftigen, dann kann man das kleine sympathische **Heimatmuseum Nõmme** besuchen, das in der alten Bahnstation in der Jaama 18 eingerichtet ist (Tel. 6 70 02 02; Di–Sa 10–16 Uhr).

Zum Abschluss des Ausflugs kann es in einem georgischen Restaurant – wer vermutet das hier im hohen Norden – etwas exotisch zugehen: Das **Gasthaus Pirosmani** am Beginn der Üliõpilaste 1, genannt nach dem berühmten naiven Maler aus Tiflis, ist zu empfehlen. Die kaukasische Küche, etwa gegrilltes Hähnchen mit Walnusssauce, runden ausgesuchte georgische Weine ab (Tel. 6 39 32 46; www.pirosmani.ee).

Anfahrt: mit der Vorortbahn vom Balti Jaam (Haupbahnhof in der Rannamäe tee), ca. 10 Min. Fahrtzeit.

Der vermögende Gutsherr Nikolai von Glehn baute in Nõmme eine schlossartige Villa. Viele andere folgten seinem Beispiel.

Das Freilichtmuseum Rocca al Mare

Estnische Kultur und Geschichte werden in dem Museum mit seinen fast siebzig Höfen lebendig.

Das Freilichtmuseum Rocca al Mare (Eesti Vabaohumuuseum), etwa 7 km nordwestlich vom Zentrum Tallinns, führt den Besucher zu den Wurzeln estnischen Volkslebens. Die Esten sind ein Bauernvolk, geprägt durch 800 Jahre Fremdherrschaft. Um zu überleben, musste ein estnischer Bauer lernen, sich den verschiedenen Herren anzupassen, flexibel zu sein. Schlauheit und eine gewisse Pfiffigkeit sollen ihn auszeichnen, wie auch seine Liebe zur Natur, zu Tieren, Pflanzen und besonders zum Wald. In Estland heißt es, dass die Bäume des Waldes miteinander reden würden, und in den Märchen versteht der Bauer gar ihre Sprache.

Ein Bekenntnis zur eigenen estnischen Sprache und Kultur entwickelte sich erst in der Mitte des 19. Jh., als sich insbesondere deutsche Landpfarrer der Erforschung estnischer Volksmärchen und -lieder widmeten.

In der Mitte des 19. Jh. erwarb der wohlhabende Kaufmann Girard de Soucanton ein 70 ha großes Landstück auf einer Halbinsel. Hier im hohen Norden erinnerten ihn die aus dem Meer ragenden Felsen – es handelt sich um riesige Findlinge aus der Eiszeit – an Italiens Küsten, und so gab er seinem Landsitz einen italienischen Namen: Rocca al Mare (Felsen am Meer). Als er später Bürgermeister von Tallinn wurde, ließ er den Landsitz zu einer prächtigen Sommerresidenz ausbauen. Seinem Beispiel folgend, bauten sich wohlhabende Familien hier ihre Villen, und so wurde die Halbinsel allmählich zum sommerlichen Refugium der Hautevolee.

Viele Häuser wurden im Zweiten Weltkrieg zerstört oder während der Sowjetherrschaft vernachlässigt, aber heute kann man hier wieder manch schönes Anwesen mit Meeresblick bewundern.

Von der Kate zum Kalksteinhaus

Im Jahr 1964 wurde in Rocca al Mare das estnische Freilichtmuseum eröffnet. An die siebzig Bauernhöfe aus dem Norden, Süden, Westen und von

den Inseln Estlands, die meisten aus dem 19. Jh., wurden auf das Gelände umgesetzt und originalgetreu restauriert. Die verschiedenen Lebensweisen des Bauernstandes – in der einfachen Bauernkate im 18. Jh. oder in Holzhäusern und im schmucken Bauernhaus aus Kalkstein zu Beginn des 20. Jh. – werden in einer großzügigen Parklandschaft präsentiert. Auch die Inneneinrichtung der Gebäude ist originalgetreu – vom Hochzeitstisch bis zum Sockenbrett.

Häufig trifft man beim Rundgang durch die Höfe Bauer oder Bäuerin in der jeweiligen Nationaltracht an, etwa beim Melken der Schafe und Ziegen, beim Weben und Stricken oder beim Schnitzen von Holzlöffeln, die man als Souvenir kaufen kann. Einzigartig ist die **Holzkirche Sutlepa** aus dem 17. Jh., in der heute wieder Gottesdienste und Konzerte stattfinden.

Geschichte wird hier anschaulich: Der **Bauernhof Sassi-Jaani** aus Westestland vom Ende des 18. Jh. gehörte noch leibeigenen Bauern, die in Häusern ohne Schornstein lebten. Doch schon einige Jahrzehnte später – die Leibeigenschaft war aufgehoben und durch ein System der Geldpacht abgelöst – sieht ein Hof in Nordestland ganz anders aus: Der **Bauernhof Pulga** ist aus Kalkstein, dem estnischen Marmor, dem estnischen Nationalstein, errichtet. An die Küche ist eine bescheidene Sauna angebaut. Die Sauna war ein unverzichtbarer Ort im Leben aller Esten, die sich mit elementaren Lebenssituationen verbindet.

Spezialitäten der Bauernküche

Estnische Nationalgerichte kann man im **Dorfkrug Kolu** probieren, in dem auch schon Präsident Clinton speiste. Die Schankwirtschaft war im 19. Jh. an der Landstraße zwischen Tallinn und Dorpat (heute Tartu) gelegen und beherbergte auf der rechten Seite Räume für das einfache Volk und links für die feinen Herren. Standesunterschiede galten auch für die Pferde: Es gab zwei Stallungen für hochherrschaftliche Rösser und müde geschundene Klepper. Heute stehen estnische Spezialitäten der Bauernküche ausnahmslos für alle Gäste auf der Speisekarte.

Vabaohumuuseumi 12; Bus 21, 22; Tel. 6 54 91 19; www.evm.ee; Mai–Sept. tgl. 10–20, Okt.–April tgl. 10–17 Uhr

Das Freilichtmuseum Rocca al Mare ist wie ein Fenster in die Vergangenheit: Hier ist zu sehen, wie auf altestnischen Bauernhöfen gelebt und gearbeitet wurde.

Routen und Touren

Hoch über den Ufern der Gauja thront die Ordensburg Cēsis, deren Ruinen von der einstigen Macht der Ordensritter sprechen, die im Baltikum über Jahrhunderte herrschten.

Die baltischen Länder sind nicht groß. Schnell gelangt man von den Hauptstädten aus in einzigartige Landschaften. Tagesausflüge sind ebenso reizvoll wie längere Touren.

An die Kurische Nehrung – Die »Sahara des Nordens« an der Küste Litauens

Charakteristik: Eine einzigartige Dünenlandschaft an der Ostsee; **Dauer:** Tagesfahrt, aber auch für mehrere Tage; **Anreise:** Von Vilnius aus werden Busfahrten auf die Kurische Nehrung angeboten. Mit dem Auto etwa 4 Stunden über Klaipėda, ca. 310 km entfernt, von dort fährt eine Fähre auf die Kurische Nehrung (Fahrtzeit ca. 20 Min.); **Einkehrmöglichkeiten:** In den Badeorten gibt es überall Restaurants und Cafés. Das Restaurant Seklycia in Nida serviert litauische Spezialitäten mit Blick auf die Hohe Düne. Lotmiskio 1; Tel. 4 69/5 29 45; **Informationen:** www.nerija.lt; Thomas-Mann-Haus www.mann.lt; **Karte:** → Umschlagkarte hinten, D 4–A 3

Dichte Kiefernwälder, weite Strände, riesige Dünen und nostalgische Fischerhäuser mit üppig blühenden Blumengärten – die Kurische Nehrung ist eine der schönsten Küstenlandschaften Europas, die man unbedingt gesehen haben muss, »wenn einem nicht ein wunderbares Bild in der Seele fehlen soll«, wie es Wilhelm von Humboldt schon 1809 empfohlen hatte. Der Landstrich gehörte einst zur deutschen Provinz Ostpreußen, nach dem Zweiten Weltkrieg fiel er an die Sowjetunion, und seit der Unabhängigkeit Litauens gehört der nördliche Teil, Kuršių nerija, zu Litauen und der südliche zu Russland. Wind und Wellen formten vor rund 6000 Jahren die Kurische Nehrung, die sich wie eine Sichel zwischen Ostsee und Kurischem Haff, zwischen Klaipėda und Kaliningrad erstreckt. Auf 98 km Länge ist sie an ihrer schmalsten Stelle nur 380 m, an ihrer breitesten Stelle 2,8 km breit.

»Man findet einen erstaunlich südlichen Einschlag. Das Wasser des Haffs ist im Sommer bei blauem Himmel tiefblau. Es wirkt wie das Mittelmeer«, schrieb Thomas Mann, der von der »unbeschreiblichen Eigenart und Schönheit dieser Natur« schwärmte, von seinem »Italienblick«, den er von seinem Haus auf dem Schwiegermutterberg in Nida genoss. 1929 hatte er sich das Haus bauen lassen, doch nur drei Sommer verbrachten die Manns auf der Nehrung. Im Sand sitzend schrieb Thomas Mann hier an dem Wüstenroman »Joseph und seine Brüder«. Heute befinden sich in dem reetgedeckten Holzhaus ein kleines Museum und eine Forschungsstelle. Doch nicht nur Thomas Mann war von der Landschaft fasziniert, auch die Maler Max Pechstein, Lovis Corinth, Ernst Ludwig Kirchner und Karl Schmidt-Rotluff fanden hier ihr Malerparadies. Man traf sich im Gasthof Blode (Skruzdynės 2), der in den Zwanzigerjahren zum berühmtesten Hotel der Nehrung avancierte.

Nida → Hohe Düne

Touristisches Zentrum ist auch heute noch **Nida**. Ein schmucker Urlauberort mit vielen kleinen Fischerkaten, Gartencafés, Hotels, Souvenirläden und einem Yachthafen. Zwischen Nida und der Grenze zum russischen Gebiet Kaliningrad (Königsberg) ragt die **Hohe Düne** in den nordischen Himmel. Man darf sie – eine der höchsten Dünen Europas – auf gesicherten Wegen betreten. Thomas Mann war beeindruckt: »... man glaubt, in der Sahara zu sein ... Alles ist weglos, nur Sand, Sand und Himmel.« Und ebenso wird man es auch heute noch im Tal des Schweigens, einer weiten Senke zwischen zwei Dünen, erleben.

Seit man vor 500 Jahren mit dem Abholzen des Waldes begann, geriet das ökologische Gleichgewicht auf der Nehrung ins Wanken. Die riesigen Sanddünen fingen an zu wandern und begruben schon 14 Dörfer unter sich.

Erst zu Beginn des 19. Jh. wurde mit der Wiederaufforstung begonnen, was die Sandmassen bändigte. Doch die Hohe Düne bei Nida ist gefährdet. Der Wind trägt den Sand ins Haff, und in den letzten 20 Jahren hat sie rund 15 m an Höhe verloren.

Heute sind 72 % der Oberfläche der Kurischen Nehrung von Wald bedeckt, der die Dörfer vor den Wanderdünen schützt. In den Wäldern findet man vereinzelt noch Elche, um die es in der ersten Hälfte des 20. Jh. einen regelrechten Kult gab: Kutschfahrten mit Elchen waren an der Tagesordnung. Der Elch wird neuerdings vom Wildschwein verdrängt. Im Kurischen Haff leben 40 verschiedene Fischarten. Die Fischer fangen vor allem Aale, Brassen, Barsche, Schollen und Zander, die in Nida frisch geräuchert verkauft werden. Konkurrenten für die Fischer sind die Reiher und Kormorane. Sie leben in riesigen, streng geschützten Kolonien südlich von Juodkrantė, dem nördlichsten Ort auf der Nehrung. Man hört und sieht dort zahllose Vögel, die mit lautem Geschrei zu ihren Nestern auf den hohen, durch den Vogelkot abgestorbenen Bäumen fliegen.

Und überall wird Bernstein in allen Variationen zu Schmuck verarbeitet – ob traditionell oder extravagant – angeboten. Das »Gold der Ostsee« soll leicht zu finden sein; Mitte des 19. Jh. wurden große Vorkommen entdeckt und mehr als 2000 Tonnen davon gewonnen, wodurch die Bucht von Juodkrantė entstand. Litauen besitzt noch heute weltweit die reichsten Bernsteinvorkommen.

1976 wurde die Kurische Nehrung zum Landschaftsschutzgebiet erklärt, seit 1991 ist sie **Nationalpark**, und 2001 wurde die Nehrung auf die Liste des Natur- und Kulturerbes der UNESCO aufgenommen. Die Straße vom Nordzipfel bis nach Nida ist für Autofahrer nur noch gegen Bezahlung zu passieren. Somit wird die Besucheranzahl reguliert.

Neben Nida sind auch die Badeorte Smyltinė, Juodkrantė und Pervalka hübsche und angenehme Plätze. Auf neu angelegten Strandpromenaden flanieren Urlauber und Tagesausflügler. Gebadet wird sowohl im ruhigen Haff als auch in der wellenbewegten Ostsee. Am langen feinen Sandstrand findet man auch im Hochsommer immer einsame Flecken.

Die größte Wanderdüne Europas erstreckt sich auf der Kurischen Nehrung bei Nida. Wäre nicht das Meer in Sicht, würde man sich in der Sahara verloren wähnen.

Nach Cēsis in der Vidzeme – Unterwegs durch den lettischen Gauja-Nationalpark

Charakteristik: Die Route führt durch den reizvollen, ca. 900 qkm großen Gauja-Nationalpark an Sigulda und Līgate vorbei in die alte Hansestadt Cēsis. **Anreise:** Nach Cēsis, ca. 85 km von Riga entfernt, fährt man mit dem Autobus vom Rigaer zentralen Busbahnhof. Die Fahrt dauert ca. 2 Stunden und führt durch die einzigartige Landschaft der »livländischen Schweiz«. Der Bus fährt sechsmal täglich. Zweimal täglich gibt es auch eine Zugverbindung; **Busabfahrt:** Autoosta Prāgas 1; Tel. 9 00 00 09; www.autoosta.lv; **Dauer:** Kann als Tagesausflug geplant werden, es lohnt sich jedoch, in Cēsis zu übernachten, um die Stadt und Umgebung weiter zu erkunden; **Einkehrmöglichkeiten:** Gaststuben und kleine Hotels gibt es auf der ganzen Strecke. Und natürlich besonders in Cēsis; **Information:** Gauja-Nationalpark (www.gnp.gov.lv); **Karte:** ····› Umschlagkarte vorne, C 5–D 4

Man verlässt Riga über die A 2 in Richtung Sigulda. In **Sigulda**, etwa 35 km vor Cēsis, wo das Flusstal der Gauja besonders tief eingeschnitten ist, sollte man eine kurze Rast einlegen, um die schönen Sommerhäuser und Datschen zu bewundern, die von deutscher, russischer und polnischer Hautevolee am Ende des 19. Jh. erbaut wurden. Als die Eisenbahnlinie zwischen Riga und Pskow eingeweiht wurde, kamen die Neureichen in Scharen, und auch heute ist die kleine Stadt fest in der Hand der Touristen aus aller Herren Länder, selbst im Winter, denn hier gibt es eine gewaltige Rodelbahn, auf der auch internationale Wettkämpfe ausgetragen werden.

Sigulda ····› Āraiši

Von Sigulda verläuft die Straße streckenweise an der malerischen Gauja entlang. Die **Gauja** gilt als der schönste Fluss in ganz Lettland und gibt dem 1973 gegründeten Nationalpark, dem größten des Baltikums, seinen Namen. Aufgrund seiner einzigartigen Natur wird die Gegend hier auch »livländische Schweiz« genannt: romantische Hügellandschaft, dichte Wälder, der Fluss mit seinen Stromschnellen und Sandbänken, verwunschene Holzhäuschen am Ufer, bewaldete Felsen, wenn man Glück hat, kann man Forellen im Wasser springen sehen. Auch Bären, Luchse, Wölfe sind gesichtet worden, stammen aber wohl eher in dem beim Dorfe **Līgatne** errichteten Wildgehege. Mit einer Fähre gelangt man hier auf die andere Seite des Flusses. Das Büro des Nationalparks in der Nähe des Dorfes bietet Kanufahrten, aber auch Spaziergänge und Wanderungen auf über 100 km langen, gut beschilderten Naturpfaden an. Man kann aber auch auf eigene Faust durch die Wälder oder am Ufer des Flusses mit seinen Sandsteinfelsen entlangstreifen. Besonders im Herbst, wenn die Blätter der Bäume sich weinrot verfärben, sollte man die Stille und auch die würzige Luft genießen, bevor man in Cēsis eintrifft. In Līgatne selbst kann man in einem modernen Gasthof lettisch und preiswert speisen (Lāču 22; Tel. 9 13 37 13).

Āraiši ····› Cēsis

Bevor man Cēsis erreicht, bietet sich noch ein Abstecher in das kleine Örtchen **Āraiši**, am See inmitten schönster Natur gelegen, an. Eine hölzerne rekonstruierte Wasserburg lässt alte lettische Legenden aufleben, in denen Burgen häufig auf geheimnisvolle Weise im Wasser verschwinden. Dieses Phänomen hat zu Ende des 19. Jh. sogar renommierte Forscher wie Rudolf Virchow zu archäologischen Grabungen in diesem abgeschiedenen Teil Europas veranlasst. In der Nähe des Sees sieht man Ruinen einer Ordensburg aus dem 14. Jh.

Nach wenigen Kilometern erreicht man **Cēsis,** und hier stehen nun wirklich sehenswerte Ruinen einer mächtigen Ordensburg, deren Anfänge im 13. Jh. liegen. Sie zeugen immer noch von der Macht, die die Schwertbrüder und später dann der Ordensritter in Livland besaßen.

Der livonische Orden, der als Zweig des Deutschen Ordens in Cēsis (deutsch: Wenden) regierte und den Ort zu seiner Residenz erkoren hatte, zog viele deutsche Kaufleute an, die als Mitglieder der Hanse mit Holz, Getreide und Flachs mit den anderen Ostseestädten regen Handel trieben und schnell gewaltige Reichtümer anhäuften. Dass sie dabei die einheimische Bevölkerung hemmungslos unterdrückten, ist u. a. in der berühmten »Chronik von Lyffland« beschrieben.

Die Festung wurde während des Livländischen Krieges im 16. Jh. mehrfach geschleift und während des Nordischen Krieges im 18. Jh. fast völlig zerstört. Doch auch die Ruinen sind noch sehr beeindruckend. Während des Ersten Weltkrieges fanden in der Nähe der Festung schwere Kämpfe zwischen der lettischen Freiheitsbewegung und den deutschen Truppen statt.

Heute gibt das **Stadtmuseum,** das im Neuen Schloss (Ende des 18. Jh. gebaut) untergebracht ist, Auskunft über die wechselvolle Geschichte der Burg. Im anmutigen **Landschaftspark** wird man nach der Begegnung mit der Schwere der Vergangenheit wieder heiterer gestimmt und empfindet beim Anblick der golden funkelnden Ikonen in der kleinen **russisch-orthodoxen Kirche** andächtige Freude.

Auf dem Weg zum Stadtzentrum liegt die gotische **Johanneskirche** mit Grabsteinen von Ordensmeistern und Bischöfen aus dem 15. und 16. Jh. Diese Kirche war einmal die größte und berühmteste im nördlichen Livland. An der Hauptstraße, der Rīgas iela, liegen viele schöne denkmalgeschützte Häuser. Das **Rathaus** von 1767 mit seinem farbigen Stadtwappen in der Nr. 7, das prächtige Kontor eines reichen Kaufmanns in der Nr. 16; Nr. 24 ist das älteste Haus der Stadt. In der Nr. 47, im »Prinzessinnenheim«, sollen schöne Russinnen eine Bleibe gefunden haben, die als Kurtisanen vom sittenstrengen St. Petersburger Hof in die Verbannung nach Cēsis geschickt wurden – immerhin angenehmer als nach Sibirien.

Übernachtungsmöglichkeiten in Cēsis:

Hotel Cēsis

Ein gutes Hotel der gehobenen Mittelklasse unter dänisch-lettischer Leitung mit gepflegtem Restaurant.

Vienības laukums 1; Tel. 4 12 01 22, Fax 4 12 26 95; www.danlat-group.lv; 32 Zimmer ●

Mārtins

In diesem kleinen Hotel geht es gemütlich-lettisch zu.

Rīta 9; Tel. 9 17 53 14 ●

Cēsis ⇢ Ungurmuiža

Ungurmuiža mit seiner alten Eichenallee liegt 18 km nach Cēsis in der Nähe der Landstraße P 14, die nach Limbaži führt. Das Anwesen aus dem 18. Jh. befand sich lange im Besitz der deutschbaltischen Familie von Campenhausen. Die Familie ließ sich um 1750 einen **Herrensitz** bauen, den sie »Unter den Eichen« nannten. Heute gehört es zu den ältesten barocken Holzschlössern Europas. Man kann sich hier wie die Aristokratie im 19. Jh. im Teehäuschen im Park – nach Vorbestellung bei der Familie Raitums, Tel. 95 82 23 – einen Tee servieren lassen.

In der Nähe des malerischen Ungurs-Sees bietet die ehemalige Schule des Gutshofs preiswert Übernachtung und kulinarische Versorgung.

Tel. 9 42 47 57; www.travellatvia.lv/ungurmuiza

Durch den Lahemaa-Nationalpark: Einzigartige Natur an der Nordküste Estlands

Charakteristik: Nationalpark ca. 80 km von Tallinn entfernt, Besuch des Herrenhauses Palmse und des Kunstmuseums Viinistu am Ostseestrand; **Anreise:** organisierte Fahrten über ein Tourismusbüro in einem Minibus; individuelle Fahrt mit dem Auto oder mit dem Bus 89, 129, 139, Abfahrt vom Busbahnhof Viru Väljak (beim Hotel Viru); weitere Abfahrtszeiten nach Palmse und Viinistu sollte man vorher checken. Auskunftstelefon des Busbahnhofs (Tel. 6 80 09 00) oder am dortigen Kiosk; **Einkehrmöglichkeiten:** Gasthäuser und Cafés in Viitna, Palmse Viinistu; **Karte:** ⇢ Umschlagkarte vorne, D 2–E 1

Lahemaa heißt auf Deutsch »Land der Buchten«. Der **Nationalpark**, eine Art Heiligtum für die naturverbundenen Esten, umfasst im Norden die fingerartige Bucht am Finnischen Meerbusen, im Süden wird das fast 700 qkm umfassende Areal von der nach Russland über Narva führenden Fernstraße 1 begrenzt. Der Nationalpark bietet alles, was das Herz eines jeden Esten höher schlagen lässt: eine eigenwillige mystische Landschaft mit Kiefernwald, einsame Strände mit Dünen, Steilküste, geheimnisvolles Hochmoor, in dem Sonnentau wächst, sagenumwobene riesige Findlinge aus der Eiszeit, verwunschene Teiche. Ebenso steht hier eine traditionelle Kulturlandschaft mit den Zeugnisse altestnischer Lebensweise unter Schutz. Man findet schlichte Einkehrmöglichkeiten, alte Gutshöfe und neuerdings auch ein Kunstmuseum am Ostseestrand, das sich bewusst unspektakulär in die Landschaft einpasst.

Schon zu Sowjetzeiten wurde die Landschaft 1971 zum Naturschutzgebiet, allerdings auch zum Sperrgebiet erklärt. Heute wacht die einflussreiche estnische ökologische Bewegung darüber, dass die Lahemaa auch weiterhin unberührt bleibt.

Tallinn ⇢ Viitna

Die Tour beginnt an Tallinns zentralem Busbahnhof, dem Viru Väljak.

Wie hier im Lahemaa-Nationalpark säumt ein breiter Schilfgürtel das Ufer der Ostsee, aus deren seichtem Küstenwasser eiszeitliche Findlinge herausragen.

Man besteigt einen der Busse, die im Zweistundentakt nach **Viitna**, ca. 50 km von Tallinn entfernt, am südlichen Rand des Naturschutzgebietes, fahren. Hier befindet sich auch die Parkverwaltung. Von Viitna aus kann man selbstständig auf den Wanderwegen durch den Kiefernwald streifen, bis hin zum **Hochmoor Viru Raba**, ca. 6 km entfernt. Bretterstege führen durch das Moor, zum Baden locken Teiche, von denen Zauberkräfte ausgehen sollen. Man kann aber auch in der Reservatsverwaltung nach fachkundigen Führungen fragen.

In **Viitna** bietet sich eine besonders schöne Einkehr in einem ehemaligen Bauernhaus, 1802 aus Baumstämmen gebaut. Der **Gasthof** zeigt noch die in Altestland typischen getrennten Gaststuben für Herrschaften und Bauern. Hier sitzt man im Sommer auch draußen und sollte sich nicht die verschiedenen estnischen Vorspeisen entgehen lassen.

Viitna ···› Palmse

Von Viitna aus gibt es täglich einen Bus nach dem 7 km entfernten Palmse, Abfahrt 12.50 Uhr.

Die ursprüngliche Siedlung datiert zurück ins 13. Jh. Zeitweilig wurde sie vom Zisterzienserorden bewirtschaftet. Ab 1674 ist das Gut im Besitz der deutschbaltischen Familie von der Pahlen. Dieser, aber auch einem klugen sowjetischen Kolchosvorsitzenden mit Liebe zur Kunst und Geschichtsverstand ist es zu verdanken, dass sich das Gut heute wieder als **Herrenhaus** mit allem, was dazu gehört, präsentieren kann: mit einem Park samt Palmengarten und Orangerien, einer Bibliothek und verschiedenen Wirtschaftsgebäuden. In die ehemalige Schnapsbrennerei ist das **Park-Hotel** mit seinen 22 im Landhausstil ausgestatteten Zimmern eingezogen. Im ehemaligen Badehaus mit Steg zum See kann man sich im Café Isabella stärken.

Alles wurde in den letzten Jahrzehnten wieder aufgebaut und sorgfältig restauriert. Das Innere des barocken Herrenhauses ist zu besichtigen, verschieden eingerichtete Räume geben Einblick in das damalige Leben der deutschbaltischen Barone. Dass sie ihre Reichtümer nur durch den harten Frondienst der estnischen Bauern mehren konnten, ist nicht vergessen.

In den ehemaligen Stallungen ist ein **Informationszentrum** untergebracht; Flora und Fauna von Lahemaa werden dem Besucher sehr professionell nahe gebracht.

Besucherzentrum: Tel. 0 32/9 55 55; tgl. 9–17 Uhr
Park-Hotel: Tel. 0 32/2 36 26; www.phpalmse.ee

Palmse ···› Viinistu

Von Palmse wieder zurück nach Viitna, fährt ein Bus durch eine eigenwillige, melancholisch anmutende Küstenlandschaft über Loksa, zu Sowjetzeiten eine kleine Industriestadt, nach Viinistu, einem malerisch gelegenen Fischerdorf. Der ehemalige Manager der schwedischen Pop-Gruppe ABBA ist in diesem kleinen Fischerdorf geboren, in den Kriegswirren jedoch nach Schweden gelangt. Heute ist er zurückgekehrt und hat über Jahre estnische Kunst in der ganzen Welt zusammengetragen, Schwerpunkt Gegenwartskunst. Er hat eine ehemaligen Fischkonservenfabrik in seinem Geburtsort aufgekauft und in ein **Kunstzentrum** verwandelt.

Zwei eigenwillige Zylinder aus gelbem Kalkstein, die ehemaligen Lagerhallen der Fabrik direkt am Ostseestrand, beherbergen das Ausstellungszentrum. Auf einer kleinen Freilichtbühne finden im Sommer an Wochenenden Performances und ungewöhnliche Konzerte statt. Besonders überraschend und eindrucksvoll ist die Sammlung von Undergroundkunst aus Estland der Sechziger- und Siebzigerjahre.

Öffnungszeiten Juli–Aug. 11–18 Uhr, Sept.–Mai, Mi–So 11–18 Uhr; Information: www.Viinistukunst.ee

Wissenswertes über Vilnius, Riga und Tallinn

Man meint eher in einer Raumstation als in Tallinns Altstadt gelandet zu sein. Als Gast ist man am Tresen der Bar Stereo online – im jungen Estland nichts Außergewöhnliches.

Das Baltikum kompakt: Geschichte, Sprachen, Essdolmetscher, nützliche Informationen und Adressen für die Reiseplanung und für den Aufenthalt in Litauen, Lettland und Estland.

Jahreszahlen und Fakten im Überblick

Die drei baltischen Staaten haben keine einheitliche Geschichte, doch gibt es in vielen ihrer historischen Entwicklungen Gemeinsamkeiten und Überschneidungen – dies besonders zwischen Lettland und Estland. Litauen erreichte in einer Blütezeit im 15. Jh. eine gewaltige territoriale Ausdehnung und war eine europäische Großmacht. Gemeinsam ist den Staaten ihr Schicksal unter fremder Herrschaft, oft als Spielball der Großmächte, und ihr Kampf um nationale und staatliche Unabhängigkeit, schließlich ihr mutiger Schritt in die erneute Selbstständigkeit am Ende des 20. Jh. und der Anschluss an Europa.

Ab 4000 v. Chr.
Finnougrische Stämme besiedeln u. a. das heutige Estland.

2500–2000 v. Chr.
Indogermanen besiedeln das heutige Litauen und Lettland.

500 v. Chr.
Bernstein aus dem Baltikum wird zum begehrten Handelsgut und gelangt bis nach Südeuropa. Am Burgberg von Vilnius existiert schon eine Handelsstation.

1.–5. Jh.
Feste Siedlungsgebiete verschiedener Stämme bilden sich heraus: die finnougrischen Stämme besiedeln den Teil nördlich der Rigaer Bucht (das heutige Estland), die indogermanischen den südlichen Teil (das heutige Lettland und Litauen).

6. Jh.
Raubzüge skandinavischer Wikinger im Baltikum.

1000
Erste staatliche Strukturen bilden sich heraus.

1009
Litauen wird erstmalig in den Quedlinburger Annalen erwähnt.

1184
Deutsche Kaufleute und christliche Missionare dringen in Estland und Lettland ein. Ihre Christianisierungs- und Unterwerfungsversuche treffen auf Widerstand; erst Anfang des 13. Jh. ist der Kreuzzug gegen die Balten, die letzten heidnischen Völker Europas, erfolgreich.

1201
Gründung Rigas durch Bischof Albert, der aus Bremen mit einem Heer von Kreuzrittern kam.

1219
Gründung Revals (Tallinn) durch den christlichen König Waldemar aus Dänemark.

1236
Herausbildung des mittelalterlichen Ordensstaates Livland (Estland und Lettland) unter Führung des Livonischen Ordens, der als Zweig des Deutschen Ordens agiert.

1251
Mindaugas wird König von Litauen, er vereint sieben Kleinfürstentümer.

1242
Niederlage des Livonischen Ordens in der Schlacht gegen den Russen Alexander Newski am Peipussee.

1285
Reval (Tallinn) erhält lübisches Stadtrecht.

13.–14. Jh.
Tallinn und Riga werden Mitglied der Hanse. Die durch deutsche Kaufleute geprägten Städte gewinnen an Wohlstand und Einfluss; die Esten und Let-

ten sind als sog. »Undeutsche« nur Leibeigene.

1323
Vilnius wird erstmals schriftlich erwähnt, als Großfürst Gediminas deutsche Handwerker und Kaufleute einlädt, sich dort niederzulassen. Er garantiert Religionsfreiheit. Unter Gediminas und seinen Söhnen Algirdas und Vytautas entwickelt sich Litauen zu einem der mächtigsten Staaten Europas.

1386/87
Zusammenschluss zu Polen-Litauen durch die »Krakauer Hochzeit«; Christianisierung Litauens.

1410
Schlacht bei Tannenberg: Polen-Litauen schlägt den Deutschen Orden vernichtend.

1430
Das Großfürstentum Litauen ist auf dem Höhepunkt seiner Macht und erreicht seine größte Ausdehnung.

1522/23
Die Reformation erreicht Livland. Beginn der muttersprachlichen Vermittlung der Bibel an die estnische und lettische Bevölkerung.

1558–1582
Livländischer Krieg. Zar Iwan der Schreckliche schlägt das Ordensheer vernichtend, Tallinn unterwirft sich den Schweden, große Teile Lettlands fallen an Polen-Litauen.

1569
Union von Lublin: Polen und Litauen schließen sich eng zusammen.

1579
Gründung der Universität Vilnius.

1600
Polnisch-schwedischer Krieg, in dessen Folge Estland und weite Teile Lettlands dem lutherischen Schweden zugeschlagen werden. Lettgallen (Ostlettland) bleibt unter Herrschaft des katholischen Polens.

1710–1721
Nordischer Krieg: Infolge des Krieges, den Russland mit Polen-Litauen gegen die Schweden führt, fallen Estland und Lettland an das russische Reich. Die kommenden 200 Jahre sind sie Provinzen des russischen Imperiums, das die Privilegien des deutschstämmigen baltischen Adels stärkt. Vilnius wird im Laufe des Krieges von Russen und Schweden besetzt.

1772, 1793, 1795
Drei polnische Teilungen bestätigen die Vormacht Russlands. 1795 Auflösung des polnischen Staates, Litauen und Vilnius kommen unter russische Herrschaft, die 120 Jahre währt.

1811
Vilnius ist mit 56 000 Einwohnern die größte Stadt des Russischen Reiches nach St. Petersburg und Moskau.

1816–1819
Riga und Tallinn entwickeln sich zu prosperierenden Städten. Unter dem Einfluss der Aufklärung wird die Leibeigenschaft abgeschafft, Entstehung nationaler Unabhängigkeitsbewegungen und eines estnisch- und lettischsprachigen Kulturlebens.

1830/31 und 1863
Polnische Aufstände gegen die russische Zarenherrschaft. Der Zar lässt litauische Druckerzeugnisse verbieten. Tilsit in Ostpreußen wird zur Patenstadt für die nationale Bewegung: Dort werden Bücher gedruckt und über die Memel nach Litauen geschmuggelt.

1869/1873
im Zuge der nationalen Erweckung finden die ersten großen Sängerfeste statt.

Ab 1881
Russifizierung des Baltikums.

1904/05
Russisch-japanischer Krieg, es dürfen wieder Bücher in litauischer Sprache erscheinen.

1914–1918
Erster Weltkrieg, das Baltikum wird von deutschen Truppen besetzt.

1918
Unabhängigkeitserklärungen der drei baltischen Staaten.

1920
Friedensverträge mit Sowjetrussland.

1921
Aufnahme der baltischen Staaten in den Völkerbund.

1923
Litauen besetzt das Memelgebiet.

1939
Hitler-Stalin-Pakt: Das Baltikum wird dem sowjetischen Einflussbereich zugesprochen. Umsiedlung der Deutschbalten aus Estland und Lettland.

1940
Einmarsch sowjetischer Truppen. Die drei baltischen Staaten werden als Unionsrepubliken in den sowjetischen Staatsverband »eingegliedert«.

1941
Beginn der Massendeportationen nach Sibirien.

1941–1944
Deutsche Besatzung. Massenmorde an baltischen Juden; in Lettland wird fast die gesamte jüdische Bevölkerung vernichtet; mehr als 200 000 litauische Juden werden ermordet.

1944/45
Rückkehr der Roten Armee in die baltischen Staaten, massive Sowjetisierung der Länder, Beginn des Partisanenkampfes.

1949
Beginn der Zwangskollektivierung und wieder Massendeportationen.

1987
Erste Massendemonstrationen gegen die sowjetische Besetzung.

1989
Zum Gedenken an den Hitler-Stalin-Pakt wird eine 600 km lange Menschenkette von Tallinn nach Vilnius gebildet. Eine Million Menschen sind daran beteiligt.

1990
In Litauen gewinnt die Reformbewegung Sajudis die Wahlen zum Obersten Sowjet. Vytautas Landsbergis ruft im März die Unabhängigkeit aus. Moskau reagiert mit einer Wirtschaftsblockade.

1991
In Vilnius Putschversuch der Sowjets im Januar; 150 000 Menschen leisten unbewaffnet Widerstand; 14 Menschen kommen ums Leben.

1991
Das lettische und das estnische Parlament erklären die Unabhängigkeit.

6. September Anerkennung der Unabhängigkeit der baltischen Staaten durch die Sowjetunion.

17. September Aufnahme der Staaten in die UNO.

1993/94
Abzug der sowjetischen Truppen.

2004
Seit dem 1. Mai sind die baltischen Staaten Mitglieder der EU; im selben Jahr werden sie NATO-Mitglieder.

2006
Eishockey-Weltmeisterschaft in Lettlands Hauptstadt Riga vom 5.–21. Mai.

Nie wieder sprachlos

DEUTSCH	LITAUISCH	LETTISCH	ESTNISCH
Wichtige Wörter und Ausdrücke			
ja	taip	jā	ja
nein	ne	nē	ei
bitte	prašau	lūdzu	palun
danke	ačiū	paldies	tänan
Wie bitte?	Prašau pakartoti?	Ko lūdzu?	Kuidas palun?
Ich verstehe nicht	Aš nesuprantu	Es nesaprotu	Mina eisaa aru
Entschuldigung	atsiprašau	atvainojiet	palun vabandust
Guten Morgen	labas rytas	labrīt	tere hommikust
Guten Tag	laba diena	labdien	tere
Guten Abend	labas vakaras	labvakar	tere õhtust
Ich heiße …	Mane vadina …	Mani cauc …	Minu nimi on …
Ich komme aus …	Aš atvažiavau iš …	Es atbraucu no …	Mina tulen …
Wie geht's?	Kaip riekalai?	Kā lab iet?	Kuidas läheb?
Danke, gut	Ačiū gerai	Paldies, labi	Tanan, hästi
wer, was, welcher	kas, kuris	kas, ko, kurš	kes, mis, kuidas
wie viel	kiek kur	cik daudz	kui palju
Wo ist …	Kur ir…	Kur ir …	Kus on …
wann	kada	kad	millal
wie lange	kaip ilgai	cik ilgi	kui kaua
Sprechen Sie Deutsch?	Ar jūs kalbate vokiškai?	Runājet vāciski?	Kas teie räägite saksa keelt?
Auf Wiedersehen!	Iki pasimatymo!	Uz redzēšanos!	Head aega!
Zahlen			
eins	vienas	viens	üks
zwei	du	divi	kaks
drei	trys	trīs	kolm
vier	keturi	četri	neli
fünf	penki	pieci	viis
sechs	šeši	seši	kuus
sieben	septyni	septiņi	seitse
acht	aštuoni	astoni	kaheksa
neun	devyni	devini	üheksa
zehn	dešimt	desmit	kümme
einhundert	šimtas	simts	sada
eintausend	tūkstantis	tūkstotis	tühad
Wochentage			
Montag	pirmadienis	pirmdiena	esmaspäev
Dienstag	antradienis	otrdiena	teisipäev
Mittwoch	trečiadienis	trešdiena	kolmapäev
Donnerstag	ketvirtadienis	ceturdiena	neljapäev
Freitag	penktadienis	piekdiena	reede
Samstag	šeštadienis	sesdiena	laupäev
Sonntag	sekmadienies	svētdiena	pühapäev

DEUTSCH	LITAUISCH	LETTISCH	ESTNISCH
Im Hotel			
Ich suche ein Hotel	Aš ieškau viešbučio	Es meklēju viesnicnīcu	Mina otsin hotelli
– eine Pension	– pensionato	– pensionu	– pensionaati
Ich suche ein Zimmer für... Personen	Aš ieškau kambario žmogui	Es meklēju istabu priekš ... personem	Mina otsin tuba ... inimesele
Haben Sie noch Zimmer frei?	Ar dar yra pas jus laisvų kambarių?	Jums ir vell brīvas istabas?	Kas teil on vee vabu tube?
– für eine Nacht	– vienai nakčiai	– priekš vienu nakti	– üheks ööks
– für zwei Tage	– dviem naktim	– priekš divām naktīm	– kaheks päevaks
– für eine Woche	– vienai savaitei	– priekš vienu nedeļu	– üheks nädelaks
Ich habe ein Zimmer reserviert	Aš užsakiau vieną kambary	Es esmu rezervējusi vienu istabu	Mina reserveerisin toa
Haben Sie zum Wochenende einen Sonderpreis?	Ar yra pas jus išeiginemis dienomis nuolaidos?	Maksā nedeļas beigas lētak?	Kas teil on odavam hint nädalavahetuseks?
Wie viel kostet das Zimmer?	Kiek kainuoja kambarys?	Cik maksā istaba?	Kui palju maksab see tuba?
– mit Frühstück	– su pusryčiais	– ar brokasti	– hommikusöögiga
– mit Halbpension	– su pusryčiais ir vakariene	– ar brokasti un pusdienām	– hommikusöögiga ja õhtusööbiba
Kann ich das Zimmer sehen?	Ar aš galiu pamatyti tą kambary?	Es varu šo istabu redzēt?	Kas ma võin seda tuba näha?
Ich nehme das Zimmer	Aš nuomuo ju šį kambary	Es ņemu šo istabu	Ma võtan selle toa
Kann ich mit Reiseschecks zahlen?	Aš galiu mokėti travelerscheck?	Es varu ar travellerchecku maksāt?	Kas ma võin maksta reisitšekkideba?
Im Restaurant			
Wo gibt es hier ein gutes Restaurant?	Kur čia yra geras restoranas?	Kur šeit atrodas kāds labs restorāns?	Kust ma leian mõne hea restorani?
Die Speisekarte bitte	Prašau meniu	Ēdienukarti, lūdzu	Menüü palute
Die Rechnung bitte	Prašau sąskaitą	Reķinu, lūdzu	Arve palun
Akzeptieren Sie Kreditkarten?	Ar galima mokėti kreditine kortele?	Varu es maksāt ar kreditkartem?	Kas teie võtate krediitkaarte?
Ich hätte gern einen Kaffee	Aš norečiau puodelio kavos	Es gribētu vienu kafiju	Ma paluksin üks kohvi
Ich mag kein(en) Fleisch/Fisch	Aš nevalgau mėsos/žuvies	Es neēdu gļu/zivis	Mulle ei meeldi liha/kala
Auf Ihr Wohl	I jusų sviekatą	Zu veselību	Terviseks
Wo finde ich die Toiletten (Damen/Herren)?	Kur aš rasiu (moterų/vyrų) tualetą?	Kur ir, lūdzu, atēja (sieviešu atēja, vīriešu atēja)?	Kus asuvad tualetid daamid/härrad?
Fräulein!	mergaitėš!	kundzīt!	tütarlaps!
Kellner/Ober!	padavėjas!	oficiants!	kelner!

Die wichtigsten kulinarischen Begriffe

DEUTSCH	LITAUISCH	LETTISCH	ESTNISCH
Getränke			
Bier	alus	alus	õlu
Dickmilch	rūgžtus pienas	rugušpiens	hapupiim
Kaffee	kava	kafija	kohv
Kefir	kefyras	kafīrs	keefir
Kognak	konjakas	konjaks	konjak
Likör	likeris	liķeris	liköör
Limonade	limonadas	limonāde	limonaad
Milch	pienas	piens	piim
Mineralwasser	mineralinis vanduo	minerāl ūdens	mineraalvesi
Saft	sūltys	sula	mahl
Sekt	šampanas	šampanietis	šampus
Tee	arbata	tēja	tee
Wein	vynas	vīns	vein
Wodka	degtinė	degvīns	viin
Obst und Gemüse			
Apfel	obuolys	ābolis	õun
Birne	kriaušės	bumbieris	pirn
Bohnen	pupos	pupas	oad
Erbse	žirniai	zirņi	hernes
Erdbeeren	braškės	zemenes	maasikas
Gemüse	vaisiai	sakni	köögivili
Gurke	agurkas	gurķis	kurk
Himbeere	avietės	avenes	vaarikas
Kohl	kopūstas	kāposti	kapsas
Nüsse	riešutai	rieksti	pähklit
Obst	vaisiai	augli	puuvili
Pilze	grybai	sēnes	seened
Zwiebel	svogūnas	sīpols	sibul
Speisen und Gerichte			
Beef Stroganoff	befstrogenas	bifstronovs	böfstrooganof
Beefsteak	bifšteksas	bifšteks	biifsteek
Borschtsch	barščiai	borščs	borš
Brot	duona	maize	leib
Brötchen	bandelės	maizītes	saihkesed
Brühe	sultinys	buljons	puljong
Butter	sviestas	sviests	või
Ei	kiaušinis	ola	muna
Eis	ledai	saldējums	jäätis
Ente	antis	pīle	part
Filet	file	filēja	filee
Fisch	žuvis	zivis	kala
Fischplatte	žuvų asorti	zivju asortiments	kalaassorti
Fischsuppe	žuvienė	zivju zupa	kalasupp
Fleisch	mėsa	gaļa	liha

DEUTSCH	LITAUISCH	LETTISCH	ESTNISCH
Fleischgerichte	patiekalai iš mėsos	gaļa ēdiens	lihatoidud
Fleischspieße	šašlykas	šašliks	šašlõkk
Frikadelle,Bulette	kotletai	kotlete	frikadell, kotlett
Gebäck	kepenys	cepums	küpsis
Grill-Hähnchen	višta gryly	grilēts gailis	grillkana
Grütze	košė	putra	puder
Gurkensalat	agurkų salotos	gurķa salāts	kurgisalat
Hammelbraten	avienos kepsnys	cepta aitas gaļa	lambapraad
Hefepfannkuchen	sklind žiai	pankūka	pärmipannkoogid
Honig	medus	medus	mesi
Kalbfleisch	veršiena	telā galā	vasikaliha
Kartoffeln	bulvė	kartupeļi	kartulit
Käse	sūris	siers	juust
Kaviar	ikrai	ikri	kalamari
Kohlsuppe	kopūstų sriuba	kāpostu zupa	kapsasupp
Kompott	kompotas	kompots	kompott
Kuchen	bandelė	kūka	kook
Lachs	lašiša	lasis	lõhe
Lamm	aviena	aita	lambahiha
Leber	kepsnys	aknas	maks
Marmelade	marmeladas	marmelāde	marmelaad
Omelett	omletas	omlete	omelett
Piroggen	pyragaičiai	pīrāgs	pirukad
Quark	varškė	biezpiens	kohupiim
Rindfleisch	jautiena	vērsa gaļa	loomaliha
Rühreier	omletas	olu kultenis	praemuna
Sauerkraut	rūgštūs kopūstai	skābie kāposti	hapukapsas
saure Sahne	grietinė	krējums	hapukoor
Schinken	kumpis	šinķis	sink
Schnitzel	šnicelis	šnicele	šnitsel
Schweinekotelett	karbonadas	cūkas kotlete	seakarbonaad
Spiegeleier	kiaušinienė	ceptas olas	praemuna
Vorspeise/n	užkandis	uzkožamie	eelroog
Würstchen	dešrelės	desiņa	viiner, vorst

Beim Essen

Abendessen	vakarienė	vakariņas	õhtusöög
Flasche	butelis	pudele	pudel
Frühstück	pusryčiai	brokastis	hommikusöög
Gabel	akutė	dakša	kahvel
gebraten	kepti	cepts	praetud
Mittagessen	pietūs	pusdienas	lõunasöök
Nachspeise	desertas	deserts	magustoit
Restaurant	restoranas	resorānts	restoran
Suppe	sriuba	zupa	supp
Tasse	puodelis	tase	tass
Teller	lėkštė	šķīvis	taldrig

Nützliche Adressen und Reiseservice

Auf einen Blick

Vilnius ist die Hauptstadt der Republik Litauen – Lietuva (LT)
Bevölkerung Litauen: 81 % Litauer, 8 % Russen, 7 % Polen
Einwohnerzahl Litauen: 3,7 Millionen
Einwohnerzahl Vilnius: 542 000
Fläche Litauen: 65 300 qkm
Politik: Litauen ist eine parlamentarische Demokratie, Mitglied der Nato und der EU.
Religion: überwiegend katholisch, fast 80 %
Sprache: Litauisch ist eine indogermanische Sprache. Mit Englisch oder Russisch, manchmal auch mit Deutsch kann man sich verständlich machen.
Wirtschaft: Den Übergang zur privaten Marktwirtschaft hat Litauen in den letzten Jahren bewältigt. Der Lebensstandard ist seit der Wiedererlangung der Unabhängigkeit stetig gestiegen. Die jährliche Wachstumsrate liegt bei 6,5–7,5 %.

Anreise

Mit dem Auto

Mit dem Auto fährt man über Polen nach Litauen. Litauen hat bisher als einziges Land im Baltikum gute Autobahnen, doch Vorsicht: Auch hier sind manchmal Pferdewagen und Radfahrer unterwegs oder Fußgänger überqueren die Trasse. Geschwindigkeitsbeschränkung in der Stadt 50 km/h, auf der Landstraße 90 km/h und auf den Autobahnen 110 km/h (Sommer) bzw. 130 km/h (Winter).

Pannendienst Altas; Tel. 8-8 00-1 81 00; www.altas.lt

Mit der Bahn

Nach Vilnius per Zug fährt man am besten über Warschau. Von Berlin gibt es dreimal wöchentlich einen Zug. Nach 6 Std. Fahrt muss man in Warschau am Zentralbahnhof umsteigen und fährt von dort aus noch etwa 10 Std. nach Vilnius.

www.bahn.de

Bahnhof Vilnius
Geležinkelio 16; Tel. 2 33 00 86; www.litrail.lt
Reservierungsbüro Tel. 2 62 69 47; tgl. 8–21 Uhr

Mit dem Bus

Die billigste Art, nach Vilnius zu reisen, ist mit dem Bus. Busse fahren von Berlin, Bremen, Hamburg, Köln, München, Stuttgart und Wien. Von Berlin dauert eine Busfahrt ca. 18 Std.

Busbahnhof Vilnius; Sodų 22; Tel. 2 15 13 77; www.eurolines.lt

Mit dem Flugzeug

Der Flughafen befindet sich nur 6 km südlich des Zentrums. Außer den internationalen Linien fliegen nach Vilnius die Lithuanian Airlines (www.lal.lt) und die AirBaltic (www.airbaltic.com). Letztere bietet günstige Tarife an.

Taxis in die Altstadt kosten nicht mehr als 20 LT.

www.vilnius-airport.lt

Auskunft

In Vilnius

Touristeninformation
Didžioji 31; Tel. 2 62 64 70, Fax 2 62 07 62; turizm.info@vilnius.lt
Vilniaus 22; Tel. 2 62 96 60, Fax 2 62 81 69; tic@vilnius.lt
Geležinkelio 16; Tel. 269 20 91; tic@vilnius.lt

Für den deutschsprachigen Raum

Baltikum Tourismus Zentrale
Alle Informationen, keine Reisebuchungen.
Katharinenstr. 19–20; 10711 Berlin-Wilmersdorf; Tel. 0 30/89 00 90 91, Fax 89 00 90; www.gobaltic.de

Schnieder-Reisen
Spezialist für das Baltikum.
Schillerstr. 43; 22714 Hamburg;
Tel. 0 40 3 80 20 60; www.baltikum24.de, info@baltikum24.de

Buchtipps

Marianna Butenschön: Litauen, Beck'sche Reihe, C. H. Beck 2002. Ausführliche Informationen zur Geschichte und Kultur Litauens.

Jurga Ivanauskaite: Die Regenhexe, dtv 2002. Die junge litauische Autorin lässt drei Frauen aus unterschiedlichen Jahrhunderten über ihr Liebesleben berichten. Sie kratzt an gesellschaftlichen Tabus, was für heftige Proteste sorgte, als das Buch 1993 in Litauen erschien.

Eduard von Keyserling: Wellen, SZ-Bibliothek Bd. 30, 2004. Der Roman versetzt den Leser auf die Kurische Nehrung zu Beginn des 20. Jh.

Czeslaw Milosz: Die Straßen von Wilna, Hanser Verlag 1994. Der polnisch-litauische Nobelpreisträger erinnert sich an die Stadt seiner Jugend. Ein poetisches Buch vom Glück und Schmerz der Erinnerung.

Mascha Rolnikaite: Ich muss erzählen, Kindler Verlag 2003. Bewegende Tagebuch, das vom Leiden und Sterben im Vilniusser Ghetto erzählt.

Diplomatische Vertretungen

In Vilnius

Deutsche Botschaft
Sierakausko 24/8, 2600 Vilnius;
Tel. 2 10 64 00, Fax 2 10 64 46;
www.vilnius.diplo.de; Mo–Do 8.30–16, Fr bis 14.30 Uhr

Österreichische Botschaft
Gaono 6, 01131 Vilnius;
Didžioji 8, 2001 Vilnius;
Tel. 2 66 05 80, Fax 2 79 13 63;
wilna-ob@bmaa.gv.at

Schweizer Botschaft
Konarskio 49, 3123 Vilnius;
Tel. 2 12 08 37, Fax 2 79 14 84;
schweizer-gk-vilnius@gmx.ch

Feiertage

1. Januar: Neujahr und Tag der Staatsflagge
13. Januar: Gedenken an die Verteidiger der Freiheit (1991; kein offizieller Feiertag)
16. Februar: Unabhängigkeitstag (Wiederherstellung des Litauischen Staates 1918)
11. März: Gedenktag zur wiedererlangten Unabhängigkeit von 1990
Ostern: Karfreitag, Ostersonntag und -montag
14. Juni: Nationaler Trauer- und Hoffnungstag (Beginn der Massendeportationen nach Sibirien durch die Sowjets)
24. Juni: Johannisfest (kein offizieller Feiertag)
6. Juli: Tag des Staates (Krönungstag von Mindaugas)
15. August: Mariä Himmelfahrt
8. September: Krönung von Vytautas
23. September: Gedenktag für die Holocaust-Opfer (Auflösung des Ghettos von Vilnius am 23. September 1943)
25. Oktober: Tag der Verfassung
1. November: Allerheiligen
25./26. Dezember: Weihnachten

Geld

Litauens Landeswährung ist der Litas (LTL/LT). Noten gibt es von 10–100 LT.

Geld kann man in Banken (Öffnungszeiten Mo–Fr 9–17 Uhr), an Bankautomaten, in Wechselstuben sowie in den großen Hotels und am Flughafen tauschen. Kreditkarten werden fast überall akzeptiert.

Internet

www.tourism.vilnius.lt
Offizielle Website der Touristenbüros in Vilnius, auch auf Deutsch.
www.litauen.com/www.litauen.org
Basisdaten und weiterführende Links.
www.travel.lt
Website des litauischen Fremdenverkehrsamtes.

www.inyourpocket.com
Gute englischsprachige Website über Vilnius mit vielen Tipps.
www.litauen-info.de
Sehr gute Seite, die auf Deutsch umfassende Informationen zu Land und Leuten liefert. Eine echte Fundgrube!
www.online.lt
Gute Links zu verschiedenen Aspekten des litauischen Lebens.
www.ratgeber-litauen.de
Gute deutschsprachige Website mit vielen Tipps.
www.vilnius.lt
Offizielle Seite der Stadt Vilnius auf Englisch.

Internetcafé
Collegium
Nettes Intercafé in der Altstadt. Auch Kopier- und Übersetzerservice.
Pilies 22; Tel. 2 61 83 34; www.dora.lt; tgl. 8–24 Uhr

Medizinische Versorgung

Apotheken sind gut ausgestattet. Eine Auslandskrankenversicherung ist notwendig. Bei Arztbesuchen, außer Notfällen, ist ein Honorar fällig.

Baltic American Clinic
24 Std. Bereitschaft professioneller, westlich ausgebildeter Mediziner.
Nehmenčinės pl. 54 A; Tel. 2 34 20 20, 8-6 98-5 26 55; www.bak.lt

Mietwagen

Mietwagen sind bei den internationalen Mietwagenvertretungen in der Stadt und am Flughafen erhältlich. Fahrten sind über die Grenzen des Landes hinweg innerhalb der baltischen Staaten möglich, die Leihverträge sollte man bei sich führen.

AVIS
Am Flughafen; Tel. 8-5/2 39 68 20; www.avis.lt

Europcar
Stuokos-Gucevičiaus; Tel. 9-1 3; 8-5/ 2 12 02 07; www.europcar.lt

Notruf

Feuerwehr 01
Polizei 02
Krankenwagen 03 oder
Feuerwehr/Notarzt 1 12
Polizei 1 10

Wechselkurse

Lit. Litas	Euro	Schw. Franken
1	0,29	0,45
5	1,45	2,25
10	2,90	4,49
30	8,69	13,47
50	14,48	22,45
100	29,00	45,00
250	72,00	112,26
500	145,00	224,00
750	217,00	336,80
1000	290,00	449,00
1500	434,00	673,50
5000	1448,00	2245,00

Nebenkosten in Euro

1 Tasse Kaffee	0,60
1 Glas Bier	0,70
1 Cola bzw. Limo	0,40
1 typisches kleines Gericht	1,80
1 Schachtel Zigaretten	1,30
1 Liter Super-Benzin	0,80
Taxifahrt	30–50 Cent pro km
Mietwagen/Tag	50,00–70,00

Stand: Februar 2006

Öffentliche Verkehrsmittel
Busse, Minibusse und Trolleybusse. Tickets gibt es beim Fahrer oder an Kiosken (Lietuvos Spauda).

Post
Postkarte ins europäische Ausland kostet 1,20/1 LT; Brief 1,70/1,30LT (normal/Luftpost)

Zentrales Postamt, Gedimino 7;
Tel. 2 62 54 68; www.post.lt;
Mo–Fr 7–19, Sa 9–16 Uhr

Reisedokumente
Innerhalb der EU benötigt man nur einen gültigen Personalausweis oder Reisepass, Nicht-EU-Einwohner können sich 90 Tage mit gültigem Reisepass im Lande aufhalten.

Informationen: www.urm.lt

Reiseknigge
Seit 2001 gibt es in Litauen ein Gesetz, dass Alkohol nicht auf Straßen oder in Parks oder gar in öffentlichen Verkehrsmitteln getrunken werden darf, es droht eine Geldstrafe von etwa 50 €. Und: Litauen ist ein katholisches Land. Es ist besonders wichtig, bei der Besichtigung der Kirchen angemessen gekleidet zu sein. Beim Betreten einer russisch-orthodoxen Kirche bedecken Frauen ihren Kopf.

Als Trinkgeld sind in Restaurants und für Dienstleistungen 10 % des Preises üblich.

Reisezeit
Die beste Reisezeit ist von April bis Oktober. Die Winter können sehr kalt und schneereich sein.

Stadtführung/-rundfahrt
Am alten Rathaus werden 1- und 2-stündige Stadtrundfahrten angeboten.

Tel. 2 73 86 25; www.vap.lt

Eine Stadtführung beginnt täglich am alten Rathaus.

Weitere Angebote: Stadtspaziergang »Das jüdische Vilnius« und Ausflüge im Land.

Senamiesčio Gidas, Aušros Vartų 7;
Tel. 2 61 55 58; www.vilniuscitytour.com

Taxi
Eine Taxifahrt innerhalb der Altstadt kostet zwischen 5 und 10 LT.

Taxiruf: Tel. 2 16 06 06,
2 44 44 44, 2 12 88 88

Telefon
Vorwahl von Vilnius in andere litauische Orte und zu Mobiltelefonnummern: 8.
Vorwahl Deutschland 00 49
Österreich 00 43
Schweiz 00 41

Das Mobilfunknetz ist modern, und westliche Handys funktionieren einwandfrei.

Vilnius-Card
In den Touristenbüros, auf dem Flughafen und in den großen Hotels bekommt man diese Karte. Leistungen: offizielle Stadtrundfahrt, Besuch fast aller Museen und Sehenswürdigkeiten, Stadtverkehr gratis, Rabatte in vielen Geschäften und Gaststätten. Sie kostet für 24 Std. 10,50 €, 48 Std. 13 €, 72 Std. 23 €; Kinder bis 14 Jahre zahlen immer 5,80 €.

Zeit
Der Unterschied zur MEZ beträgt +1 Stunde. Da Litauen aber nicht auf Sommerzeit umstellt, entspricht die Zeit von März bis Oktober der MEZ.

Zeitschriften und Zeitungen
An Kiosken kann man internationale Zeitungen und Zeitschriften kaufen, auf Deutsch erscheint die »Baltische Rundschau« (www.baltische-rundschau.de) und auf Englisch »The Baltic Times« (www.baltictimes.com).

Zoll
Bei der Ein- und Ausreise von EU-Bürgern dürfen 800 Zigaretten und 10 Liter Alkohol mitgenommen werden, von Nicht-EU-Bürgern nur 1 Liter Alkohol und 200 Zigaretten.

Nützliche Adressen und Reiseservice

Auf einen Blick

Riga ist die Hauptstadt der Republik Lettland – Latvija (LV)
Bevölkerung Lettland: 58 % Letten, 30 % Russen
Einwohnerzahl Lettland: 2,4 Millionen
Einwohnerzahl Riga: 788 283
Fläche Lettland: 64 590 qkm
Politik: Lettland ist eine parlamentarische Demokratie. Lettland ist Mitglied der Nato und der EU.
Religion: Nur 27 % der Letten gehören einer Religion an, davon sind ca. 50 % protestantisch, etwa 24 % katholisch, 9 % sind russisch-orthodox.
Sprache: Die Landessprache ist Lettisch, sie gehört zum baltischen Zweig der indogermanischen Sprachfamilie und ist nicht mit den slawischen Sprachen verwandt. Untereinander verständigt man sich in den baltischen Staaten häufig auf Russisch. Englisch ist im Kommen und wird in Hotels und Restaurants in Riga überall gesprochen.
Wirtschaft: Lettland setzt – wie seine baltischen Nachbarländer auch – auf verarbeitende Industrie und den Dienstleistungssektor (Tourismus, Handel- und Finanzdienstleistungen). Für weite Teile des Landes ist nach wie vor die Landwirtschaft bestimmend, mit der es langsam wieder bergauf geht, dank der EU-Subventionen.

Anreise

Mit dem Auto

Man fährt über Polen und Litauen, über die Via Baltica. Beim Autofahren muss auch am Tag Licht eingeschaltet sein. Neben den Fahrzeugpapieren muss die grüne Versicherungskarte mitgeführt werden.

Mit der Bahn

Von Westeuropa geht es über Berlin, Warschau, Vilnius oder Stockholm, dann mit der Fähre weiter. Die Bahnreise ist nicht ratsam, denn sie kann bis zu 34 Std. dauern. Viele Bahnstrecken innerhalb des Landes wurden durch Busverkehr ersetzt.

Bahnhof Riga(Centrālā dze/zcela stacija)
Gogol iela 3; Tel. 7 23 33 14; www.ldz.lv

Mit dem Bus

Es gibt regelmäßige Busverbindungen von Berlin, Wien oder Zürich nach Riga.

Von Berlin dauert die Fahrt ca. 20 Std. Riga ist mit den anderen Hauptstädten des Baltikums per Bus gut verbunden.

www.deutsche-touring.com

Busbahnhof Riga

Direkt neben dem Bahnhof. Von hier starten Busse in fast jeden Ort des Landes.

www.autoostva.lv

Mit dem Flugzeug

Der internationale Flughafen Riga liegt etwa 10 km südwestlich vom Stadtzentrum. Außer den internationalen Fluglinien fliegen auch AirBaltic und viele Billigfluglinien Riga an.

In die Stadt fährt jede halbe Std. der Bus 22 und der Express Bus 22 A. Der Transfer kostet 0,25 Ls, eine Taxifahrt in die Stadt ca. 7 Ls.

Tel. 7 20 70 09; www.riga-airport.com

Mit dem Schiff

Von Mai bis September verkehren Schiffe und Autofähren zwischen Rostock und Liepāja, die Fahrt dauert 26 Std.

www.scandlines.de

Auch von Lübeck nach Riga und Ventspils gibt es viermal wöchentlich eine Verbindung.

www.lisco-baltic-service.de

Auskunft

In Riga
Lettisches Tourismus-Informationsbüro
Smilšu (in der Nähe des Domplatzes); Tel. 7 22 46 64; www.latviatourism.lv
Schwabhaus; Ratšlaukums 6; Tel. 7 03 79 00; www.rigatourism.com

Für den deutschsprachigen Raum
Baltikum Tourismus Zentrale
Alle Informationen, keine Reisebuchungen.
Katharinenstr. 19–20; 10711 Berlin-Wilmersdorf; Tel. 0 30/89 00 90 91, Fax 89 00 90; www.gobaltic.de

Schnieder-Reisen
Spezialist für das Baltikum.
Schillerstr. 43; 22714 Hamburg; Tel. 0 40 3 80 20 60; www.baltikum24.de, info@baltikum24.de

Buchtipps

Unter www.literatur.lv hat Matthias Knoll eine Reihe empfehlenswerter Literatur zusammengestellt.

Henning Mankell: Die Hunde von Riga, dtv, 2000. Ein spannender Kriminalroman in einem düsteren Riga in der Zeit des Zerfalls der Sowjetunion.

Gundega Repse: Unsichtbare Schatten, DuMont 1998. Beziehungsroman im Riga der Neunzigerjahre.

Diplomatische Vertretungen

In Riga
Deutsche Botschaft
Raiņa bulv.13, 1050 Riga; Tel. 7 22 90 96; www.deutschebotschaft-riga.lv

Österreichische Botschaft
Elizabetes iela 21a, 1010 Riga; Tel. 7 21 61 25; austrian.embassy@mailbox.riga.lv

Schweizer Botschaft in Lettland und Litauen
Elisabetes iela 2, 1340 Riga; Tel. 7 33 83 51; vertretung@rig.admin.ch

In Deutschland
Botschaft der Republik Lettland
Reinerzstr. 40–41, 14193 Berlin; Tel. 0 30/82 60 02 22; www.botschaft-lettland.de

In Österreich
Botschaft der Republik Lettland
Auch für die Schweiz zuständig.
Stefan Esders Platz 4, A-1090 Wien; Tel. 01/4 03 31 12; www.letbot.at

In der Schweiz
Honorarkonsulat der Republik Lettland
Gessnerallee 36, CH-8001 Zürich; Tel. 01/2 12 86 16

Feiertage

1. Januar: Neujahr
Ostern: gesetzliche Feiertage mit Karfreitag und Ostermontag
1. Mai: Tag der Arbeit
23./24. Juni: Johannisfest
18. November: Nationalfeiertag (Unabhängigkeitserklärung)
24–26. Dezember: Weihnachten
31. Dezember: Silvester

Fundbüro

Nachfrage unter: Tel. 7 08 66 28

Lettische Santīms. Auf Reisen im Baltikum muss man sich noch auf verschiedene Währungen umstellen.

Geld

Die lettische Währung ist der Lat (LVL/Ls). 1 Ls sind 100 Santīms, Noten gibt es für 5, 10, 20, 50, 100, 500 Ls.

Geld kann man in Banken (Öffnungszeiten Mo–Fr 8.30–12.30, Sa 8.30–11.30), an Bankautomaten, in Wechselstuben, in großen Hotels und am Flugfafen tauschen. Kreditkarten werden fast überall akzeptiert.

Internet

www.botschaft-lettland.de
Sehr informative Website über Land und Leute und Kultur.
www.inyourpocket.com/Latvia
Bewährte Website über alles, was so los ist in Riga. Auf Englisch.
www.literatur.lv
Website für Literatur in Lettland, auch in deutscher Übersetzung.
www.osteuropa-infoseite.de/lettland.htm
Sehr informative Website mit vielen weiterführenden Links.
www.riga.lv
Offizielle Website der Stadt Riga mit guten Infos auf Englisch.
www.rigathisweek.lv
Informative Website mit Grundinfos, aber auch aktuellem Veranstaltungskalender.
www.rigatourism.com
Informative Website des Tourismusverbandes.

Medizinische Versorgung

Die Apotheken sind gut ausgestattet. Es ist ratsam, eine Auslandskrankenversicherung abzuschließen, da Arztbesuche, Medikamente und Krankenhausaufenthalte bar bezahlt werden müssen.

Hospital ARS, Skolas 5; Tel. 7 20 10 01, 7 20 10 07

Mietwagen

Mietwagen gibt es bei den internationalen und nationalen Mietwagenvertretungen in der Stadt und am Flughafen. Fahrten sind über die Grenzen des Landes hinweg innerhalb der baltischen Staaten möglich.

AVIS
Krasta 3; Tel. 7 22 58 76, Fax 7 82 04 41; www.avis.lv

Wechselkurse

Lett. Lats	Euro	Schw. Franken
1	1,43	2,22
5	7,17	11,11
10	14,33	22,22
30	43,00	66,67
50	71,67	111,12
100	143,00	222,00
250	360,00	556,00
500	717,00	1111,00
750	1079,00	1674,00
1 000	1433,00	2222,00
1 500	2159,00	3334,00
5 000	7167,00	11 112,00

Nebenkosten in Euro

1 Tasse Kaffee	0,70
1 Glas Bier	1,00
1 Cola bzw. Limo	0,90
1 typisches kleines Gericht	1,00
1 Schachtel Zigaretten	0,50–1,00
1 Busticket	0,40
1 Liter Super-Benzin	1,00
Mietwagen/Tag	50,00

Stand: Februar 2006

Europcar (Europbalt)
Bastaja 10; Tel. 7 22 26 37,
mobil +3 71 9 22 26 37, Fax 7 82 03 60;
Am Flughafen; Tel. 7 20 78 25
www.europcar.com

Hertz
Aspazijas 24; Tel. 7 22 42 23
Am Flughafen; Tel. 7 20 79 80;
www.hertz.lv

National car Rental
Am Flughafen; Tel. 7 20 77 10

Notruf

Feuerwehr 01
Polizei 02
Notarzt 03
Vom Handy 1 12

Öffentliche Verkehrsmittel

Busse, Trolleybusse und Straßenbahn. Tickets sind beim Fahrer oder Schaffner zu lösen und kosten 0,25 Ls.

Post

Eine Postkarte ins europäische Ausland kostet 0,20 Ls; ein Brief 0,30 Ls.
Zentrales Postamt, Elizabetes iela 41/43; Mo–Fr 9–18, Sa 9–14 Uhr

Reiseknigge

Die Letten sind besonders stolz auf ihre Kultur, die sie über die lange Fremdherrschaft entwickeln und bewahren konnten.

Sie sind sehr deutschfreundlich, obwohl das Volk über Jahrhunderte vom Deutschen Ritterorden unterdrückt war. Etwas heikel ist das Verhältnis der Letten zu den Russen, das noch von der Okkupationszeit belastet ist.

Die Letten sind eher zurückhaltend, dafür aber sehr hilfsbereit und gastfreundlich. Bei der Begrüßung ist der Handschlag nur bei erstmaligen Treffen oder nach langer Abwesenheit üblich.

In Lettland schenkt man zu fast allen Gelegenheiten Blumen. Wenn man eingeladen ist, sollte ein Blumenstrauß nicht fehlen. Für Dienstleistungen und in Restaurants ist ein Trinkgeld von ca. 10 % des Preises üblich.

MERIAN-Tipp

10 LiteraTour durch Riga – die andere Stadtführung

Der Lyriker und bekannte Übersetzer lettischer Literatur, Matthias Knoll aus Berlin, der seit zehn Jahren in Riga lebt, bietet einzigartige Begegnungen mit der lettischen Kultur: eine literarische Tour durch Riga, »einen literarischen Blick hinter die Fassaden der Stadt«, wie es der Dichter selbst bezeichnet. Vor wechselnden Kulissen – auf Hinterhöfen, in Altstadtgassen, auf Plätzen und Brücken liest er aus seinen Übersetzungen Werke lettischer Schriftsteller oder aus Shakespeares Hamlet, ebenfalls an besonderen Örtlichkeiten in Riga. Jede Tour ist individuell.

Informationen und Voranmeldungen bei M. Knoll; Tel. 0 03 71/7 55 49 42, mob./SMS +3 71/9 50 67 19; www.literatur.lv, E-Mail: tour@literatur.lv (Termine unter/Termine/Aktuell)
Treffpunkt: Bremer Stadtmusikanten hinter der St. Petrikirche; Mai–Sept.; Dauer: 2 Std.; Honorar: 10 €

Reisedokumente

Innerhalb der EU benötigt man nur einen gültigen Personalausweis oder den Reisepass. Nicht EU-Bürger können sich 90 Tage mit gültigem Reisepass im Lande aufhalten.

Reisezeit

Typisch nordeuropäisches Klima herrscht in Lettland, im Sommer können die Temperaturen bis zu 28 Grad klettern, der Winter kann im Januar sehr kalt und auch schneereich sein, Minus-Temperaturen bis zu –10 Grad.

Auch mit nur einem PS ist man auf den Straßen des Baltikums flink unterwegs.

Riga-Card
In den Touristenbüros, auf dem Flughafen und in den großen Hotels bekommt man die Karte. Leistungen: offizielle Stadtrundfahrt, Besuch fast aller Museen und Sehenswürdigkeiten, Stadtverkehr gratis, Rabatte in vielen Geschäften und Gaststätten. Sie kostet für 24 Std. 19 €, für 48 Std. 29 € und für 72 Std. 39 €; Kinder bis 16 Jahre zahlen die Hälfte.

Stadtführung/-rundfahrt
Stadtführungen und Stadtrundfahrten bieten die Tourismusbüros an (→ Auskunft, S. 139).
www.rigatourism.com,
www.latviatourism.lv

Taxi
Bei einer Fahrt mit den roten Autos werden tagsüber 0,30 Ls per km, nachts 0,40 Ls per km berechnet. Es empfiehlt sich, den Preis vorher auszumachen.

Taxibestellung: Tel. 8 00 10 10 oder 8 00 00 06.

Telefon
Im Land keine Ortsvorwahl.
Durchwahl Deutschland 0049; Österreich 0043; Schweiz 0041
Landesvorwahl Lettland 00371
Telefonauskunft 118

Es ist relativ teuer, mit deutschen Handys zu telefonieren (3 € pro Min.). An Kiosken gibt es Telefonkarten.

Zeit
Der Unterschied zur MEZ beträgt + 1 Stunde, die Zeitumstellung auf Sommerzeit erfolgt zur gleichen Zeit.

Zeitschriften und Zeitungen
Internationale Zeitungen und Zeitschriften gibt es an Kiosken, wöchentlich erscheint die englischsprachige »The Baltic Times«.

Zoll
Bei der Ein- und Ausreise aus EU-Ländern dürfen 800 Zigaretten und 10 Liter Alkohol mitgenommen werden, aus Nicht-EU-Ländern nur 1 Liter Alkohol und 200 Zigaretten. Bei der Ausfuhr von Kunstwerken und Antiquitäten gelten besondere Bestimmungen, die unter Tel. 7 20 76 06 erfragt werden können.

Geschenke, die in Lettland verbleiben, dürfen nicht 215 € überschreiten.

Nützliche Adressen und Reiseservice

Auf einen Blick

Tallinn ist die Hauptstadt der Republik Estland – Esti (EST)
Bevölkerung Estland: 65 % Esten, 28 % Russen
Einwohnerzahl Estland: 1,4 Mio.
Einwohnerzahl Tallinn: knapp 400 000
Fläche Estland: 45 226 qkm
Politik: Estland ist seit 1991 eine parlamentarische Demokratie, Mitglied der Nato und der EU.
Religion: Nur ca. 32 % der Esten gehören offiziell einer Religion an, davon sind 75 % protestantisch, 20 % sind russisch-orthodox.
Sprache: Die Landessprache ist Estnisch, es gehört zur finnougrischen Sprachfamilie und hat nichts mit dem Indogermanischen oder Slawischen gemein. Auf Englisch oder manchmal auch auf Deutsch kann man sich gut verständigen.
Wirtschaft: Estlands Gesellschaft hat sich auf die freie Marktwirtschaft umgestellt. Die Wirtschaft basiert vor allem auf der verarbeitenden Industrie und dem Dienstleistungssektor (Tourismus, Handel und Finanzdienstleistungen). Zu Sowjetzeiten hatte Estland den höchsten Lebensstandard und das höchste Bruttosozialprodukt unter den Unionsrepubliken. Etwa 10 % der Bevölkerung arbeiten in der Forst- und Landwirtschaft. In der Gentechnologie will Estland eine führende Rolle einnehmen.

Anreise

Mit dem Auto

Am besten über die Via Baltica, die 1500 km über Deutschland, Polen, Litauen, Lettland und Estland führt. Diese Schnellstraße ist in Estland besonders gut ausgebaut, auch die Nebenstraßen sind gut ausgeschildert. Auch am Tag muss das Autolicht eingeschaltet sein.

Mit der Bahn

Nach Westeuropa geht es über Berlin, Warschau oder Stockholm, dann mit der Fähre weiter. Viele Bahnstrecken innerhalb des Landes wurden durch Busverkehr ersetzt.
www.bahn.de

Mit dem Bus

Es gibt regelmäßige Busverbindungen von Berlin, Wien oder Zürich aus. Von Berlin dauert die Fahrt ca. 26 Std. Tallinn ist mit den Hauptstädten des Baltikums per Bus gut verbunden.
Autokraft, Adenauerallee 76;
Tel. 0 40 2 80 86 60, Fax 0 40 28 08 61 13;
www.autokraft.de
www. berlinlinienbus.de;
www.deutsche-touring.com
Eurolinesdu 46, Tallinn; Tel. 6 80 09 09;
www.eurolines.ee, www.eurolines.com;
Bushauptbahnhof Tallinn,
Lastekodu 46f; Tel. 6 01 03 87 für den
Nahverkehr am Bahnhof (Baltijaam)
Tel. 44 18 01

Mit dem Flugzeug

Inzwischen fliegen viele Airlines, auch Billigflieger, Tallinn aus Deutschland, Österreich und der Schweiz an.

Der Flughafen liegt nur 3 km vom Stadtzentrum entfernt und ist schnell mit dem Taxi oder mit dem Expressbus 2 zu erreichen. Ein Taxi ins Zentrum kostet ca. 65 EEK.
Tel. 6 05 87 01, 6 05 88 88;
www.tallinn-airport.ee

Mit dem Schiff

Von Mai bis September verkehren Schiffe und Autofähren zwischen Rostock und Travemünde über Helsinki nach Tallinn. Fährverbindungen bestehen nach Helsinki und Stockholm. Im Sommer verkehren hier als Schnellverbindungen Katamarane.

Silja Line
Zeißstr. 6, 23560 Lübeck;
Tel. 04 51/5 89 92 22; www.siljaline.de, www.finnlines.fi

Auskunft

In Tallinn
Estravel
13 Suur Karja; Tel. 6 26 62 33;
www.estravel.ee

Für den deutschsprachigen Raum
Baltikum Tourismus Zentrale
Alle Informationen, keine Reisebuchungen.
Katharinenstr. 19–20, 10711 Berlin-Wilmersdorf; Tel. 0 30/89 00 90 91, Fax 89 00 90; www.gobaltic.de

Schnieder-Reisen
Schillerstr. 43, 22714 Hamburg;
Tel. 0 40 3 80 20 60; www.baltikum24.de, info@baltikum24.de

Buchtipps

Maimu Berg: Ich liebte einen Russen, Gollenstein Verlag Blieskastel 1998. Die estnische Autorin packt ein heißes Eisen an: die komplizierte Beziehung zwischen Estland und Russland in den Achtzigerjahren.

Lichtungen. Zeitschrift für Literatur, Kunst und Zeitkritik, Graz 2003. Schwerpunkt junge Literatur aus Tallinn. Lyrik und Prosa.
www.lichtungen.at

Jaan Kross: Das Leben des Balthasar Rüssow, dtv 1999. Der berühmteste Autor Estlands, nominiert für den Friedensnobelpreis, schildert den Kampf um die Unabhängigkeit Estlands in der zweiten Hälfte des 16. Jh. in Tallinn und Livland.

Diplomatische Vertretungen

In Tallinn
Deutsche Botschaft
Toom-Kuninga 11, 15048 Tallinn;
Tel. 6 27 53 00; www.germany.ee

Österreichische Botschaft
Vambola 6, 10114 Tallinn;
Tel. 6 27 87 40; www.austrianembassy.ee

Schweizer Honorarkonsulat
Tuvi 12-28, 10119 Tallinn; Tel. 6 31 30 41

Wechselkurse

Estn. Kronen	Euro	Schw. Franken
1	0,06	0,10
5	1,32	0,50
10	1,64	0,99
30	1,92	2,97
50	3,19	4,95
100	6,00	10,00
250	16,00	24,76
500	32,00	50,00
750	48,00	74,34
1 000	64,00	99,00
1 500	96,00	148,65
5 000	319,00	495,00

Nebenkosten in Euro

1 Tasse Kaffee	0,75
1 Glas Bier	0,65
1 Glas Cola oder Limo	0,60
1 kleines Gericht	2,40
1 Schachtel Zigaretten	1,32
1 Taxifahrt pro km	0,42
1 Liter Super-Benzin	1,20
1 Busfahrt	0,42

Stand: Februar 2006

Goethe-Institut Estland
Suurtüki 4b; Tel. 6 27 69 60;
www.goethe.de/ne/tal

In Deutschland
Botschaft der Republik Estland
Hildebrandstr. 5, 10785 Berlin;
Tel. 0 30 25 46 06 00; www.estemb.de

In Österreich
Botschaft der Republik Estland
Wohllebengasse 9–13, 1040 Wien;
Tel. 01 5 03 77 61;
www.embassy.vienna.ee

In der Schweiz
Honorarkonsulat der Republik Estland
Bergstr. 52, 8712 Stäfa; Tel.
0 19 26 88 37; www.baltics.ch/konsulat/

Feiertage

1. **Januar:** Neujahr
24. **Februar:** Nationalfeiertag (Unabhängigkeitsdeklaration von 1918)
Karfreitag, Ostersonntag (Ostermontag ist kein offizieller Feiertag)
1. **Mai:** Maifeiertag
23. **Juni:** Tag des Sieges
24. **Juni:** Johannistag
20. **August:** Ende der sowjetischen Okkupation 1991
25./26. **Dezember:** Weihnachten

Geld

Estlands Landeswährung ist die Estnische Krone (Kroon/EEK). 1 Krone (EEK) sind 100 Sents. Noten gibt es für 2, 5, 10, 25, 100 und 500 Kronen.

Geld kann man in Banken (Öffnungszeiten Mo–Fr 9–18 Uhr), an Bankautomaten, in Wechselstuben, in großen Hotels oder auf dem Flughafen tauschen. Kreditkarten werden fast überall akzeptiert, besonders beliebt sind VISA und Mastercard.

Internet

www.eestikontsert.ee Information über klassische Musikkonzerte
www.inyourpocket.com Reiseführer, Veranstaltungskalender
www.osteuropa-infoseite.de/estland.htm sehr informativ mit weiterführenden Links
www.tallinn.ee offizielle Website der Stadt Tallinn
www.tourism.tallin vom Verkehrsamt zusammengestellte Seiten
www.ttw.ee »Tallinn this week«, englischsprachige Programmübersicht, informiert über Events, Restaurants, Museen.
www.vibe.ee Livemusik-Veranstaltungskalender

Internetcafés
Die Esten sind internetversessen. In der Stadt gibt es überall Internetcafés, fast in allen Restaurants steht am Tresen ein Computer, den man nutzen kann.

Medizinische Versorgung

Apotheken sind gut ausgestattet. Wer regelmäßig bestimmte Medikamente braucht, sollte sich diese auf Vorrat mit auf Reisen nehmen. Eine Auslandskrankenversicherung ist empfehlenswert.
East-Tallinn Central Hospital, Ravi 18;
Tel. 6 20 70 15

Mietwagen

Mietwagen sind bei den internationalen Mietwagenvertretungen in der Stadt und am Flughafen erhältlich. Fahrten sind über die Grenzen des Landes hinweg innerhalb der baltischen Staaten möglich.

AVIS
Liivalaia 13/15; Tel. 6 67 15 00,
Fax 6 67 15 01
Am Flughafen; Tel. 6 05 82 22;
www.avis.ee

Europcar
Narva mnt. 7; Tel. 6 10 93 17,
Fax 6 10 93 27
Am Flughafen; Tel. 6 05 80 31;
www.europcar.ee

Hertz
Lennujaama tee 2; Tel. 6 05 89 23, Fax 6 05 89 53; www.hertz.ee

Notruf
Feuerwehr 112
Polizei 110
Krankenwagen wie Feuerwehr 112

Öffentliche Verkehrsmittel
Fahrkarten für Tram und Bus kann man am Kiosk kaufen, auch beim Fahrer, gegen Aufpreis. Tickets kosten ca. 50–70 Sents.

Post
Karte oder Brief innerhalb der EU kosten 6,50 EEK, außerhalb 8 EEK.
Zentrales Postamt, Narva mnt. 1; Mo–Fr 9–18, Sa 9–15 Uhr

Reiseknigge
Den Esten werden »gesunder Bauernverstand«, eine gewisse Introvertiertheit und eine eher skeptische Natur nachgesagt, sie lieben aber dennoch das Feiern und Singen. Zuverlässigkeit und eine distanzierte Freundlichkeit gehören zu den Primärtugenden. Der Este schätzt weniger emotionale Gefühlsausbrüche. Umarmungen und Küssen beim Begrüßen vermeidet er.

In Restaurants und für Dienstleistungen ist ein Trinkgeld von ca. 10 % des Preises üblich.

Reisepapiere
Innerhalb der EU benötigt man nur einen gültigen Personalausweis oder Reisepass, Nicht EU-Einwohner können sich 90 Tage mit gültigem Reisepass im Lande aufhalten.

Reisezeit und Wetter
Maritimes Kontinentalklima sorgt für warme Sommer, mit Durchschnittstemperaturen von 16–19 °C, und kühle Winter mit Temperaturen bei –3/–5 °C. Die längsten Sommertage, während der Weißen Nächte im Juni, dauern etwa 19 Std., der kürzeste Wintertag dauert nur 6 Std.

Stadtführung-/Rundfahrt
Buchung in Information bei der großen Tourist-Information, in der Nähe der Niguliste-Kirche.
Kullassepa 4; Tel. 6 45 77 77; www.tourism.tallinn.ee

Tallinn-Card
In Tourismusbüros, im Hafen, auf dem Flughafen und in den Reisebüros bekommt man die Karte. Ihre Leistung: offizielle Stadtrundfahrt, Besuch aller Museen und Sehenswürdigkeiten, Stadtverkehr gratis, Rabatte in vielen Geschäften und Gaststätten. Sie kostet für 6 Std. 6 €, 24 Std. 16 €, 48 Std. 19 €, 72 Std. 22,50 €; Kinder bis 14 Jahre zahlen die Hälfte.

Taxi
Preis 7 EEK per Kilometer, Minimum für eine Fahrt sind 25 EEK.

Den Fahrpreis sollte man vor der Fahrt ausmachen. Taxibestellung: Tel. 6 38 11 11 oder 6 01 43 33.

Telefon
Im Land keine Ortsvorwahlen.
Durchwahl nach Deutschland 00 49; Österreich 00 43; Schweiz 00 41
Landesvorwahl Estland 0 03 72

Es ist relativ teuer, mit deutschen Handys zu telefonieren, ca. 4 € pro Minute.

Zeit
Der Unterschied zur MEZ beträgt + 1 Stunde, Zeitumstellung auf Sommerzeit.

Zeitschriften und Zeitungen
Es gibt internationale Zeitungen und Zeitschriften, wöchentlich erscheint die englischsprachige »The Baltic Times« (www.baltictimes.com).

Zoll
Bei der Ein- und Ausreise von EU-Bürgern dürfen 800 Zigaretten und 10 Liter Alkohol mitgenommen werden, von Nicht-EU-Bürgern nur 1 Liter Alkohol und 200 Zigaretten.

Kartenatlas

Orientierung leicht gemacht: mit Planquadraten und allen Orten und Sehenswürdigkeiten.

Legende

Spaziergänge

- Barock in Vilnius (S. 24)
- Das jüdische Vilnius (S. 25)
- Von der St. Petrikirche zum Schloss (S. 55)
- Von der Kunst zum Markt (S. 56)
- Entlang der Festung (S. 90)
- Von Kadriorg nach Pirita (S. 91)

Routen und Touren

- An die Kurische Nehrung (S. 118)
- Nach Cēsis in der Vidzeme (S. 120)
- Durch den Lahemaa-Nationalpark (S. 122)

Sehenswürdigkeiten

- 10 MERIAN-TopTen
- 10 MERIAN-Tipp
- Sehenswürdigkeit, öffentl. Gebäude
- Sehenswürdigkeit Kultur
- Sehenswürdigkeit Natur
- Kirche, Kloster
- Schloss, Burg; Ruine
- Museum
- Denkmal

Verkehr

- Autobahn
- Autobahnähnliche Straße
- Fernverkehrsstraße
- Hauptstraße

Verkehr ff.

- Nebenstraße
- Unbefestigte Straße, Weg
- P Parkmöglichkeit
- B Busbahnhof
- Flugplatz
- Flughafen
- Grenzübergang

Sonstiges

- i Information
- Theater
- Nationalparkgrenze

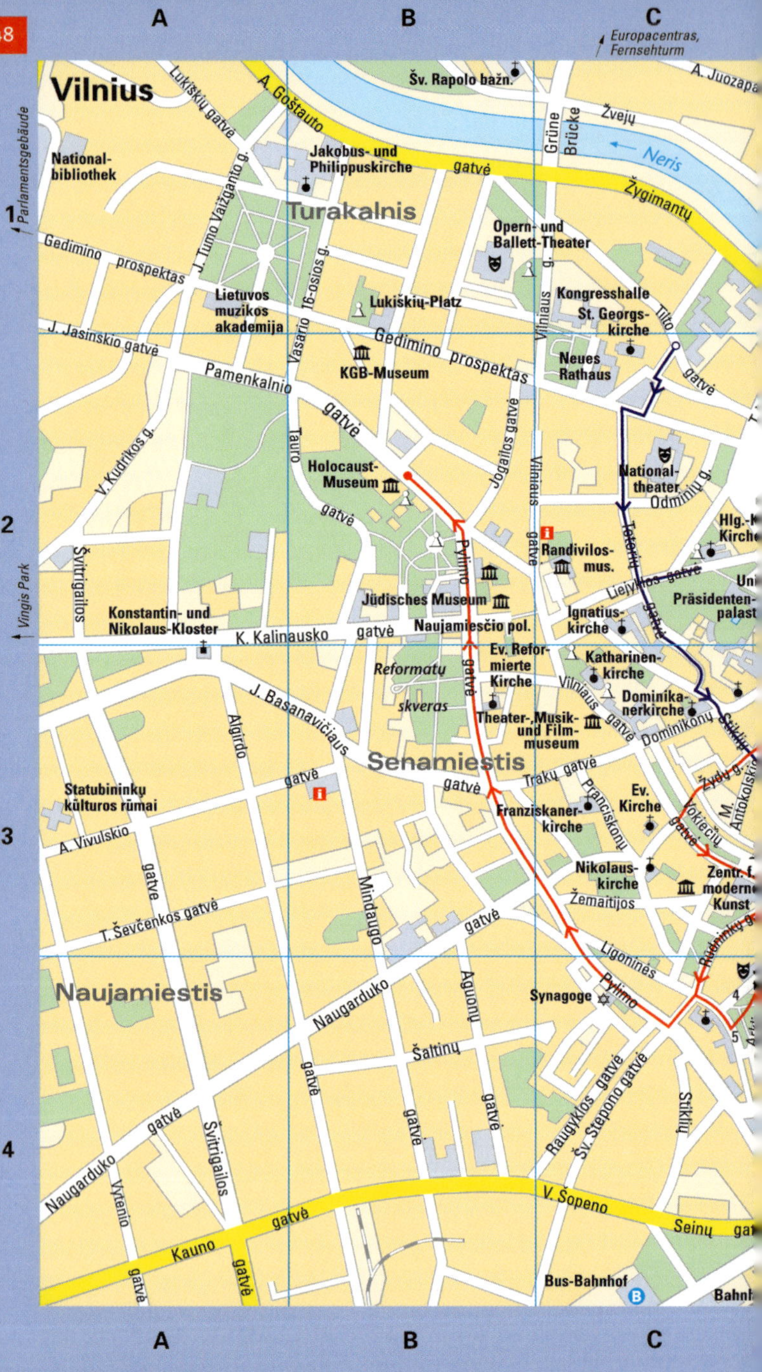
A
B
C
Europacentras, Fernsehturm
Parlamentsgebäude
Vingis Park
1
2
3
4
Vilnius
Lukiškių gatvė
A. Goštauto gatvė
Šv. Rapolo bažn.
A. Juozapa
Grüne Brücke
Žvejų
Neris
Žygimantų
National-bibliothek
Jakobus- und Philippuskirche
J. Tumo Vaižganto g.
Turakalnis
Opern- und Ballett-Theater
Gedimino prospektas
16-osios g.
Lietuvos muzikos akademija
Lukiškių-Platz
Vilniaus g.
Kongresshalle
St. Georgs-kirche
Tilto gatvė
J. Jasinskio gatvė
Vasario
KGB-Museum
Neues Rathaus
Pamenkalnio gatvė
Tauro
Jogailos gatvė
V. Kudirkos g.
Holocaust-Museum
Nationaltheater
Odminių g.
Totorių gatvė
Hlg.-K Kirche
Randivilos-mus.
Pylimo
Švitrigailos
Liejyklos gatvė
Uni
Präsidenten-palast
Jüdisches Museum
Konstantin- und Nikolaus-Kloster
K. Kalinausko gatvė
Naujamiesčio pol.
Ignatius-kirche
Ev. Reformierte Kirche
Reformatų skveras
Katharinen-kirche
Dominikanerkirche
Dominikonų
Stiklių
J. Basanavičiaus gatvė
Algirdo
Theater-, Musik- und Filmmuseum
Senamiestis
Trakų gatvė
Žydų g.
M. Antokolskio
Statubininkų kūlturos rūmai
Franziskanerkirche
Pranciškonų
Ev. Kirche
Vokiečių gatvė
A. Vivulskio
gatvė
Mindaugo
Nikolaus-kirche
Zentr. f. moderne Kunst
Žemaitijos
T. Ševčenkos gatvė
Rūdninkų g.
Ligoninės
Naujamiestis
Naugarduko gatvė
Aguonų
Synagoge
Šaltinių
Raugyklos gatvė
Šv. Stepono gatvė
Stiklių
Vytenio
V. Šopeno
Seinų ga
Kauno gatvė
Bus-Bahnhof
Bahnh

D
E
F
Peter- und Paulskirche
Atviras "Žalgiris" baseinas
Konzert- und Sportpalast
baseinas "Žalgiris"
Olimpiečių gatvė
Rinktinės g.
T. Kosciuškos gatvė
Arsenalo
Stadionas "Dinamo"
Vasaros
Kalnų parko estrada
Kalnų parkas
Drei Kreuze
Nationalmuseum
Gediminas-Turm
Burg
Kathedrale
Olandų gatvė
Krivių gatvė
Krivių
Filaretų gatvė
Barboros
Radvilaitės g.
Shakespeare Boutique Hotel
Bern-stein-Mus.
Mickieviczhs.
Sv. Mykolo g.
Pilies g.
Architek-turmus.
Volano g.
Maironio gatvė
Gotisches Ensemble
Vilnia
Tores
Užupis
Polocko gatvė
Užupio
Malūnų
Rusų
Latako
Bokšto
Didžioji g.
Gemälde-galerie
Paupio
Savičiaus
Maria-Trost-Kirche
Aukštaičių gatvė
Aukštaičių gatvė
Paupio
Kasimir-kirche
Šv. Kazimiero g.
Maironio gatvė
Artillerie-bastion
Christi-Himmel-fahrts-Kirche
Zarasų g.
Philhar-monie
Subačiaus gatvė
Herz-Jesu-Kirche
Orthod. Heilig-geistkirche
Aušros Vartų
St. Theresa-Kirche
M.Daukšos gatvė
Rasų gatvė
Markučių g.
P. Višinskio
Aušros-Tor
gatvė
Pelesos
Liepkalnio g.
Rasų gatvė
gatvė
1
2
3
4
1 Literatų gatvė (D3)
2 Bernardinų gatvė (D2)
3 Šiltadaržio (D2)
4 Karmelitų (C4)
5 Visų Šventųjų gatvė (C4)
0 300 m
N
© MERIAN-Kartographie

A
B
C
1
2
3
4
Rīga
Jūras pasažieru stacija
Andrejosta
Ausekļa iela
Vīlandes iela
Rūpniecības iela
Pulkeveža Brieža
Mednieku iela
J. Rozen Museum
Strēlnieku iela
Alberta iela
Elizabetes iela
A
CH
P. Stradiņa medicīnas vēstures muzej
Kalpaka bulv.
Kronvalda parks
Kronvalda
J. Alunāna
Kultur minist
Mikela iela
Konzertsaal
LU Bioloģijas fakultāte
Kongress-halle
Peter- und Paulskirche
Citadeles iela
bulv.
Vingrotāju iela
Neues Rathaus
Kr. Valdemāra
Munizipalität
Eksporta iela
Muitas iela
Noliktavas
National-theater
Rai
Muitas iela
Kr. Valdemāra iela
Jēkaba laukums
Jēkaba
Basteja
Bank Lettland
Pils laukums
WC
Baste
Vanšu tilts
Torņa iela
Kunstmuseum Arsenal Saemia
Schweden-tor
Stadtmauer
Pulverturm
Schloss
Hist. Museum
St. Jakobi-kirche
iela
Stadt-u. Schiff-fahrtsmuseum
Maria-Magda-lena-Kirche
Drei Brüder
M. Smilšu iela
Vaļņu iel
Smilšu
Pils iela
Große Gilde
Meistaru iela
Anglikan. Kirche
Doma lauk.
Līvu laukums
Miesnieku iela
Herdera lauk.
Dom
5
Kleine Gilde
Šķūņu iela
iela
Krievu teātri
Daugava
11. novembra
Bīskapa gāte
Kino-galerija
Jauna iela
Tirgoņu iela
Konventhof
Altstadt
Altes Rathaus
Rātslauk.
6
St. Petrikirche
Techn. Universität
Schwarz-häupterhs.
iela
Kaļķu
Okkupations-mus.
Grēcinieku
Mentzendorff-haus
iela
Kungu iela
Peldu
Peitav iela
Dannenštern-haus
Marstaļu
Krastmala
Akmens tilts
Minsterejas iela

D E F

Brüderfriedhof
Ethnogr. Freilichtmuseum, Rigaer Motormuseum
Dailes teātris
Blaumanis-
E. Melngaiļa iela
Kr. Valdemāra iela
Stabu
Bruņinieku
Zaļā iela
Gertrūdes
Skolas
Dzirnavu
Baznīcas
Lāčplēša
Jeruzalemes iela
Gertruden-kirche
Izstāžu zale
Jüdisches Museum
Pilsētas bērnu bibliotēka
Akas
Matas
Kunstmuseum
Alexander Nevski-Kathedrale
Hotel Reval Latvija
6
Esplanāde
Rainis-Denkmal
Brīvības
Neues Rigaer Theater
Blaumaņa
Christ-Geburts-Kathedrale
A. Upīša memoriālais muzejs
K. Barona iela
bulv.
Lettisches Kabinett
Poligrāfistu kultūras nams
Baumaņa skvērs
Tērbatas
Freiheits-denkmal
Merķeļa
Vērmanes dārzs (Wöhrmanns Garten)
Elizabetes
Perses
A. Čaka iela
Avotu iela
Lettische Universität
Lellu teātris
Pilsētas kanāls
National-bibliothek
Raiņa bulv.
A. Kalniņa iela
Aspazijas
Musikakademie
National-oper
5
Cirk
Naturkunde-museum
E. Birznieka Upīša iela
Mārijas
Satekles iela
Bahnhof
Valņu iela
Sportmuseum
13. janvāra iela
Riepniku
Moskauer Vorstadt
Autoosta
Prāgas iela
Gogoļa iela
Turgeņeva
Zentralmarkt
4
0 150 m
N

1
2
3
4

D E

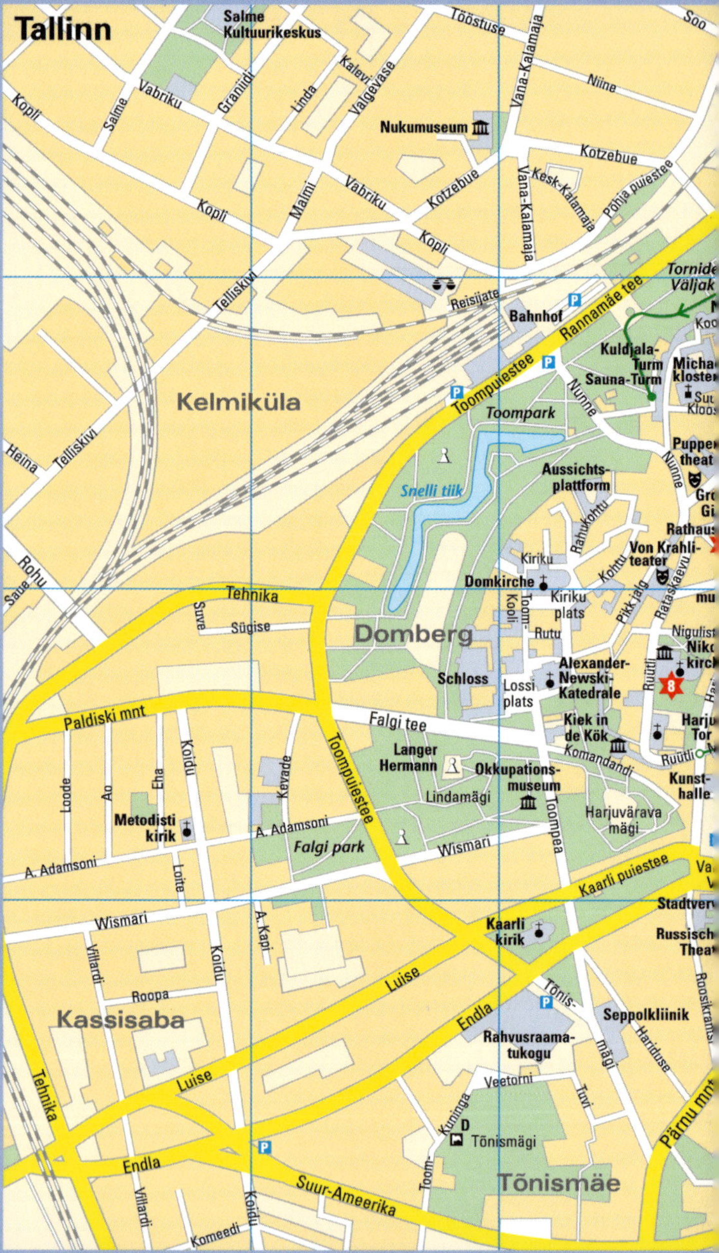

A
B
C
1
2
3
4
Tallinn
Salme Kultuurikeskus
Tööstuse
Vana-Kalamaja
Soo
Kalevi
Valgevase
Linda
Graniidi
Vabriku
Salme
Kopli
Niine
Nukumuseum
Kotzebue
Vabriku
Malmi
Kesk-Kalamaja
Põhja puiestee
Kopli
Telliskivi
Reisijate
Bahnhof
Rannamäe tee
Tornide Väljak
Kuldjala-Turm
Sauna-Turm
Toompuiestee
Nunne
Toompark
Kelmiküla
Heina
Telliskivi
Snelli tiik
Aussichts-plattform
Nunne
Rahukohtu
Rathaus
Kiriku
Von Krahli-teater
Rohu
Saue
Tehnika
Domkirche
Kohtu
Pikk jalg
Rataskaevu
Toom-Kooli
Kiriku plats
Stuve
Sügise
Domberg
Rutu
Niguliste
Schloss
Alexander-Newski-Katedrale
Lossi plats
Rüütli
Paldiski mnt
Falgi tee
Kiek in de Kök
Komandandi
Langer Hermann
Okkupations-museum
Lindamägi
Toompuiestee
Kevade
Koidu
Loode
Ao
Eha
Metodisti kirik
A. Adamsoni
Falgi park
Wismari
Toompea
Harjuvärava mägi
Kunst-halle
A. Adamsoni
Loite
Kaarli puiestee
Wismari
A. Kapi
Kaarli kirik
Villardi
Koidu
Roopa
Luise
Tõnis-mägi
Seppolkliinik
Kassisaba
Endla
Rahvusraama-tukogu
Hariduse
Tehnika
Luise
Veetorni
Tuvi
Pärnu mnt
Kuninga
D
Tõnismägi
Endla
Toom-
Tõnismäe
Suur-Ameerika
Villardi
Koidu
Komeedi
A
B
C

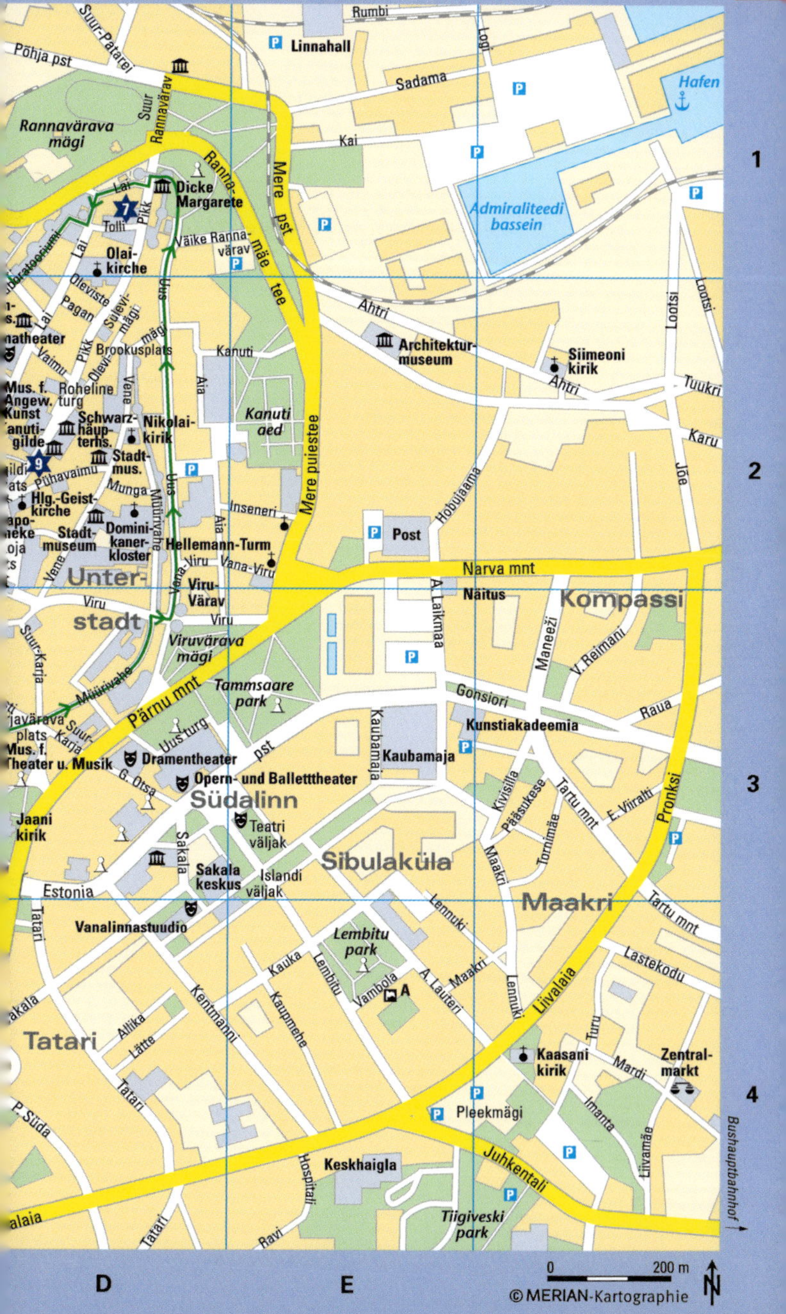
D
E
F
1
2
3
4
Suur-Patarei
Põhja pst
Rumbi
Linnahall
Logi
Sadama
Hafen
Rannavärava mägi
Suur Rannavärav
Kai
Admiraliteedi bassein
Ranna-mäe tee
Mere pst
Lai
Tolli
Pikk
Dicke Margarete
Väike Rannavärav
Olai-kirche
Oleviste
Pagan
Sulevimägi
Uus
Ahtri
Architektur-museum
Siimeoni kirik
Lootsi
Tuukri
Karu
Jõe
Brookusplats
Kanuti
Vaimu
Olevimägi
Aia
Vene
Roheline turg
Mus. f. Angew. Kunst
Schwarz-häupter-hs.
Nikolai-kirik
Kanutigilde
Kanuti aed
Stadt-mus.
Pühavaimu
Munga
Mere puiestee
Hobujaama
Hlg.-Geist-kirche
Müürivahe
Inseneri
Post
Stadt-museum
Domini-kaner-kloster
Hellemann-Turm
Vana-Viru
Narva mnt
Unter-stadt
Viru-Värav
Viru
Näitus
Kompassi
A. Laikmaa
Suur-Karja
Viruvärava mägi
Maneeži
V. Reimani
Tammsaare park
Gonsiori
Pärnu mnt
Raua
Uus turg
Kunstiakadeemia
Mus. f. Theater u. Musik
Dramentheater
Kaubamaja
Pronksi
G. Otsa
Opern- und Balletttheater
Südalinn
Kivisilla
Pääsukese
Tartu mnt
E. Vilde
Jaani kirik
Teatri väljak
Tornimäe
Sakala
Sakala keskus
Islandi väljak
Sibulaküla
Maakri
Estonia
Lennuki
Vanalinnastuudio
Lembitu park
Lastekodu
Tatari
Kauka
Lembitu
Vambola
A
A. Lauteri
Liivalaia
Kentmanni
Kaupmehe
Allika
Lätte
Turu
Kaasani kirik
Mardi
Zentral-markt
P. Süda
Pleekmägi
Imanta
Liivamäe
Juhkentali
Keskhaigla
Hospitali
Bushauptbahnhof
Tiigiveski park
Ravi
0
200 m
© MERIAN-Kartographie

Vilnius

Riga

Tallinn

Hier finden Sie alphabetisch aufgeführt alle in diesem Band beschriebenen Sehenswürdigkeiten, Museen, Hotels (H) und Restaurants (R). Darüber hinaus enthält das Register wichtige Stichworte sowie alle MERIAN-TopTen, -Tipps und -Spezials dieses Reiseführers. Hinter den Begriffen steht als Kürzel für das jeweilige Städtekapitel **(V)** für Vilnius, **(R)** für Riga und **(T)** für Tallinn. Wird ein Begriff mehrfach aufgeführt, verweist die **fett** gedruckte Zahl auf die Hauptnennung, eine *kursive* Zahl verweist auf ein Foto.

Liebe Leserinnen und Leser,
wir freuen uns, Ihre Meinung zu diesem Reiseführer zu erfahren. Bitte schreiben Sie uns, wenn Sie Berichtigungen und Ergänzungsvorschläge haben oder wenn Ihnen etwas besonders gut gefällt:

TRAVEL HOUSE MEDIA GmbH, Postfach 86 03 66, 81630 München
E-Mail: merian-live@travel-house-media.de, Internet: www.merian.de

Die Autorinnen
Die Slawistin **Christiane Bauermeister** lebt in Berlin. Die ausgezeichnete Osteuropa-Kennerin ist als Autorin, Filmregisseurin, Projektleiterin für Ausstellungen und Festspiele tätig.
Eva Gerberding ist Slawistin und reist als Autorin und Filmemacherin regelmäßig nach Osteuropa und in die baltischen Staaten. In der Reihe MERIAN *live!* hat sie u. a. die Bände »St. Petersburg« und »Moskau« geschrieben. Sie lebt in Hamburg.

Bei Interesse an Karten aus MERIAN-Reiseführern schreiben Sie bitte an:
iPUBLISH GmbH, geomatics
Berg-am-Laim-Straße 47
81673 München
E-Mail: geomatics@ipublish.de

Fotos
Titelbild: Rigas Rathausplatz mit dem Schwarzhäupterhaus (vorne) und dem Schwabe-Haus.
Alle Fotos F. M. Frei, außer Baltikum Tourismus Zentrale 6, 59, 82, 85, 111; Bildagentur Huber/Mehlig 52; Bildagentur Huber/R. Schmid 30; R. Freyer 45; E. Gerberding 27; R. Hackenberg 43, 68, 71, 79, 94; Hotel Grand Palace 54; KEYSTONE/CARO/A. Bastian 12, 116/117; T. Stankiewicz 7, 8/9, 16, 20, 50, 53, 124/125; transit/P. Hirth/ 46, 72

Programmleitung
Susanne Böttcher
Redaktion Susanne Kronester
Lektorat
Heiderose Engelhardt
Gestaltung
wieschendorf.design, Berlin
Karten
MERIAN-Kartographie
Produktion
Martina Müller
Satz
Filmsatz Schröter, München
Druck Appl, Wemding
Bindung Auer, Donauwörth
Gedruckt auf
Nopacoat Edition von der Papier Union

1. Auflage
ISBN (10) 3-8342-0077-8
ISBN (13) 978-3-8342-0077-8

TRAVEL HOUSE MEDIA

Ein Unternehmen der
GANSKE VERLAGSGRUPPE

Baltische Metropolen
Vilnius · Riga · Tallinn

MERIAN-Tipps

Tipps und Empfehlungen für Kenner und Individualisten

1 **Shakespeare Boutique Hotel (Vilnius)**
In diesem kleinen Hotel ist in altenglischem Ambiente alles auf Lesen eingestellt (→ S. 22).

2 **Bernstein-Museum (Vilnius)**
Das Museum entführt in eine imaginäre Welt des Bernsteins. Die Schmuckgalerie verführt zum Kaufen (→ S. 35).

3 **Tores (Vilnius)**
Ein Restaurant im Künstlerviertel Užupis mit dem schönsten Blick auf Vilnius und Kulturprogramm (→ S. 40).

4 **Zentralmarkt (Riga)**
Einer der größten Märkte Europas mit fabelhaftem Angebot (→ S. 76).

5 **Nationaloper (Riga)**
Ein sinnlicher Genuss: Operninszenierungen höchster Klasse und ein exzellentes Ballettensemble (→ S. 77).

6 **Skyline Bar (Riga)**
Mit oder ohne Cocktail in der Hand ist die Aussicht aus der Bar im 26. Stock des Reval Hotel Latvija traumhaft (→ S. 80).

7 **Hotel Three Sisters (Tallinn)**
Mittelalter trifft Moderne im exklusiven Designhotel in Tallinns Altstadt (→ S. 88).

8 **Museum für Angewandte Kunst (Tallinn)**
Modernes estnisches Design in einem ehemaligen Kornspeicher (→ S. 101).

9 **Estnische Volkskunst at it's best (Tallinn)**
In vier Geschäften wird authentisches Kunsthandwerk angeboten (→ S. 105).

10 **LiteraTour (Riga)**
Ein deutscher Dichter und Übersetzer rezitiert lettische Schriftsteller an ungewöhnlichen Orten in Riga (→ S. 141).

← MERIAN-TopTen finden Sie auf Seite 1